主编 程样国 胡剑锋

大学生
思想政治理论教育
经典导读

THE CLASSIC GUIDE TO THE IDEOLOGICAL AND POLITICAL THEORY OF COLLEGE STUDENTS

社会科学文献出版社
SOCIAL SCIENCES ACADEMIC PRESS (CHINA)

编委会

序　言

大学生是社会主义事业建设者和接班人。学习经典理论、读懂经典理论对于夯实学生的理论基础，提升学生的品性修养，树立学生正确的世界观、人生观、价值观具有极其重大的意义。时值十九大胜利召开，博大精深的报告蕴藏着深刻的理论内涵和丰富的思想精髓。为准确认识与理解十九大报告基本内容，本书将其纳入整个马克思主义发展史并对其进行深入导读，沿着马克思恩格斯列宁斯大林经典著作，毛泽东、邓小平、江泽民、胡锦涛经典著作，习近平新时代中国特色社会主义思想的脉络进行经典诠释，以对经典著作、文章、谈话的分析讨论，进行理论与实践相结合、历史与现实相关照的导读，使学生能够系统地掌握马克思主义基本理论、基本观点和最新思想，帮助学生树立正确的世界观、人生观、价值观、历史观等，让学生逐步养成马克思主义理论品质，并结合十九大的教育与学习，使高尚的理论品质与修养转化为伟大的实践推动力，进而全力推进新时代中国特色社会主义不断迈向新的伟大胜利。

本书以马克思主义发展史为主线，较为完整地展现马克思、恩格斯、列宁、斯大林、毛泽东、邓小平、江泽民、胡锦涛、习近平等马克思主义者在各自历史时期的代表性论著，系统全方位建构经典，对师生具有较高的理论指导价值。本书既体现了马克思主义的基本立场、观点和方法，又揭示了不同历史时期马克思主义的创新性表现。通过学习，学生可对马克思主义基本理论及其发展进程有一个系统、深入的理解和掌握。本书所选编的这些经典著作集中体现了马克思主义产生、发展的思想精华，展示了马克思主义与时俱进的理论品质和强大生命力，具有重要的理论价值。本书综合各种同类书的优点，又有自己的方法创新。在选编马克思主义经典著作后，在“导读”部分加重了对每篇经典著作的解析，既阐明每篇著作写作发表的历史背景，使读者能很好地了解当时马克思主义经典作家为什么要写这一论著，从而把握它的必要性和重要性；又对每篇著作的内容按其原意和结构层次进行阐释，并力求既全面系统又简明扼要地提炼其思想。这样，可以帮助读者首先能够读通、读懂原著，在此基础上，再去掌握原著的主要观点和基本精神，进而结合时代发展理解其重大意义，从而体现本书的现实价值。

本书不仅阐述传统马克思恩格斯列宁斯大林的经典著作，还阐述了毛泽东、邓小平、江泽民、胡锦涛的经典文章，更为重要的是阐述了习近平的经典文章、讲话，本书对经典的解读具有强烈的时代感，既把经典著作与十九大新思想紧密结合起来，又把新思想与现实问题结合起来，相互关照回应以便达到融会贯通，使经典理论解读学习落到实处。一方面，本书的解读立足于大学生思想政治理论课教材，即《马克思主义基本原理概论》、《中国近现代史纲要》、《毛泽东思想和中国特色社会主义理论体系概论》、《思想道德修养与法律基础》和《形势与政策》等教材涉及的教学要点，尤其是课程涉及的教学重点、教学难点。对教学中的要点、重点、难点，需要从经典理论中汲取营养，从源头处寻求理论支持和说明，以达到深刻的理解和掌握。另一方面，本书强化新实践。学习马克思主义，认真读原著、掌握精神实质是前提，联系实际、指导实践是关键。毛泽东曾经指出：“对于马克思主义的理论，要能够精通它、应用它，精通的目的全在于应用。”① 本书解读的一大特色是运用了大量的现实最新案例对经典著作进行实证性说明，使理论的学习最终都落实到实践问题之中，具有很强的实践性与针对性。

本书在编写体例结构上具有自身特色，以马克思主义发展史为逻辑线索，分三大部分展现各阶段的突出成果：第一部分以马克思、恩格斯、列宁、斯大林的著作为主，第二部分精选了毛泽东、邓小平、江泽民、胡锦涛的主要著作或讲话，第三部分着重选择十八大以来习近平的若干重要著作和讲话。以四大板块：摘录、导读、案例、思考为脉络，摘录主要选录原著的全文或部分内容；导读主要介绍该篇著作形成的时代背景、历史地

① 《毛泽东选集》第3卷，人民出版社，1991，第815页。

位、主要观点；案例主要选择与教学要点相应的最新教学案例；思考主要立足于教学要点中的重点或难点，给出具有思辨性的问题供学生思考或讨论。逐层阐释经典作家的基本思想，有利于读者既全面又有重点地把握马克思列宁经典名著的精神实质，从而为读者提供了一本主要观点和论述忠实于讲话原文、原著、原理的，实用而又耳目一新的马克思列宁经典著作辅导书；同时有利于将经典著作阐述的基本观点与最新的实践案例联系关照，达到对观点深层次掌握并解决实际问题，从而提高学生的理解能力、思辨能力和创新能力。

目录

第一编　马克思恩格斯列宁斯大林经典著作选编

第二编　毛泽东邓小平江泽民胡锦涛经典著作选编

第三编　习近平新时代中国特色社会主义思想

第一编

马克思恩格斯列宁斯大林经典著作选编

1　马克思主义的三个来源和三个组成部分

【摘录】

马克思的学说是人类在十九世纪所创造的优秀成果——德国的哲学、英国的政治经济学和法国的社会主义的当然继承者。

现在我们就来简短地说明一下马克思主义的这三个来源和它的三个组成部分。

马克思主义的哲学就是唯物主义……马克思并没有停止在十八世纪的唯物主义上，而是把哲学向前推进了。他用德国古典哲学中的成果，特别是用使费尔巴哈唯物主义哲学能以产生的黑格尔体系的成果丰富了哲学。这些成果中最重要的就是辩证法，即最完整深刻而无片面性弊病的关于发展的学说……马克思加深和发展了哲学唯物主义，使它成为完备的唯物主义哲学，把唯物主义对自然界的认识推广到对人类社会的认识。马克思的历史唯物主义是科学思想中的最大成果……马克思的哲学是完备的哲学唯物主义……

——摘自《列宁选集》第 2 卷，人民出版社，1972，第 441 ~443 页

【导读】

20 世纪初，世界正处于第一次世界大战的前夜，战争和革命的因素都在迅速增长，世界历史进入新的革命风暴时期。马克思主义经过半个多世纪的斗争，战胜了形形色色的机会主义思潮，在国际工人运动中得到了广泛的传播。在马克思主义的指导下，国际工人运动蓬勃发展，民族解放运动风起云涌。但国际垄断资本主义也加紧了反马克思主义、反工人运动的活动，在革命政党内培植代理人，支持这些人在工人运动内部进行破坏。

为了捍卫马克思主义的基本原理，粉碎国内外敌对势力特别是党内机会主义对马克思主义的进攻，对无产阶级和广大人民群众进行马克思主义理论教育，列宁在认真研读马克思和恩格斯的著作、大量占有各种资料的

基础上，集中撰写了一批在马克思主义发展史上占有重要地位的理论著作，《马克思主义的三个来源和三个组成部分》就是其中具有代表性的一篇文章。

《马克思主义的三个来源和三个组成部分》深刻揭示了马克思主义的主要理论来源和组成部分，完整阐明了马克思主义的理论体系，科学揭示了马克思主义理论体系内部的逻辑关系，其体系包括以下几个方面。

一是马克思主义哲学，即辩证唯物主义和历史唯物主义。马克思工作成果表现在两个方面：一是对德国古典哲学采取批判继承的科学态度，抛弃了黑格尔哲学中的唯心主义体系，批判地汲取了它的辩证法思想；抛弃了费尔巴哈哲学中唯心主义的和宗教伦理的杂质，批判地汲取了它的唯物主义思想，使唯物主义同辩证法实现了有机结合，形成了辩证唯物主义。二是把这种辩证唯物主义从对自然界的认识推广到对人类社会的认识，进一步创立了历史唯物主义。历史唯物主义的创立，是人类哲学思想伟大变革的重要标志，是“科学思想中的最大成果”。

二是政治经济学说，主要包括剩余价值学说。在文章中，列宁简要介绍了马克思剩余价值学说的基本思路和理论框架。他指出，马克思之所以特别注意研究经济问题，是因为经济制度是政治上层建筑借以树立起来的基础。马克思的《资本论》就是专门研究资本主义社会的经济制度的。列宁概述了马克思主义政治经济学发展的大致脉络，指出其直接来源是英国的古典政治经济学。马克思以前的英国古典政治经济学以亚当·斯密和大卫·李嘉图为代表，他们的研究为劳动价值论奠定了基础。

三是科学社会主义。列宁简要介绍了科学社会主义的形成和主要内容。他首先介绍了空想社会主义，并分析了科学社会主义与空想社会主义的联系和区别，阐述了社会主义从空想变成科学的原因和条件。

【案例】

马克思主义的价值取向

·案例简介·

马克思的唯物主义是一种能够彻底地解释人的学说。他在《〈黑格尔法哲学批判〉导言》中写道：“理论只要彻底，就能说服人。所谓彻底，就是抓住事物的根本。但是，人的根本就是人本身。”[①] 那么，能够抓住“人本身”这一根本的理论是什么呢？马克思在对青年黑格尔派的批判过程中，逐渐认识到，真正的唯物主义同时也是人本主义。西方人本主义传统有认识论的、本体论的和价值论的三支。马克思在批判“自我主体主义”的认识论和“人类中心主义”的本体论的过程中，创造性地发展了“以人为本”的价值论。马克思反对侈谈“精神”价值，唯物史观从不抽象地谈论单个人的本质和价值，但绝非“见物不见人”。唯物史观与人本主义虽然是不同的话语系统，但这两种话语在马克思的学说中是可以互通的。两者之间有一个桥梁，那就是马克思的异化理论。马克思没有停留在哲学的层面上谈论“人的异化”，而是揭示人的异化背后人所意识不到、生产劳动中自发产生的异化。为了揭示“劳动异化”的机制，马克思在《资本论》中研究了资本主义生产和消费的全过程。这是政治经济学的理论，但其中贯穿的是人本主义的精神：揭示造成人的异化的原因和规律，寻求消除异化的解放途径。他的全部理论关心的都是现实社会中的人，以阐发、解放和实现、发展人的价值为根本目标和基本取向。

——摘自赵敦华《马克思哲学的三个来源和三个组成部分》，《北京大学学报》（哲学社会科学版）2007 年第 11 期

·案例说明·

本案例从《马克思哲学的三个来源和三个组成部分》中找到哲学的问题是人的问题，即哲学的价值取向问题，为我们在日常教学工作中提供了理论指导，要关注学生的需要、学生的状态，更好地教育人。

【思考】

马克思主义最重要的思想武器是什么？

---

① 《马克思恩格斯全集》第 3 卷，人民出版社，2002，第 207 页。

2　马克思主义和改良主义

【摘录】

马克思主义者不同于无政府主义者，承认争取改良的斗争，即承认争取改善劳动者境况的斗争，尽管这种改善仍然不触动统治阶级手中的政权。但与此同时，马克思主义者又最坚决地反对改良主义者，反对他们直接或间接地用改良来限制工人阶级的意向和活动。改良主义是资产阶级对工人的欺骗，只要存在着资本的统治，尽管有某些改善，工人总还是雇佣奴隶。

自由派资产阶级总是一只手搞改良，另一只手又收回这些改良，使之化为乌有，利用这些改良来奴役工人，把工人分成一个个集团，使劳动者永远当雇佣奴隶。因此，改良主义，即使是非常真诚的改良主义，实际上变成了资产阶级腐蚀和削弱工人的工具。各国经验证明，工人相信改良主义者，总是上当受骗。

相反，如果工人掌握了马克思的学说，即认识到只要资本的统治地位保持不变，雇佣奴隶制就不可避免，那么他们就不会上资产阶级任何改良的当。工人们懂得了在保持资本主义的条件下改良既不可能是牢靠的，也不可能是认真的，他们就会为争取改善自己的状况而斗争，并且利用这种改善来继续为反对雇佣奴隶制进行更加顽强的斗争。改良主义者竭力用小恩小惠来分化和欺骗工人，使他们放弃他们的阶级斗争。工人们认识了改良主义的欺骗性，就会利用改良来发展和扩大自己的阶级斗争。

改良主义者对工人影响愈厉害，工人就愈软弱无力，就愈依附于资产阶级，资产阶级就愈容易利用各种诡计把改良化为乌有。工人运动愈独立愈深入，目标愈广泛，愈摆脱改良主义狭隘性的束缚，工人巩固和利用某些改善就愈有成效。

改良主义者各国都有，因为资产阶级到处都在想方设法腐蚀工人，使他们甘心当奴隶，不想消灭奴隶制。在俄国，改良主义者就是取消派，他们否定我们的过去，以便用关于新的、公开的、合法的党的幻想来麻痹工人。不久前，迫于《北方真理报》的压力，彼得堡的取消派不得不出来为他们搞改良主义作辩解。为了把这个非常重要的问题弄个一清二楚，应该把他们的议论仔细剖析一下。

——摘自《列宁全集》第24卷，人民出版社，1990，第1～2页

【导读】

改良主义产生于19世纪中叶，19世纪中叶流行于英、法等国，19世纪末20世纪初在世界范围内广泛流行，其社会基础是发达国家的“工人贵族”，在一些落后国家，主张实行局部改革而不触动原有社会制度的思想主张，在不根本触动资本主义制基础的范围内，实行些微小的、点滴的社会改良，以阻止和反对无产阶级革命的资产阶级思潮。

改良主义者的主要观点如下。

一是否定革命的必要性。认为推动社会的进步只要在原有基础上修修补补就可以，因为革命会导致流血牺牲，使社会生产遭到破坏，因为革命是没有必要的。

二是宣扬阶级调和、阶级合作。资本主义社会的弊端已经出现，资产阶级和无产阶级的矛盾比较尖锐，他们主张在不改变资本主义生产关系的条件下实行某些改良，满足工人阶级一些日常利益和要求，用来麻痹工人阶级和人民群众的革命意志，巩固资本主义制度。

这些改良主义的主张实际上就是不要马克思主义，用资产阶级的“社会政策”取代马克思主义。本文告诫大家对改良主义要保持警惕，资产阶级不会轻易放弃自己的既得利益，推翻资产阶级专政、实现无产阶级专政的目标必须用革命手段。

【思考】

1. 戊戌变法为什么会失败？

2. 通过学习《马克思主义和改良主义》，谈谈你对无产阶级通过革命的方式夺取政权的认识。

3　帝国主义是资本主义的最高阶段

【摘录】

对自由竞争占完全统治地位的旧资本主义来说，典型的是商品输出。对垄断占统治地位的最新资本主义来说，典型的则是资本输出……金融资本还导致对世界的直接的瓜分。

……

帝国主义是作为一般资本主义基本特性的发展和直接的继续而成长起来的……经济方面的基本现象就是资本主义的自由竞争为资本主义的垄断所代替。自由竞争是资本主义和一般商品生产的基本特性……如果要给帝国主义下一个尽量简短的定义，那就应当说，帝国主义是资本主义的垄断阶段。

……

垄断是从发展到极高阶段的生产集中成长起来的……垄断是从银行成长起来的。银行已经由平常的中介企业变成了财政资本的垄断者……

——摘自《列宁全集》第 22 卷，人民出版社，1958，第 257 ~ 292 页

【导读】

列宁把世界资本主义发展中的新的重大变化概括为帝国主义的 5 个基本经济特征，并依次做了分析。在对帝国主义基本经济特征所做的分析的基础上，列宁给帝国主义下了一个科学的定义："帝国主义是发展到垄断组织和金融资本的统治已经确立、资本输出具有突出意义、国际托拉斯开始瓜分世界、一些最大的资本主义国家已把世界全部领土瓜分完毕这一阶段的资本主义。"[①] 同时，列宁对 K. 考茨基的帝国主义定义以及考茨基当时大力宣扬的超帝国主义论进行了批判。列宁从垄断这个帝国主义的经济实质出发，论证了帝国主义是寄生的或腐朽的资本主义。最后，列宁揭示

① 《列宁选集》第 3 卷，人民出版社，2012，第 589 页。

了帝国主义的历史地位。他在全书的结尾着重指出："根据以上对帝国主义的经济实质的全部论述可以得出一个结论，即应当说帝国主义是过渡的资本主义，或者更确切些说，是垂死的资本主义。"① 序言最后以当初写作此书时不能使用的明确语言宣布："帝国主义是无产阶级社会革命的前夜。"② 列宁的这个著名论断，可以看作全书的总结论。

【案例】

辩证看待资本主义系统性危机

·案例简介·

2008 年爆发的国际金融危机始于金融、经济领域，并逐步蔓延到政治、社会各个方面。从影响程度和范围看，这场危机当属近百年来最严重之列，对各主要资本主义国家产生了重大影响，激发了人们对国际经济政治治理体系变革深层次问题的思考。

新一轮资本主义危机突出表现为信用危机和治理危机，此轮资本主义危机虽然发端于金融领域，但突出表现在债务问题上，由此引发了资本主义国家的信用危机和治理危机。国际金融危机爆发以来，几乎所有发达资本主义国家的主权债务负担率（主权债务占 GDP 的比重）都呈大幅上升之势：大部分发达资本主义国家超过了 60% 的国际警戒线，不少国家甚至超过了 80% 甚至 90% 的高压线。资本主义国家发生债务危机早已有之，但主要资本主义国家几乎同时陷入整体性、系统性的债务危机，却是资本主义危机的新表现。

在这一轮国际金融危机期间，中国经济对世界经济增长的贡献率一直维持在 20% ~30% 的高水平。中国制度体系在处理与外部世界关系上的积极作为，为世界经济政治治理体系变革提供了有益借鉴。中国始终将国内经济社会发展放在世界格局下来考虑，通过国内经济社会发展促进国际经济政治治理体系变革，同时推动国际经济政治治理体系变革以更好地服务国内经济社会发展。这是一种促进国内治理与全球治理良性互动的制度方

① 《列宁选集》第 2 卷，人民出版社，2012，第 686 页。
② 《列宁选集》第 2 卷，人民出版社，2012，第 582 页。

案，它解释了中国为什么能以内部制度创新的方式消化压力，而不是像一些发达资本主义国家那样通过对外扩张、搞殖民地的方式实现国家富强。中国很重视将合理的国际方案通过国内发展规划予以认真落实，这种国内制度和国际制度保持协调的方式，是中国制度体系很重要的一个特点。它与资本主义国家分权制衡的制度体系在对外关系上的逻辑迥然有别，为推进国际经济政治治理体系变革拓展了富有启发性的新视野。

——摘自苏长和《辩证看待资本主义系统性危机》，《人民日报》2017年1月22日，第5版

·案例说明·

本案例用于揭示当代资本主义存在的经济危机，资本主义难以克服的内在矛盾，即生产社会化和生产资料私人占有之间的矛盾导致系统性危机，而我国的特色社会主义制度能够克服这一危机，显示了社会主义制度的优越性。

【思考】

2008年爆发的全球性金融危机是自20世纪30年代大萧条以来最为严重的金融危机，对全世界经济和社会产生严重影响。证明了马克思主义关于资本主义周期性经济危机和资本主义生产方式必然灭亡理论的真理性。在经济全球化的今天，我们如何预防类似的经济危机？

4　哥达纲领批判

【摘录】

在一个集体的、以生产资料公有为基础的社会中，生产者不交换自己的产品；用在产品上的劳动，在这里也不表现为这些产品的价值，不表现为这些产品所具有的某种物的属性，因为这时，同资本主义社会相反，个

人的劳动不再经过迂回曲折的道路，而是直接作为总劳动的组成部分存在着。于是，“劳动所得”这个由于含义模糊就是现在也不能接受的用语，便失去了任何意义。

我们这里所说的是这样的共产主义社会，它不是在它自身基础上已经发展了的，恰好相反，是刚刚从资本主义社会中产生出来的，因此它在各方面，在经济、道德和精神方面都还带着它脱胎出来的那个旧社会的痕迹。所以，每一个生产者，在作了各项扣除以后，从社会领回的，正好是他给予社会的。他给予社会的，就是他个人的劳动量。例如，社会劳动日是由全部个人劳动小时构成的；各个生产者的个人劳动时间就是社会劳动日中他所提供的部分，就是社会劳动日中他的一份。他从社会领得一张凭证，证明他提供了多少劳动（扣除他为公共基金而进行的劳动），他根据这张凭证从社会储存中领得一份耗费同等劳动量的消费资料。他以一种形式给予社会的劳动量，又以另一种形式领回来。

……

在共产主义社会高级阶段，在迫使个人奴隶般地服从分工的情形已经消失，从而脑力劳动和体力劳动的对立也随之消失之后；在劳动已经不仅仅是谋生的手段，而且本身成了生活的第一需要之后；在随着个人的全面发展，他们的生产力也增长起来，而集体财富的一切源泉都充分涌流之后，——只有在那个时候，才能完全超出资产阶级权利的狭隘眼界，社会才能在自己的旗帜上写上：各尽所能，按需分配！

……

在资本主义社会和共产主义社会之间，有一个从前者变为后者的革命转变时期。同这个时期相适应的也有一个政治上的过渡时期，这个时期的国家只能是无产阶级的革命专政。

但是，这个纲领既不谈无产阶级的革命专政，也不谈未来共产主义社会的国家制度。

纲领的政治要求除了人所共知的民主主义的陈词滥调，如普选权、直接立法、人民权利、国民军等等，没有任何其他内容。这纯粹是资产阶级的人民党、和平和自由同盟的回声。所有这些要求，只要不是靠幻想夸大了的，都已经实现了。不过实现了这些要求的国家不是在德意志帝国境内，而是在瑞士、美国等等。这类“未来国家”就是现代国家，虽然它是存在于德意志帝国的“范围”以外。

——摘自《马克思恩格斯选集》第3卷，人民出版社，1995，第303～314页

【导读】

写作背景

1875年2月，德国社会民主党中的两派——德国社会民主工党（爱森纳赫派）和全德工人联合会（拉萨尔派）——急于合并，起草了一个题为《德国工人党纲领》的纲领草案。1875年3月7日，德国社会民主工党的中央机关报《人民国家报》和全德工人联合会的中央机关报《新社会民主党人报》发表了这个纲领草案。1875年5月22日至27日，在哥达城举行的两派合并成立德国社会主义工人党的大会上，这个纲领草案只是略加修改而通过，后来就被称为《哥达纲领》闻名于世。

1875年3月18日至28日，恩格斯首先在给爱森纳赫派的领导人物奥·倍倍尔信中，批评了德国工人党纲领草案，并警告爱森纳赫派不要向拉萨尔派让步。随后，1875年4月至5月，马克思为了彻底肃清拉萨尔主义19世纪后半期在工人运动中的影响，给工人运动指明前进的道路，写作了《德国工人党纲领批注》。这部重要著作当时没有公开发表，只是在德国社会民主党领导人内部传阅，马克思逝世后，恩格斯不顾德国社会民主党内一些机会主义领导的反对，在德国社会民主党的理论刊物《新时代》杂志1890—1891年第1卷第18期上发表了马克思的这部重要著作，并写了序言。此后，马克思的这部重要著作被称为《哥达纲领批判》。

主要内容

第一，提出的未来共产主义社会两种形态学说和过渡时期及其无产阶级专政理论，清除了笼罩在共产主义学说之上的空想光环，使马克思主义对共产主义社会的认识实现了一次质的飞跃，使无产阶级夺取政权后的社会主义革命和社会主义建设从此有了明确的具体理论依据。第二，成功地指导了世界各国的社会主义革命和社会主义建设的理论研究和实践活动。列宁的过渡时期无产阶级专政理论和社会主义建设理论、毛泽东的社会主

义改造和社会主义建设理论、邓小平的“社会主义初级阶段”和“不发达社会主义”理论，都是对《哥达纲领批判》的进一步运用和发展。

历史地位

《哥达纲领批判》的理论意义在于它为我们认识社会主义提供了科学的方法论原则，这就是唯物主义的历史观和辩证发展观。这是我们防止“左”倾、右倾两种错误倾向，积极、稳步地建设社会主义的思想武器。“左”倾、右倾两种错误倾向在新中国成立以来的历史上曾反复出现过，危害极大。因此，我们在社会主义建设中，一是要清醒地认识共产主义第一阶段与高级阶段的差别，不能在条件不成熟时急于追求向高级阶段过渡；二是要清醒地认识社会主义与它从中脱胎出来的资本主义社会的弊病联系，不能忽视资产阶级法权等各种资本主义思想的消极影响。

【案例】

刘强东的共产主义梦想是什么?

·案例简介·

刘强东说的“实现共产主义”是指随着人工智能、云计算、物联网、无人车、机器人、AR、VR等新技术的成熟和普及，技术可以解放人的劳动，并按每个人的不同需求进行精准而便捷的产品分配。也许在生于1974年的刘强东的脑海里，还有当年留下的“物质财富极大丰富，消灭人剥削人的现象”等教育的烙印，“念念不忘，必有回响”。

“共产主义”的技术条件是不是正在成熟？从个人观察看，我觉得刘强东的“共产主义说”主要源自他在布局京东下一个12年时的思考。刘强东的大思路是：未来要把集团所有的产品、业务、服务全面技术化，构建一个以云计算、人工智能、机器人技术为核心的智能化商业体。在他的愿景中，颇有“各尽所能，按需分配”的味道——首先是零售全面智能化。设想的场景是：人工智能对每一个消费者、产品、品牌有深度的洞察，可以对冰箱里的食物做数据分析，今后消费者甚至不需要支付，不需要下订单，也没有App，大部分购物就能自动完成。

其次是物流全程“无人化”。在刘强东看来，未来的物流配送站可能不需要房子，送货的无人机在指定地点起降，下面有无人配送车接驳，负责包裹配送。刘强东设想，未来所有的金融产品和金融服务，都是一堆不断自我学习的服务器。当你的汽车发生故障的时候，你不知道哪个部件需要修、哪个部件需要换，也不需要定损，只要几秒钟，这些数据就已经在服务器上产生了。车还没有送到4S店，京东就已经把配件送到4S店等你。看到这里，大家会不会有一种“共产主义”的技术条件正在成熟的感觉！

——摘自秦朔《刘强东的共产主义梦想是什么?》，《中国经济周刊》2017年第49期，第84~85页

·案例说明·

共产主义是生产力高度发达的社会。在马克思看来，生产力是社会发展的最终决定力量，新社会取代旧社会，最终只能靠新社会的发展生产力方面取得优势，共产主义社会作为人类社会的最高发展阶段，必须有高度发达的生产力水平。因此，社会主义必须坚持以经济建设为中心。

【思考】

1. 《哥达纲领批判》阐述了哪些社会主义的基本原则?

2. 怎样结合《哥达纲领批判》中关于共产主义发展阶段的论述理解中国的社会主义初级阶段理论?

3. 试述马克思关于未来社会发展阶段理论的基本内容。

5　社会主义从空想到科学的发展

【摘录】

虽然巴黎的无财产的群众在恐怖时代曾有一瞬间夺得了统治权，但是他们只是以此证明了，他们的统治在当时的条件下是不可能的。在当时刚刚作为新阶级的胚胎从这些无财产的群众中分离出来的无产阶级，还完全无力采取独立的政治行动，它表现为一个无力帮助自己，最多只能从外面、从上面取得帮助的受压迫的受苦的等级。

这种历史情况也决定了社会主义创始人的观点。不成熟的理论，是同不成熟的资本主义生产状况、不成熟的阶级状况相适应的。解决社会问题的办法还隐藏在不发达的经济关系中，所以只有从头脑中产生出来。社会所表现出来的只是弊病，消除这些弊病是思维着的理性的任务。于是，就需要发明一套新的更完善的社会制度，并且通过宣传，可能时通过典型示范，从外面强加于社会。这种新的社会制度是一开始就注定要成为空想的，它越是制定得详尽周密，就越是要陷入纯粹的幻想。

……

社会主义现在已经不再被看做某个天才头脑的偶然发现，而被看做两个历史地产生的阶级即无产阶级和资产阶级之间斗争的必然产物。它的任务不再是构想出一个尽可能完善的社会制度，而是研究必然产生这两个阶级及其相互斗争的那种历史的经济的过程；并在由此造成的经济状况中找出解决冲突的手段。可是，以往的社会主义同这种唯物主义历史观是不相容的，正如法国唯物主义的自然观同辩证法和近代自然科学不相容一样。以往的社会主义固然批判了现存的资本主义生产方式及其后果，但是，它不能说明这个生产方式，因而也就不能对付这个生产方式；它只能简单地把它当做坏东西抛弃掉。它越是激烈地反对同这种生产方式密不可分的对工人阶级的剥削，就越是不能明白指出，这种剥削是怎么回事，它是怎样产生的。但是，问题在于：一方面应当说明资本主义生产方式的历史联系和它在一定历史时期存在的必然性，从而说明它灭亡的必然性；另一方面应当揭露这种生产方式的一直还隐蔽着的内在性质。这已经由于剩余价值的发现而完成了。已经证明，无偿劳动的占有是资本主义生产方式和通过这种生产方式对工人进行的剥削的基本形式；即使资本家按照劳动力作为商品在商品市场上所具有的全部价值来购买他的工人的劳动力，他从这种劳动力榨取的价值仍然比他为这种劳动力的付出要多；这种剩余价值归根到底构成了有产阶级手中日益增加的资本量由以积累起来的价值量。这样就说明了资本主义生产和资本生产的过程。

——摘自《马克思恩格斯选集》第3卷，人民出版社，2012，第645~797页

【导读】

写作背景

《社会主义从空想到科学的发展》完成于1880年1～3月。它是恩格斯应保尔·拉法格的请求，把他在1876～1878年写成的《反杜林论》一书的《引论》的第一章“概论”、第三编“社会主义”的第一章“历史”和第二章“理论”改写而成的一篇独立的著作。这一著作先以《空想社会主义和科学社会主义》为题发表，1883年出版德文版时，定名为《社会主义从空想到科学的发展》。当时，欧洲大部分国家建立了社会主义政党和组织。这标志着马克思、恩格斯创立的科学社会主义取得了伟大的胜利。但与此同时，各种机会主义派别和假社会主义思潮也不断出现，破坏工人运动。为了广泛传播马克思主义、击退法国工人党与其他国家工人政党和组织内部的机会主义的进攻，恩格斯发表了《社会主义从空想到科学的发展》。

主要内容

本书是系统论述科学社会主义历史和理论的光辉著作。全书共三章。第一章论述了社会主义理论产生发展的历史进程，分析了空想社会主义的理论贡献和历史局限，提出了必须把社会主义建立在现实的基础上的重要命题。第二章论述了哲学在欧洲的发展进程，阐述了辩证唯物主义和历史唯物主义的创立实现了人类思想史的伟大变革，唯物史观和剩余价值学说的发现使社会主义从空想发展为科学。第三章论述了科学社会主义的基本原理，阐述了资本主义社会基本矛盾决定社会主义必然代替资本主义，人类社会最终将走向美好的共产主义。

历史地位

本书通俗地阐述了科学社会主义的思想来源、理论基础和基本原理，系统地、完整地论述了社会主义如何从空想发展为科学，对马克思主义和科学社会主义的广泛传播发挥了积极的作用，被马克思称为“科学社会主义的入门”。

【案例 1】

莫尔的《乌托邦》

· 案例简介 ·

作者于 1515 年至 1516 年出使欧洲期间，用拉丁语写成《乌托邦》，标志着空想社会主义的萌芽。书中叙述一个虚构的航海家航行到一个奇乡异国乌托邦的旅行见闻。在那里，社会的基础是财产公有制，人们在经济、政治权力方面都是平等的，实行按需分配的原则。公民们没有私有财产，每十年调换一次住房，穿统一的工作服和公民装，在公共餐厅就餐，每人轮流到农村劳动两年，官吏由秘密投票方式选举产生，职位不得世袭。居民每天劳动六小时即能满足社会需要，其余时间从事科学、艺术、智慧游戏活动。没有商品货币关系，金银被用来制造便桶溺器。乌托邦人也奉行一夫一妻制和宗教自由政策。莫尔的结论非常明确：私有制乃万恶之渊薮。

——摘自〔英〕莫尔《乌托邦》，胡凤飞编译，北京出版社，2007，第 1 页

· 案例说明 ·

空想社会主义批判了资本主义社会的种种罪恶，对未来社会提出种种合理主张，描绘了未来社会的美好蓝图，为科学社会主义的诞生准备了重要的思想材料和理论基础。

【案例 2】

《共产党宣言》在网络时代的价值

· 案例简介 ·

《共产党宣言》是国际共产主义运动的经典政治文献之一，最早由卡尔·马克思和弗里德里希·恩格斯写于 1847 年 12 月至 1848 年 1 月，1848 年 2 月 21 日在伦敦发表。同年 2 月 24 日《共产党宣言》在伦敦第一次出版。这个宣言是共产主义者同盟第二次代表大会委托马克思、恩格斯起草

的同盟纲领。这份文件最初是共产主义者同盟的党纲，为该组织的目的和程序。该宣言鼓励无产者联合起来发动革命，以推翻资本主义并最终建立一个无阶级的社会。《共产党宣言》是无产阶级政党最基本、最重要的政治纲领之一。

——摘自郑长忠《〈共产党宣言〉在网络时代的价值》，《当代党员》2018 第 1 期，第 58 页

· 案例说明 ·

《共产党宣言》标志着马克思主义科学体系的形成。它不仅在全世界无产阶级面前树立了一面光辉的旗帜，为无产阶级政党提供了第一个“详细的理论和实践的党纲”，而且为人们观察、分析和解决实际问题提供了重要的立场、观点和方法。

【思考】

1. 恩格斯是怎样分析空想社会主义的历史地位和历史作用的？

2. 如何理解唯物史观和剩余价值学说的创立使社会主义从空想发展为科学？

3. 如何理解资本主义的灭亡是资本主义社会基本矛盾运动的必然结果？

6　青年团的任务

【摘录】

我应当指出，看来首先的和理所当然的回答是：青年团和所有想走向共产主义的青年都应该学习共产主义。

但是“学习共产主义”这个回答未免太笼统了。为了学会共产主义，我们应该怎样呢？为了学到共产主义知识，我们应该从一般知识的总和中吸取哪些东西呢？这里我们可能遇到许多危险，如果把学习共产主义的任

务提得不正确，或者对这一任务理解得太片面，往往就会出现危险。

……

因此，单从书本上来领会关于共产主义的论述，是极不正确的。现在我们的讲话和文章，已经不是简单地重复以前对共产主义所作的那些论述，因为我们的讲话和文章都是同日常各方面的工作联系着的。离开工作，离开斗争，那么从共产主义小册子和著作中得来的关于共产主义的书本知识，可以说是一文不值，因为这样的书本知识仍然会保持旧时的理论与实践的脱节，而这正是资产阶级旧社会的一个最令人厌恶的特征。

如果我们只求领会共产主义的口号，那就更危险了。我们若不及时认清这种危险，不用全力来消除这种危险，那么50万至100万男女青年这样学了共产主义之后，将自称为共产主义者，这就只会使共产主义事业遭到莫大的损害。

……

如果以为不必领会共产主义本身借以产生的全部知识，只要领会共产主义的口号，领会共产主义科学的结论就足够了，那是错误的。共产主义是从人类知识的总和中产生出来的，马克思主义就是这方面的典范。

……

我们不需要死记硬背，但是我们需要用对基本事实的了解来发展和增进每个学习者的思考力，因为不把学到的全部知识融会贯通，共产主义就会变成空中楼阁，就会成为一块空招牌，共产主义者也只会是一些吹牛家。你们不仅应该掌握知识，而且应该用批判的态度来掌握这些知识，不是用一堆无用的垃圾来充塞自己的头脑，而是用对一切事实的了解来丰富自己的头脑，没有这种了解就不可能成为一个现代有学识的人。如果一个共产主义者不下一番极认真、极艰苦而巨大的工夫，不弄清他必须用批判的态度来对待的事实，便想根据自己学到的共产主义的现成结论来炫耀一番，这样的共产主义者是很可悲的。这种不求甚解的态度是极端有害的。要是知道自己懂得太少，那就要设法使自己懂得多一些，但是如果有人说自己是共产主义者，同时又认为自己根本不需要任何扎实的知识，那他就根本不能成为共产主义者。

……

我在这里首先要谈谈共产主义道德问题。

你们应当把自己培养成共产主义者。青年团的任务就是要这样来安排自己的实际活动：使团员青年在学习、组织、团结和斗争的过程中把他们自己和那些以他们为带头人的人都培养成共产主义者。应该使培养、教育和训练现代青年的全部事业，成为培养青年的共产主义道德的事业。

——摘自《列宁选集》第4卷，人民出版社，2012，第282～288页

【导读】

写作背景

1920年10月2日至10日，俄国共产主义青年团第三次全国代表大会在莫斯科斯维尔德洛夫共产主义大学隆重举行。为更好地动员青年团员和广大青年积极参加社会主义建设，充分发挥青年建设社会主义国家的积极性、主动性、创造性，顺利实现党和国家工作重点的转移，列宁亲临大会并于10月2日晚发表了富有针对性的重要演说，号召广大青年为建设社会主义的苏维埃共和国而奋斗。

主要内容

列宁指出："真正建立共产主义社会的任务正是要由青年来担负。"①围绕这个基本任务，列宁深刻论述了为什么要学习、学习什么、怎样学习等基本问题；从科学知识与学习马克思主义、科学知识与道德形成、科学知识与经济建设、科学知识与无产阶级文化和科技发展等方面，论述了一个共产主义者掌握人类知识的必要性和重要性。青年兴则国家兴，青年强则国家强。《青年团的任务》从开篇到结束，始终体现着列宁对青年的殷切期望。对于一个民族、一个国家是如此，对于实现共产主义的伟大事业，同样如此。这是革命导师对共产主义事业未来发展所寄予的殷切期望。列宁对青年的期望激发了苏维埃俄国青年乃至全世界青年的共产主义热情，成为青年成长进步的思想动力和精神支持，号召青年为实现共产主义的理想信念不懈地努力奋斗。

---

① 《列宁选集》第4卷，人民出版社，2012，第281页。

历史地位

列宁运用马克思主义的辩证唯物论，提出青年团的任务是学习共产主义，并详尽阐述了学习共产主义的内容、方法和途径，阐述了如何正确对待历史文化遗产，阐述了共产主义道德的性质、特点以及培养共产主义道德和遵守纪律的重要性。《青年团的任务》为20世纪社会主义青年运动的发展指明了前进方向，对建国初期的苏维埃俄国培养和教育青年一代，以及对20世纪国际共产主义运动和社会主义潮流的兴起和发展，都起到了重要的推动和促进作用。今天，其仍具有十分重要的现实意义。

【案例】

山东帅哥许建树从“小裁缝”到全球设计大咖

·案例简介·

2013年，劳伦斯·许成为第一位受法国服装协会邀请登上了2013年巴黎服装高级定制周T台中国设计师。劳伦斯·许，原名许建树，祖籍是山东枣庄，毕业于中央工艺美院服装设计系，后留学巴黎，是法国知名服装设计师、艺术家弗兰西斯·德洛克朗的得意门生。

2017年美国总统特朗普访华时，特朗普的外孙女阿拉拉贝身上穿着那件淡粉色丝绸小旗袍，精致的手工刺绣，浓浓的中国味，它的设计者并非欧美大师，而是许建树。其实范冰冰成名的那件“龙袍”也是出自这位之手！劳伦斯·许不喜欢按常理出牌的人，他本身最大的特点就是中西合璧，完全西化的立体裁剪，设计元素却极其古典、东方，中国传统文化的底蕴，西方自由文化的精神和气质，筑成了这样一个绚丽神话的缔造者。

——摘自王玉琴《山东帅哥许建树从“小裁缝”到全球设计大咖》，《法律天地》2018年第2期，第25～28页

·案例说明·

党的十九大报告提出，青年兴则国家兴，青年强则国家强。中国梦是历史的、现实的，也是未来的，是我们这一代的，更是青年一代的。在中

国特色社会主义进入新时代的大背景下，当代青年充分享受了改革红利，目睹了中华民族从站起来、富起来到强起来的伟大飞跃。他们心中有阳光，脚下有力量。以“现在，青春是用来奋斗的；将来，青春是用来回忆的”担当精神，以崭新姿态把理想和抱负熔铸在脚踏实地的奋斗中。党的十九大之后，新青年的任务更加紧迫，实现中国梦的重任就在我们新青年的肩上。

【思考】

1. 结合列宁的论述，谈谈为什么要善于学习和借鉴人类社会的一切优秀文明成果。

2. 如何理解学习马克思主义必须坚持理论与实践相结合的原则？

3. 如何理解在社会主义现代化建设中培养青年共产主义道德的重要性？

7　1844年经济学哲学手稿

【摘录】

这一事实无非是表明：劳动所生产的对象，即劳动的产品，作为一种异己的存在物，作为不依赖于生产者的力量，同劳动相对立。劳动的产品就是固定在某个对象中的、物化的劳动，这就是劳动的对象化。劳动的现实化就是劳动的对象化。在国民经济的实际状况中，劳动的这种现实化表现为工人的非现实化，对象化表现为对象的丧失和被对象奴役，占有表现为异化、外化。

……

这一切后果包含在这样一个规定中：工人对自己的劳动的产品的关系就是对一个异己的对象的关系。因为根据这个前提，很明显，工人在劳动中耗费的力量越多，他亲手创造出来反对自身的、异己的对象世界的力量就越强大，他自身、他的内部世界就越贫乏，归他所有的东西就越少。宗教方面的情况也是如此。人奉献给上帝的越多，他留给自身的就越少。工人把自己的生命投入对象；但现在这个生命已不再属于他而属于对象了。

因此，这种活动越多，工人就越丧失对象。凡是成为他的劳动的产品的东西，就不再是他自身的东西。因此，这个产品越多，他自身的东西就越少。工人在他的产品中的外化，不仅意味着他的劳动成为对象，成为外部的存在，而且意味着他的劳动作为一种与他相异的东西不依赖于他而在他之外存在，并成为同他对立的独立力量；意味着他给予对象的生命是作为敌对的和相异的东西同他相对立。

——摘自《马克思恩格斯文集》第1卷，人民出版社，2009，第156～157页

【导读】

写作背景

19世纪40年代，马克思（26岁）流亡在巴黎时写下这批手稿，所以又称“巴黎手稿”。当时的马克思认为，人的现实存在于政治经济学中，同时，国家、市民社会、法的基础也都在现实政治经济中，所以他转向了政治经济学研究。手稿实际上是马克思为研究政治经济学所做的准备。尽管在一些问题的表述中还留有费尔巴哈人本主义的痕迹，但是《1844年经济哲学手稿》（以下简称《手稿》）第一次从生产劳动实践的观点来阐述经济和经济学的起源，为经济学的研究开辟了一条新的道路，应该说《手稿》是马克思主义经济学的光辉起点。

历史地位

《手稿》是马克思主义哲学初创过程中一份独特的文献，是一部研究政治经济学和哲学的著作，但在马克思生前未发表，直至1932年在苏联出版的《马克思恩格斯全集》中第一次全文发表，成为20世纪马克思主义研究史上的一件大事，一度出现了“《手稿》热”，《手稿》的解释成为流行于西方的各种“马克思主义”流派的重要理论来源之一。时至今日，它还是马克思文献中被引用最多，同时又最难懂的文本之一。

主要内容

《手稿》虽不是一部完整的著作，但内容极为丰富，尤其“异化劳动”

和“共产主义”两个部分里包含着丰富而深刻的经济学思想。《手稿》由三部分构成，第一部分为“工资”“资本的利润”“地租”，主要摘录了亚当·斯密等人的著作，并做了批判性的分析，批判了资产阶级政治经济学和黑格尔的唯心主义辩证法，对共产主义进行了哲学和经济学的探讨，初步论证了实践范畴，探讨了唯物史观的一些问题和辩证法的基本理论问题。第二部分“异化劳动”，主要是马克思自己的研究心得。比较系统地涉及了关于人的理解，它以复归人性、全面占有人的本质为尺度，对资本主义生产中人的劳动异化进行了系统的分析和批判，剖析了劳动异化形成的原因及其后果，阐释了扬弃异化的途径和目标，开启了对人的哲学层面的思考，包括对人性、人的存在、人的本质、人与自然的关系、人的解放及其途径等问题的探究。第三部分包括对第二部分的补充，以及对黑格尔的批判和关于货币的论述。

【案例】

富士康员工跳楼

·案例简介·

2018 年 1 月 8 日，据雅虎财经的报道，一家位于美国的中国劳工权力组织称，周六在中国一家生产苹果 iPhone 手机的工厂内，一名工人跳楼身亡。中国劳工观察（CLW）称，31 岁的李明（音译）从位于中国中东部河南省郑州市的一栋楼房上跳下自杀身亡，跳楼前李明在富士康工作。2010 年和 2011 年，中国的富士康工厂也发生了多起自杀事件。此次李明的死不由得让人们把这起事件和 2010 年和 2011 年的自杀事件相比较，引发了人们对富士康工人工作环境的忧虑。中国劳工观察称，李明通过一家代理进入富士康工作。此次发布的视频是从附近的一座高楼上拍摄的，视频中李明的尸体躺在积雪覆盖的地上，附近有四个人站着。

中国劳工观察的消息很可能会重新引发人们对富士康这家台湾工厂工人工作条件的争议。据悉，富士康是中国私营行业最大的雇主，雇佣的工人数超过了 120 万人。

早在 2010 年，富士康就面临着来自社会的指责，称富士康强迫工人忍受“血汗工厂”一样的工作条件。这导致当年富士康出现了一连串的自杀事件。

——摘自《英媒：富士康再现员工跳楼　其工作条件引发全球担忧》，凤凰网，2018 年 1 月 8 日

·案例说明·

富士康企业发展中重要的一条就是让员工动作标准化。富士康生产流水线上的每一项程序动作都被分解，尽可能地使员工工作效率达到最高。员工就像富士康流水线上的电脑主板，也成了精确动作的“零件”或机器人。他们融入生产流程，也为生产线所奴役，他们从劳动中没有获得力量感，甚至于，他们为了维持没有内容的生活，不得不以精神与肉体的双重付出为代价，这就是马克思所说的劳动异化。

【思考】

1. 信息时代知识价值论取代劳动价值论是劳动异化吗？
2. 我们对待资本主义的经济制度和繁荣现象应该采取怎样的态度？

8　德意志意识形态

【摘录】

我们开始要谈的前提不是任意提出的，不是教条，而是一些只有在想象中才能撇开的现实前提。这是一些现实的个人，是他们的活动和他们的物质生活条件，包括他们已有的和由他们自己的活动创造出来的物质生活条件。因此，这些前提可以用纯粹经验的方法来确认。

全部人类历史的第一个前提无疑是有生命的个人的存在。因此，第一个需要确认的事实就是这些个人的肉体组织以及由此产生的个人对其他自然的关系。当然，我们在这里既不能深入研究人们自身的生理特性，也不能深入研究人们所处的各种自然条件——地质条件、山岳水文地理条件、气候条件以及其他条件。任何历史记载都应当从这些自然基础以及它们在

历史进程中由于人们的活动而发生的变更出发。

……人们生产自己的生活资料，同时间接地生产着自己的物质生活本身。

人们用以生产自己的生活资料的方式，首先取决于他们已有的和需要再生产的生活资料本身的特性。这种生产方式不应当只从它是个人肉体存在的再生产这方面加以考察。它在更大程度上是这些个人的一定的活动方式，是他们表现自己生活的一定方式、他们的一定的生活方式。个人怎样表现自己的生活，他们自己就是怎样。因此，他们是什么样的，这同他们的生产是一致的——既和他们生产什么一致，又和他们怎样生产一致。因而，个人是什么样的，这取决于他们进行生产的物质条件。

——摘自《马克思恩格斯选集》第1卷，人民出版社，1995，第66~68页

【导读】

写作背景

这部著作写于1845年9月至1846年5月，一方面是他们为适应当时无产阶级革命实践的需要而创作，以指导当时的工人运动；另一方面，也是他们思想发展的必然结果。《德意志意识形态》是马克思和恩格斯继《神圣家族》之后共同创作的第二部重要哲学著作，是历史唯物主义理论体系的一部巨著，标志着唯物史观的创立。

历史地位

《德意志意识形态》只在1847年《威斯特伐里亚汽船》杂志8月和9月号发表了第2卷第4章。全书以手稿形式保存下来，没有总标题，就其作品形式来说是未完成的，其中的第1卷第1章（即“费尔巴哈”章）是一份未写完的手稿。

从理论上说，《德意志意识形态》中的基本思想是《关于费尔巴哈的提纲》阐述的新世界观原理，即实践的唯物主义的进一步阐发，《德意志意识形态》系统地阐明了唯物史观的基本观点，同当时存在的各种各样的社会思潮，包括费尔巴哈在内的一切旧唯物主义划清了界限，标志着马克思主义哲学的形成，实现了哲学史上的革命变革，创立了科学的世界观和方法论。

主要内容

《德意志意识形态》全书约有五十印张的手稿，包括两卷。第 1 卷的主要内容是阐述历史唯物主义的基本原理和批判费尔巴哈、鲍威尔与施蒂纳的哲学观点。第 1 章“费尔巴哈”，详尽地阐述了唯物史观，是全书最重要的部分，以近乎完美的形式修补好了唯物主义整个大厦的上层。唯物史观的发现，不仅对于经济学，而且对一切历史科学都是一个具有变革意义的发现。这一章的写作从 1845 年 9 月一直持续到 1846 年下半年，最后仍未完成。第 2 卷的主要内容是对各种“真正的社会主义”哲学观点的批判。这卷的第 2、第 3 章的手稿已遗失。这部著作在他们生前未能出版，1932 年第一次在苏联用德文全文发表。

【案例】

激励劳动者，托举中国梦

·案例简介·

我们的根扎在劳动人民之中。在我们社会主义国家，一切劳动，无论是体力劳动还是脑力劳动，都值得尊重和鼓励；一切创造，无论是个人创造还是集体创造，也都值得尊重和鼓励。全社会都要贯彻尊重劳动、尊重知识、尊重人才、尊重创造的重大方针，全社会都要以辛勤劳动为荣、以好逸恶劳为耻，任何时候任何人都不能看不起普通劳动者，都不能贪图不劳而获的生活。

在前进道路上，我们要始终高度重视提高劳动者素质，培养宏大的高素质劳动者大军。劳动者素质对一个国家、一个民族发展至关重要。劳动者的知识和才能积累越多，创造能力就越大。提高包括广大劳动者在内的全民族文明素质，是民族发展的长远大计。面对日趋激烈的国际竞争，一个国家发展能否抢占先机、赢得主动，越来越取决于国民素质特别是广大劳动者素质。要实施职工素质建设工程，推动建设宏大的知识型、技术型、创新型劳动者大军。

——摘自习近平《在庆祝“五一”国际劳动节暨表彰全国劳动模范和先进工作者大会上的讲话》，人民出版社，2015，第 5 ~9 页

·案例说明·

马克思恩格斯强调，现实的人就是从事实践活动的人，生产实践是人最基本的活动。在社会实践中劳动者是历史的创造者，是推动我国经济社会发展的基本力量和基本依靠，劳动者素质对一个国家或民族的发展至关重要。习近平提出，劳动者的知识和才能积累越多，创造能力就越大。人是生产力中最活跃的要素。走新型工业化道路、建设制造强国，需要全面提升劳动者素质，造就一支有理想守信念、懂技术会创新、敢担当讲奉献的宏大产业工人队伍，加快从人力资源大国向人力资源强国转变，实施劳动者素质提升工程，在全社会营造鼓励大胆创新、勇于创新、包容创新的良好氛围，让他们人尽其才、才尽其用、用有所成。

【思考】

1. 为什么说物质资料的生产方式是社会发展的决定性力量?
2. 如何理解在社会主义初级阶段中劳动还是谋生的手段?

9　关于费尔巴哈的提纲

【摘录】

(一)

从前的一切唯物主义——包括费尔巴哈的唯物主义——的主要缺点是：对事物、现实、感性，只是从客体的或者直观的形式去理解，而不是把它们当作人的感性活动，当作实践去理解，不是从主观方面去理解。所以，结果竟是这样，和唯物主义相反，能动的方面却被唯心主义发展了，但只是抽象地发展了，因为唯心主义当然是不知道真正现实的、感性的活动的。费尔巴哈想要研究跟思想客体确实不同的感性客体，但是他没有把人的活动本身理解为客观的［gegenständliche］活动。所以，他在“基督教的本质”中仅仅把理论的活动看作是真正人的活动，而对于实践则只是从它的卑污的犹太人活动的表现形式去理解和确定。所以，他不了解“革命的”、“实践批判的”活动的意义。

（二）

人的思维是否具有客观的［gegenständliche］真理性，这并不是一个理论的问题，而是一个实践的问题。人应该在实践中证明自己思维的真理性，即自己思维的现实性和力量，亦即自己思维的此岸性。关于离开实践的思维是否现实的争论，是一个纯粹经院哲学的问题。

……

（八）

社会生活在本质上是实践的。凡是把理论导致神秘主义方面去的神秘东西，都能在人的实践中以及对这个实践的理解中得到合理的解决。

……

（十）

旧唯物主义的立脚点是“市民”社会；新唯物主义的立脚点则是人类社会或社会化了的人类。

（十一）

哲学家们只是用不同的方式解释世界，而问题在于改变世界。

——摘自《马克思恩格斯全集》第3卷，人民出版社，1960，第3～6页

【导读】

写作背景

《关于费尔巴哈的提纲》（以下简称《提纲》）是马克思主义哲学的纲领性文件之一，标志着马克思哲学基本思想的形成，由马克思于1845年春天旅居比利时的布鲁塞尔时所写，生前没有发表。马克思逝世后，恩格斯翻检马克思遗稿时发现了这一研究提纲，1888年恩格斯出版《路德维希·费尔巴哈和德国古典哲学的终结》的单行本时，对个别地方做了修改，《提纲》作为单行本的附录第一次公开发表。

历史地位

《提纲》被恩格斯称为“包含着新世界观的天才萌芽的第一个文件”①，其宝贵之处就在于它勾画了马克思主义哲学的雏形，为它的进一步发展奠定了理论基础，从根本上划清了马克思主义哲学同一切旧哲学的界限。从《提纲》的基本思想可以看出，马克思主义哲学不仅把实践的观点引入了认识论，更重要的是发现了实践在社会历史中的基础地位。科学的实践观的确立，为整个唯物主义历史观奠定了牢固的基石。

主要内容

《提纲》全文共 11 条，近 1500 字，各条在形式上相互独立，但在内容上彼此关联，构成一个有机整体。全文可分为三个部分：一是《提纲》从总的方面批判了包括费尔巴哈在内的一切旧唯物主义的主要缺陷，论述了实践是辩证唯物主义认识论的基础，阐明了新旧唯物主义的根本区别；二是《提纲》把实践的观点应用于社会历史的研究，批判了费尔巴哈的唯心史观，第一次提出了人的本质和社会生活的本质等重要问题，阐述了历史唯物主义的最基本观点；三是指出新唯物主义同旧唯物主义的根本对立，阐明了新唯物主义的社会基础、基本特征和历史使命。

【案例】

“低头族”案

·案例简介·

“低头族”，街面上、地铁公交里、商场、医院……埋头于手机或平板电脑的情形几乎随处可见。在人们对“低头”已经习以为常时，却忽略了“低头”的危害——对“低头族”个人的人身安全、对公共安全都已造成影响。“低头族”，是指在公共场所以及私人空间里“低头看屏幕”状的人，主要是玩手机或平板电脑等数字终端，年龄上以年轻人为主。网络上曾流行过这样一个段子——“世界上最远的距离不是生与死，而是我们在一起，你却在低头玩手机”。这一调侃道出的是“低头族”正成为一种社

① 《马克思恩格斯选集》第 4 卷，人民出版社，1995，第 213 页。

会病。首都师范大学心理咨询中心的一项调查显示：77%的人每天开机12小时以上，33.55%的人24小时开机，65%的人表示“如果手机不在身边会有些焦虑”，超过九成人离不开手机。

——摘自王曼宁《“低头族”的世界危机四伏》，人民网，2016年11月25日

·案例说明·

智能工具是人为了创造和方便生活而制造出来的，人们从智能工具中吸取社会前沿的思想、观念和意识，从这点出发，“人们的想象、思维、精神交往在这里还是人们物质行动的直接产物”，这是好的方面；但由此从事实践活动的人开始受制于机器，人们在生产实践中所发生的社会交往关系也变成了一种虚拟关系，似乎社会出现一种“不堪忍受”的异化，这种异化不仅不依赖于人们的意志和行为，反而支配着人们的意志和行为的发展阶段，这是坏的方面。

【思考】

1. 为什么说实践是检验真理的根本标准？
2. 如何理解马克思关于人的本质的学说？

10　《黑格尔法哲学批判》导言

【摘录】

就德国来说，对宗教的批判实际上已经结束；而对宗教的批判是其他一切批判的前提。

谬误在天国的oratio pro aris et focis［申辩］一经驳倒，它在人间的存在就暴露了出来。有人想在天国的幻想的现实性中寻找一种超人的存在物，而他找到的却只是自己本身的反映，于是他再也不想在他正在寻找和应当寻找自己的真正现实性的地方，只去寻找自身的假象，寻找非人了。

反宗教的批判的根据就是：人创造了宗教，而不是宗教创造了人。就是说，宗教是那些还没有获得自己或是再度丧失了自己的人的自我意识和自我感觉。但人并不是抽象的栖息在世界以外的东西。人就是人的世界，就是国家，社会。国家、社会产生了宗教即颠倒了的世界观，因为它们本身就是颠倒了的世界。宗教是这个世界的总的理论，是它的包罗万象的纲领，它的通俗逻辑，它的唯灵论的 point d'honneur［荣誉问题］，它的热情，它的道德上的核准，它的庄严补充，它借以安慰和辩护的普遍根据。宗教把人的本质变成了幻想的现实性，因为人的本质没有真实的现实性。因此，反宗教的斗争间接地也就是反对以宗教为精神慰借的那个世界的斗争。

宗教的苦难既是现实苦难的表现，又是对这种现实苦难的抗议。宗教是被压迫生灵的叹息，是无情世界的感情，正像它是没有精神的状态的精神一样。宗教是人民的鸦片。

废除作为人民幻想的幸福的宗教，也就是要求实现人民的现实的幸福。要求抛弃关于自己处境的幻想，也就是要求抛弃那需要幻想的处境。因此对宗教的批判就是对苦难世界——宗教是它们的灵光圈——的批判的胚胎。

宗教批判摘去了装饰在锁链上的那些虚幻的花朵，但并不是要人依旧带上这些没有任何乐趣任何慰借的锁链，而是要人扔掉它们，伸手摘取真实的花朵。宗教批判使人摆脱了幻想，使人能够作为摆脱了幻想、具有理性的人来思想，来行动，来建立自己的现实性；使他能够围绕着自身和自己现实的太阳旋转。宗教只是幻想的太阳，当人还没有开始围绕自身旋转以前，它总围绕着人而旋转。

因此，彼岸世界的真理消逝以后，历史的任务就是确立此岸世界的真理。人的自我异化的神圣形象被揭穿以后，揭露非神圣形象中的自我异化，就成了为历史服务的哲学的迫切任务。于是对天国的批判就变成对尘世的批判，对宗教的批判就变成对法的批判，对神学的批判就变成对政治的批判。

——摘自《马克思恩格斯全集》第 1 卷，人民出版社，1956，第 452 ~ 453 页

【导读】

写作背景

19 世纪 40 年代初，德国思想战线上发生了一个重大的转折，完成了对封建神学的批判。长期以来，基督教是德国专制制度的精神支柱，康德、黑格尔等德国古典唯心主义者都先后进行过批判封建神学的斗争，但他们在批判神学的同时照例要为神学保留地盘。在《莱茵报》工作期间，马克思直接接触到了德国现实社会生活中的许多矛盾，使他更看清楚了普鲁士专制制度的反动本质，从而产生了对黑格尔的国家学说的“苦恼的疑问”，并着手撰写《黑格尔法哲学批判》。1843 年 10 月，马克思迁居当时国际工人运动的中心巴黎。在这里，马克思第一次直接接触工人，了解到工人的生活和劳动的情况，参加了工人的各种革命活动，这使他的生活展开了崭新的一页。在此期间，马克思还钻研了英国古典政治经济学，18 世纪唯物主义者的著作以及圣西门、傅立叶和欧文等人的社会主义学说。马克思这几年在思想上、理论上所取得的许多新的收获在《〈黑格尔法哲学批判〉导言》（以下简称《导言》）中得到了充分的反映。

历史地位

《导言》是青年马克思思想第一次转变过程——从唯心主义转向唯物主义、从革命主义转向共产主义中的一篇重要著作。马克思通过对黑格尔法哲学的批判，揭示了资产阶级“政治解放”的局限性，提出了“人的解放”，指出了哲学和无产阶级在“人的解放”过程中的重要作用。《导言》和马克思发表在《德法年鉴》上的另一篇文章《论犹太人问题》是姐妹篇。后一篇提出了人类解放的任务，而《导言》则着重论述了实现这一任务的道路和社会力量。列宁认为，这两篇文章表明，马克思已作为一个革命家出现。

主要内容

《〈黑格尔法哲学批判〉导言》主要内容分为三部分：第一，对宗教的批判；第二，对国家制度和法哲学的批判；第三，对无产阶级革命作用的认识。

【案例】

如何理解“宗教是人民的鸦片”

·案例简介·

我们对鸦片确实没有多少好感，一提到鸦片，就想到了鸦片战争给中国带来的屈辱，想到了那些躺在大烟馆里慵懒抽烟的人，那些欲罢不能不惜卖儿卖女换钱买烟的烟鬼。马克思用鸦片来说宗教，那宗教简直就该恨之入骨了。

很多话，不能仅仅从字面上来理解，要挖掘它的具体语境、历史背景、实质内涵，这句话更需要如此看待。我们不知道，鸦片在当时有很好的功效，它并不仅仅是让人上瘾、消磨斗志的东西，还可以起到麻醉、止痛的作用。说宗教是人民的鸦片，绝对不是说，宗教就是欺骗人的，让人迷幻无意识，让人成瘾而不能自拔。

鸦片有时候也是好东西，它虽然不能治病救人，但能让疼痛难忍的人缓解疼痛，让无法摆脱内心纠缠的人获得暂时的兴奋，得到片刻的温柔。只不过，那种痛苦的解除只是幻觉，实际上并没有真正解决，如果只靠不断抽鸦片来获得快乐，只能是自欺欺人。鸦片如果用久了，它就会起到副作用，就会渐渐地让人忽视现实问题，不去寻求改变现实的问题，最终将自己与社会脱节，与世隔绝。

马克思主义承认宗教存在的价值，宗教是特定时代的产物，在不同的时代有不同的功能，它确实在今天的社会扮演着不可或缺的角色，使一些人获得了心灵的净化、精神的安慰、价值的塑造。

但我们也要看到宗教的不足，它承担政治功能，沦为达到某种力量或某些人政治目的的工具，一些宗教的变形直接衍生出邪教、恐怖组织、极端组织，操控人的思想，摧残人的肉体，严重影响社会的和谐稳定。

它让一些人选择回避现实，越来越与社会脱节，越来越与他人疏远，沉浸在自己所勾勒的理想世界里。

它扼杀人的理性判断能力，让人盲目瞎信，缺少怀疑精神，一些人之所以信鬼神，还是与宗教遗留下来的那些神秘形式有关的。这都是值得警醒的。

——摘自陈培永《哲学的宣言》，广东人民出版社，2016

·案例说明·

本案例阐述了马克思主义和宗教学说的不同，两者本身并不是天然对立的。马克思主义致力于解决的是人类社会现实发展的问题，宗教往往承担的是现实之人内心世界、精神层面的调整问题。不能以唯物主义的名义人为地、武断地否定宗教作用。

【思考】

《黑格尔法哲学批判》对于当代中国民主政治建设有哪些启示？

11　《政治经济学批判》序言

【摘录】

人们在自己生活的社会生产中发生一定的、必然的、不以他们的意志为转移的关系，即同他们的物质生产力的一定发展阶段相适合的生产关系。这些生产关系的总和构成社会的经济结构，即有法律的和政治的上层建筑竖立其上并有一定的社会意识形式与之相适应的现实基础。物质生活的生产方式制约着整个社会生活、政治生活和精神生活的过程。不是人们的意识决定人们的存在，相反，是人们的社会存在决定人们的意识。社会的物质生产力发展到一定阶段，便同它们一直在其中运动的现存生产关系或财产关系（这只是生产关系的法律用语）发生矛盾。于是这些关系便由生产力的发展形式变成生产力的桎梏。那时社会革命的时代就到来了。随着经济基础的变更，全部庞大的上层建筑也或慢或快地发生变革。在考察这些变革时，必须时刻把下面两者区别开来：一种是生产的经济条件方面所发生的物质的、可以用自然科学的精确性指明的变革，一种是人们借以意识到这个冲突并力求把它克服的那些法律的、政治的、宗教的、艺术的或哲学的，简言之，意识形态的形式。我们判断一个人不能以他对自己的看法为根据，同样，我们判断这样一个变革时代也不能以它的意识为根据；相反，这个意识必须从物质生活的矛盾中，从社会生产力和生产关系之间的现存冲突中去解释。无论哪一个社会形态，在它所能容纳的全部生产力发挥出来以前，是决不会灭亡的；而新的更高的生产关系，在它的物质存在条件在旧社会的胎胞里成熟以前，是决不会出现的。所以人类始终只提出自己能够解决的任务，因为只要仔细考察就可以发现，任务本身，只有在解决它的物质条件已经存在或者至少是在生成过程中的时候，才会产生。大体说来，亚细亚的、古代的、封建的和现代资产阶级的生产方式可以看作是经济的社会形态演进的几个时代。资产阶级的生产关系是社会生产过程的最后一个对抗形式，这里所说的对抗，不是指个人的对抗，而是指从个人的社会生活条件中生长出来的对抗；但是，在资产阶级社会的胎胞里发展的生产力，同时又创造着解决这种对抗的物质条件。因此，人类社会的史前时期就以这种社会形态而告终。

——摘自《马克思恩格斯选集》第 2 卷，人民出版社，1995，第 32～33 页

【导读】

写作背景

19 世纪三四十年代，欧洲无产阶级作为一支独立的政治力量登上历史舞台，革命实践迫切需要有无产阶级的政治经济学作为理论指导。马克思根据革命斗争的需要，进行了长达 15 年的各方面的科学研究工作。在这一过程中他考察了资本主义的经济关系，研究了大量的经济文献，制定了无产阶级的政治经济学说的原理。1857 年，世界性的经济危机的爆发，预示着无产阶级新的革命运动已经临近。马克思决心在革命开始前完成自己的著作。他曾写道：“我现在发狂似地通宵总结我的经济学研究，为的是在洪水之前至少把一些基本问题搞清楚。”[①] 为此，马克思在 1858 年 11 月到 1859 年 1 月，对他在 1857 年至 1858 年间写好的手稿进行了修改和整理，写下了这篇《〈政治经济学批判〉序言》（以下简称《序言》）。

① 《马克思恩格斯文集》第 10 卷，人民出版社，2009，第 140 页。

历史地位

这篇《序言》有巨大的理论意义和独立的科学意义，对马克思所发现的唯物主义历史观的实质做了精辟的说明。

主要内容

在《序言》中马克思回顾了自己研究政治经济学的经过，概述了《政治经济学批判》一书产生的历史背景，着重地对历史唯物主义的基本原理作了经典的表述，科学地阐明了物质生活的生产方式和整个社会生活、政治生活以及精神生活之间、生产力和生产关系之间、经济基础和上层建筑之间的辩证关系，揭示了人类社会发展的基本规律，论证了社会革命在新旧社会制度更替中的重要作用，以及社会主义代替资本主义的必然性。

【案例】

农村土地经营权“流”出活力：土地变“活”释放农村生产力

·案例简介·

20世纪80年代初，我国建立分包到户的家庭联产承包责任制，承包经营权从农民集体土地所有权分离，实现“一权变两权”，是土地承包经营权第一次分离。这次改革充分调动了农民劳动积极性和生产经营自主性，大大提高了农业生产效率。但是，农地资源优化配置问题并没有得到很好解决。随着大量农村劳动力向第二、三产业转移，农村社会结构深刻变动，农业规模化经营要求土地流转，改变“人均一亩三分地”的土地细碎化现象。可很多农民担心承包经营权流转出去，就要不回来了，宁撂荒不流转。经营权从土地承包经营权二次分离，让土地变“活”，是对农村经营主体变化、农地流转等生产力发展要求的适应性调整，有利于农村生产力解放。20世纪90年代以来，农村土地所有权、承包权和经营权三权分离探索已在各地展开。重庆、江西、浙江、安徽、四川等地通过出台文件，鼓励农村集体土地所有权、承包权和经营权分离，稳定承包权、搞活经营权，规范土地承包经营权流转。从党的十八大、十八届三中全会到十八届五中全会，稳定农村土地承包关系，完善土地所有权、承包权、经营权分置办法，依法推进土地经营权有序流转，构建培育新型农业经营主体的政策体系、制度框架不断明晰。截至2015年底，全国2.3亿户承包土地农户中约有6600万户或多或少流转了土地，全国家庭承包经营耕地流转面积4.43亿亩，占比达33.3%。农业专家认为，推动土地流转进一步促进了农村劳动力转移，为农业规模化、集约化高效经营提供广阔空间，同时还可促进城乡一体化发展，推进城镇化进程。

——摘自《人民日报》2016年8月3日

·案例说明·

生产力的性质和水平决定与之相适应的生产关系的性质和具体形式，这是马克思唯物史观的一个基本观点。实行土地流转，是这一理论成果在新形势下的运用。

【思考】

社会意识对社会存在的反作用体现在哪些方面？

12 论粮食税

【摘录】

用粮食税来代替余粮收集制这一政策的实质何在呢？

关于这点，现在非常广泛地流行着一些不正确的观念。这些观念所以不正确，大部分是由于人们不深入研究过渡的实质，不自问一下，究竟这一过渡是从什么过渡到什么。照他们看来，这似乎是从共产主义过渡到资产阶级制度。为了批驳这种错误看法，我不得不引用我在1918年5月说过的话。

粮食税，是从极度贫困、经济破坏和战争迫使我们所实行的特殊的“战时共产主义”向正常的社会主义的产品交换过渡的一种形式。而正常的社会主义的产品交换，又是从带有小农占人口多数所造成的种种特点的社会主义向共产主义过渡的一种形式。

特殊的“战时共产主义”就是：我们实际上从农民手里拿来了全部余粮，甚至有时不仅是余粮，而是农民的一部分必需的粮食，我们拿来这些粮食，为的是供给军队和养活工人。其中大部分，我们是借来的，付的都是纸币。我们当时不这样做就不能在一个经济遭到破坏的小农国家里战胜地主和资本家。我们取得了胜利（尽管世界上一些最强大的国家都支持我国的剥削者）这一事实不仅表明，工人和农民在谋求自身解放的斗争中能创造出什么样的英勇奇迹。这一事实也表明，当孟什维克、社会革命党人、考茨基之流说我们实行这种“战时共产主义”是一种过错时，他们实际上起了资产阶级走狗的作用。应当说我们实行“战时共产主义”是一种功劳。

——摘自《列宁选集》第4卷，人民出版社，1995，第501～502页

【导读】

写作背景

《论粮食税》一文创作于1921年4月，当时的苏维埃俄国经过了1918～1921年初的三年卫国战争，击退了外国武装干涉者，进入了新的历史阶段，开始向和平建设过渡，着手恢复国民经济和探索社会主义建设的途径与方式。但是，在当时的历史条件下，由于三年内战的巨大破坏，国民经济的发展遭受到了巨大困难：燃料和原料极端缺乏，大部分企业因之而无法开工，再加之农业歉收，粮食和食品的供应严重不足，无论是城市中的工人还是农村中的农民，生活都已经到了十分困难的地步。这种情况的直接后果就是工人阶级的队伍涣散，阶级意识日渐消沉，反对布尔什维克领导的苗头渐露端倪。而因为农民对当前的生活以及一直以来的战争时期所实行的以余粮收集为核心的“军事共产主义政策”严重不满，在反革命分子的煽动下，许多地方掀起了武装叛乱，其中影响最大的就是1921年3月初发生的喀琅施塔得水兵叛乱。在这次叛乱中叛乱分子打出了“没有布尔什维克参加的苏维埃”的口号，而这些叛乱的水兵就是刚刚穿上军装的农民。经济危机已经严重威胁到了新生的苏维埃政权，当时正值俄共（布）第十次代表大会召开之际，大会不得不休会，俄共（布）和苏维埃政府派出了

3 万红军才使暴乱得以平息。这一系列的事实都表明大规模开展经济建设、提高人民生活水平的必要性和紧迫性。严重的经济危机和政治危机使列宁认识到，在战时的非常情况下所采取的一系列非常措施使工业与农业之间的联系遭到了破坏，极大地损害了小农生产者的利益，使社会主义经济和小农经济的结合遭到了破坏，从而阻碍了国家生产力的提高。因此，列宁果断地抛弃了向社会主义过渡的旧途径和旧方法，做出停止施行战时共产主义政策、改行新经济政策的重大决策，开始从理论上和实践上解决社会主义建设的许多复杂问题。《论粮食税》一文就产生于这一时期。

历史地位

《论粮食税》是列宁论述苏联过渡时期新经济政策的重要文章，《论粮食税》所阐述的新经济政策的理论基础和主要原则，具有普遍意义。

主要内容

为了恢复和发展国民经济，必须采取最坚决的、最紧急的办法来改善农民的生活状况和提高他们的生产力。而要做到这些，就要改变粮食政策，用粮食税来代替余粮收集制，不再征集农民的全部余粮，而是以征税的方式，向农民收缴事先规定限额的粮食和其他农副产品，完税后的余粮和其他农副产品农民可以自己支配、自由买卖，国家则用工业品去交换。为了发展工农业间的流转，必须恢复社会主义国营工厂的生产，并在一定程度上帮助恢复小工业。

实行粮食税，允许自由贸易，城乡资本主义就会有一定的发展。这种发展在千百万小生产存在的条件下是不可避免的。无产阶级政党不是去禁止或堵塞资本主义的发展，而要努力把这一发展引上国家资本主义的轨道。

【案例】

新中国成就档案：正式取消农业税

·案例简介·

农业税实际上包括农业税、农业特产税和牧业税。1958 年 6 月 3 日，一届全国人大常委会第 96 次会议通过《中华人民共和国农业税条例》。农业税条例实施以来，对于正确处理国家与农民的分配关系、发展农业生产、保证国家掌握必要的粮源、保证基层政权运转等发挥了重要的积极作用，但也在一定程度上加重了农民负担。20世纪80年代中后期，农民负担问题逐步突出，引起中央高度重视。从1990年起，中央开始抓减轻农民负担工作，并取得一定成效。2000年，中共中央、国务院决定安徽全省为农村税费改革试点地区。2002年，国务院又确定河北、内蒙古、黑龙江等为扩大农村税费改革试点地区。2003年，在试点的基础上，农村税费改革在全国全面推开。2004年，中共中央、国务院决定从当年开始逐步降低农业税税率，并提出5年内全面取消农业税的目标。2005年12月29日，十届全国人大常委会第19次会议决定，自2006年1月1日起国家不再针对农业单独征税，一个在中国存在2600多年的古老税种宣告终结，原定5年内取消农业税的设想提前实现。农业税的取消，给中国农民带来了看得见的物质利益，极大地调动了农民积极性，又一次解放了农村生产力，对中国农业发展具有划时代意义。

——摘自新华网，2014年10月26日

·案例说明·

取消农业税体现了党和政府对“三农”问题的关心和重视，体现了经济发展战略调整所带来的对“三农”从获取剩余支持工业和城市发展，到坚持“以工补农、以城带乡”，全面解决长期制约国民经济发展的“三农”问题的战略转变。

【思考】

列宁新经济政策的基本思想及其理论意义和实践意义是什么？

13　论辩证唯物主义和历史唯物主义

【摘录】

马克思和恩格斯在说明自己的唯物主义的时候，通常援引费尔巴哈，认为他是恢复了唯物主义应有权威的哲学家。但这并不是说，马克思和恩格斯的唯物主义和费尔巴哈的唯物主义是一样的。其实，马克思和恩格斯是从费尔巴哈唯物主义中采取了它的“基本的内核”，把它进一步发展成为科学的哲学唯物主义理论，而屏弃了它那些唯心主义的和宗教伦理的杂质。大家知道，费尔巴哈虽然在基本上是唯物主义者，但是他竭力反对唯物主义这个名称。恩格斯屡次说过：费尔巴哈“虽然有唯物主义的基础，但是在这里还没有摆脱传统的唯心主义束缚”，“我们一接触到费尔巴哈的宗教哲学和伦理学，他的真正的唯心主义就显露出来了”。

……

辩证方法认为，自然界的任何一种现象，如果被孤立地、同周围现象没有联系地拿来看，那就无法理解，因为自然界的任何领域中的任何现象，如果把它看作是同周围条件没有联系、与它们隔离的现象，那就会成为毫无意义的东西；反之，任何一种现象，如果把它看作是同周围现象有着不可分割的联系、是受周围现象所制约的现象，那就可以理解、可以论证了。

……

因此，辩证方法要求我们观察现象时不仅要从各个现象的相互联系和相互制约的角度去观察，而且要从它们的运动、它们的变化、它们的发展的角度，从它们的产生和衰亡的角度去观察。

……

唯心主义认为世界是“绝对观念”、“宇宙精神”、“意识”的体现，而马克思的哲学唯物主义却与此相反，它认为，世界按其本质说来是物质的；世界上形形色色的现象是运动着的物质的不同形态；辩证方法所判明的现象的相互联系和相互制约，是运动着的物质的发展规律；世界是按物质运动规律发展的，并不需要什么“宇宙精神”。

——摘自《斯大林选集》下卷，人民出版社，1979，第425～432页

【导读】

写作背景

20世纪30代中期，苏联先后完成了社会主义工业化和农业集体化，

提前完成第一个五年计划。在党内，斯大林逐个战胜了以季诺维也夫和加米涅夫为首的“新反对派”与以布哈林和李可夫为首的“右倾反对派”，继而开始了大肃反运动，政治斗争也延伸到了思想领域，而哲学领域则首当其冲。1929 年开始，批判德波林派的“形式主义倾向”，并扣上了“孟什维克式的唯心主义”帽子。这时，苏联初步形成了高度集中的计划经济体制和高度集权的政治体制。然而，当时苏联基层党员干部和人民群众的文化水平、理论素养还不高，为了总结苏联社会主义革命和社会主义建设的历史经验，向广大党员干部、人民群众普及和提高马克思主义理论素养，斯大林主持编写了《联共（布）党史简明教程》并亲自撰写了其中第四章第二节“论辩证唯物主义和历史唯物主义”。

历史地位

《论辩证唯物主义和历史唯物主义》一发表就引起了广泛而深刻的影响，在当时被评价为“马克思主义哲学发展的最高峰”。在《论辩证唯物主义和历史唯物主义》一书对德波林派将理论与实际分离，避开社会主义建设的实际问题，曲解了列宁主义关于哲学的党性原则及其孟什维克式的唯心主义等一系列问题都间接地给予了回答，停止了哲学领域的争论，从而使得斯大林真正树立起个人在哲学理论上的权威。

主要内容

《辩证唯物主义和历史唯物主义》的核心内容为以下三个方面。第一，辩证法，是关于自然、社会、人类思维运动和发展的普遍规律的科学，概括为“四个基本特征”，即事物的普遍联系、不断发展、量变质变、对立面的斗争理论。第二，唯物主义，即世界是物质的，物质第一性、意识第二性，世界是可知的。第三，历史唯物主义，即物质资料的生产方式是社会发展的决定力量、生产力和生产关系的矛盾运动、社会存在与社会意识的辩证关系。

【案例】

探索神秘的“天使粒子”

·案例简介·

我们似乎生活在一个充满正反对立的世界：有正数必有负数，有存款必有负债，有阴必有阳，有天使也有恶魔。宇宙的最小物质组成部分——基本粒子也是一样。1928 年，英国理论物理学家狄拉克曾做出惊人的预言：宇宙中每一个基本粒子必然有其相对应的反粒子。

几年后，科学家在宇宙射线中发现与电子相反的正电子，验证了这一预言。根据爱因斯坦 $E=mc^2$ 的质能公式，当一个粒子遇上它的反粒子时，它们会相互湮灭从而释放出巨大能量。1937 年，意大利理论物理学家埃托雷·马约拉纳猜测，这种神奇的粒子可能存在，这也就是我们今天所称的马约拉纳费米子。此后，诸多物理学家将寻找这种粒子奉为物理学研究的一项崇高目标。物理学中有一份表单，囊括了人类梦寐以求的神秘粒子，其中就包括马约拉纳费米子。类比丹·布朗所描述的正反粒子湮灭爆炸的小说《天使与魔鬼》，提出将新发现的手性马约拉纳费米子称为"天使粒子"。

由于"天使粒子"没有反粒子，或者说它相当于半个传统粒子，这便提供了一种绝妙的可能：我们可以将一个量子比特一分为二、存储在两个距离十分遥远的"天使粒子"上。传统的噪声只有在同一时间、又以同样的方式影响这两个"天使粒子"，才能毁灭所存储的量子信息，而这是极其难以实现的。因此，通过这样的方式存储在远距离"天使粒子"上的量子比特，本质上极其稳固。有了这一发现，未来真正有效的量子计算将有望成为现实。

——摘自张首晟《探索神秘的"天使粒子"》，《人民日报》2017 年 7 月 27 日

·案例说明·

自然科学对于基本粒子的探索成就说明基本粒子不是人类想象的产物，而是世界客观存在的东西，整个世界是物质的，是纷繁复杂而多样的统一。这说明，物质是标志客观实在的哲学范畴，是指一切可以从感觉上感知的事物，也包括可以从感觉上感知的人的实践活动。这种客观实在独立于我们的精神而存在，为我们的精神所反映。现代唯物论的物质范畴，包含着丰富而深刻的内涵。

【思考】

谈谈哲学上的物质概念与自然科学的物质结构区别与联系。

14　苏联社会主义经济问题

【摘录】

有人说，商品生产不论在什么条件下都要引导到而且一定会引导到资本主义。这是不对的。并不是在任何时候，也不是在任何条件下都是如此！不能把商品生产和资本主义生产混为一谈。这是两种不同的东西。资本主义生产是商品生产的最高形式。只有存在着生产资料的私有制，只有劳动力作为商品出现于市场而资本家能够购买并在生产过程中加以剥削，就是说，只有国内存在着资本家剥削雇佣工人的制度，商品生产才会引导到资本主义。资本主义生产是在这样的场合开始的，即生产资料是集中在私人手中，而被剥夺了生产资料的工人不得不把自己的劳动力作为商品出卖。否则，就没有资本主义生产。

但是，如果这些使商品生产转化为资本主义生产的条件已不存在，如果生产资料已经不是私有财产而是社会主义财产，如果雇佣劳动制度已经不存在，而劳动力已经不再是商品，如果剥削制度早已消灭，那又怎么样呢？可不可以认为商品生产总还会引导到资本主义呢？不，不可以这样认为。要知道，我国社会正是生产资料私有制度、雇佣劳动制度、剥削制度早已不存在了的社会。

……

可见，我国的商品生产并不是通常的商品生产，而是特种的商品生产，是没有资本家参加的商品生产，它所涉及的基本上都是联合起来的社会主义生产者（国家、集体农庄、合作社）所生产的商品。它的活动范围只限于个人消费品。显然，它决不能发展为资本主义生产，而且它注定了要和它的“货币经济”一起共同为发展和巩固社会主义生产的事业服务。

——摘自《斯大林选集》下卷，人民出版社，1979，第548～551页

【导读】

写作背景

1936 年，苏联在斯大林的领导下取得了国家对商业、工业和农业社会主义改造的基本胜利，宣布开始进入社会主义社会。然而与党的工作重点转移很不适应的是，全党特别是党内从事经济管理工作的领导干部对于如何建设社会主义缺乏统一、明确的认识，在社会主义基本经济规律、性质和作用等重大问题上分歧十分明显，在大学政治经济学的教学中表现尤为突出。正因如此，苏共中央把组织和编写统一的《政治经济学教科书》，作为全党的重大工作来抓。1937 年，联共（布）中央全会就做出了编写《政治经济学教科书》的决定。

历史地位

《苏联社会主义经济问题》在马克思主义政治经济学史上占有重要地位。斯大林是在马克思主义理论的指导下，第一个较系统地、深刻地从理论上总结第一个社会主义国家的建设经验的人，对社会主义经济发展中许多根本性问题提出了自己的新看法，发展了马克思主义政治经济学，为创建社会主义政治经济学打下了基础。

主要内容

第一，阐明了社会主义制度下经济规律的客观性质。第二，提出了社会主义制度下还存在商品生产的问题。第三，阐述了社会主义制度下价值规律作用的问题。第四，阐述了社会主义基本经济规律的问题。第五，阐述了社会主义政治经济学研究的对象问题。

【案例】

努力构建中国特色社会主义政治经济学

·案例简介·

党的十一届三中全会以来，我们党把马克思主义政治经济学基本原理同改革开放新的实践结合起来，不断丰富和发展了马克思主义政治经济学。在 1984 年 10 月《中共中央关于经济体制改革的决定》通过后，邓小平同志评价："写出了一个政治经济学的初稿，是马克思主义基本原理和中国社会主义实践相结合的政治经济学。"① 近40年来，我们党在改革开放新的实践中形成了一系列马克思主义政治经济学新成果。例如，关于社会主义本质的理论、关于社会主义初级阶段基本经济制度的理论、关于社会主义市场经济的理论、关于生产要素参与收入分配的理论、关于国有企业改革和股份制改造的理论、关于经济全球化与对外开放的理论、关于自主创新和建立创新型国家的理论，等等。

党的十八大以来，习近平总书记在一系列重大问题上，又提出了很多新思想、新观点，发展了当代中国马克思主义政治经济学，开拓了马克思主义政治经济学的新境界。譬如，把坚持以人民为中心的发展思想、坚持新发展理念、坚持和完善社会主义基本经济制度、坚持和完善社会主义分配制度、坚持社会主义市场经济改革方向、坚持对外开放基本国策等，作为中国特色社会主义政治经济学的重大原则；在科学分析国内外经济发展形势、准确把握我国基本国情的基础上，针对我国经济发展的阶段性特征，做出了我国经济发展进入新常态的重要判断，提出了创新、协调、绿色、开放、共享五大发展理念；坚持马克思主义政治经济学的指导地位，提出发展中国特色社会主义政治经济学的重大任务；关于用好国际国内两个市场、两种资源，关于我国社会主要矛盾已经转化为人民日益增长的美好生活需要和不平衡不充分的发展之间的矛盾的重大判断，等等，这些重要观点为我们树立了运用马克思主义的立场、观点、方法解决问题的典范。

——摘自王伟光《努力构建中国特色社会主义政治经济学》，《经济日报》2017年11月24日

·案例说明·

我们发展中国特色社会主义，要不断深化社会主义市场经济体制改革，扩大开放，创新发展理念，运用马克思主义的立场、观点、方法解决

① 《邓小平文选》第3卷，人民出版社，1993，第83页。

前进中的问题。充分利用好马克思主义政治经济学，不但要搞市场经济，而且要搞好市场经济。

【思考】

改革开放以来，中国特色社会主义初级阶段主要矛盾变化的新特点是什么？联系实际谈谈。

15　马克思主义和语言学问题

【摘录】

问：说语言是基础的上层建筑，是否正确？

答：不，不正确。

基础是社会在其一定发展阶段上的经济制度。上层建筑是社会的政治、法律、宗教、艺术、哲学的观点，以及同这些观点相适应的政治、法律等设施。

任何基础都有同它相适应的自己的上层建筑。封建制度的基础有自己的上层建筑，自己的政治、法律等等观点，以及同这些观点相适应的设施；资本主义的基础有自己的上层建筑；社会主义的基础也有自己的上层建筑。如果基础发生变化和被消灭，那么它的上层建筑也就会随着发生变化和被消灭。如果产生新的基础，那就会随着产生同它相适应的上层建筑。

就这方面来说，语言和上层建筑是根本不同的。拿俄国社会和俄语做例子来说吧。最近三十年来，在俄国消灭了旧的资本主义的基础，建立了新的社会主义的基础。与此相适应，消灭了资本主义基础的上层建筑，创立了同社会主义基础相适应的新的上层建筑。这就是说，旧的政治、法律等设施已经被新的社会主义设施代替了。但是尽管如此，俄语在基本上还是同十月革命以前一样。

……

而语言则相反，它是同人的生产活动直接联系的，不仅同生产活动，而且同人的工作的一切领域（从生产到基础、从基础到上层建筑）中的任

何其他活动都有直接联系，因此语言反映生产的变化，是立刻、直接反映的，并不等待基础的改变，所以语言的活动范围包括人的活动的各个领域，它比上层建筑的活动范围要广泛得多、方面也多得多，不仅如此，它的活动范围几乎是无限的。

这就首先说明，语言，实际上是它的词汇，是处在几乎不断变化的状态中。工业和农业的不断发展，商业和运输业的不断发展，技术和科学的不断发展，要求语言用进行这些工作所必需的新词语来充实它的词汇。语言就直接反映这种需要，用新的词充实自己的词汇，并改进自己的语法构造。

总括说来：

（一）马克思主义者不能认为语言是基础的上层建筑；

（二）把语言同上层建筑混为一谈，就是犯了严重的错误。

——摘自《斯大林选集》下卷，人民出版社，1979，第501～506页

【导读】

写作背景

《马克思主义和语言学问题》是斯大林在1950年6～7月写的。1950年5月9日至7月4日，苏联《真理报》组织了语言学问题的讨论，每周定期出版两整版的讨论专刊。该报编者说：组织这次讨论的目的是“通过批评和自我批评来克服语言学发展中的停滞现象，确定这门科学进一步发展的方向”。这次讨论引起了苏联语言学界和知识界的热烈反响。在讨论中间，斯大林针对一些青年同志向他提出的问题写了《论语言学中的马克思主义》，发表在6月20日的讨论专刊上。

历史地位

马克思之后，语言学领域里唯物主义和唯心主义的斗争始终没有停止过。在苏联，以马尔为代表的一些资产阶级语言学家，提出了一系列唯心主义形而上学的理论和观点。20世纪40年代末，苏联曾就这些理论和观点开展了一次激烈的大辩论。《马克思主义和语言学问题》就是斯大林同

志为回答辩论中提出的一些问题而发表的。斯大林同志创造性地发展了马克思主义语言学理论，比较全面地、系统地阐明了马克思主义语言学的原则立场和基本观点；解决了语言学研究中的重要理论问题，为语言学的研究指明了马克思主义的正确方向，提供了科学的方法论。

主要内容

《马克思主义和语言学问题》的核心内容为：第一，语言既不属于上层建筑也不属于经济基础，而是一种特殊的社会现象；第二，语言是一套符号系统，它本身没有阶级性；第三，语言是思想的直接现实。

【案例】

语言也是生产力

·案例简介·

党的十九大胜利召开，我国语言文字事业进入了新时代。这样一个新时代赋予了语言文字事业发展新内涵，提出了新任务、新要求。特别是服务国家发展需求这个核心的确立，更加要求我们对新时代的新需求有充分的认识。

语言文字是经济社会发展的重要组成部分。语言产业作为低能耗、低排放和低污染的朝阳产业，近年来发展迅猛，越来越受到世界各国关注。据统计，我国从事语言服务或相关服务的企业数达到72500家，行业产值超过2800亿元人民币。世界许多国家都很注重语言产业的发展，瑞士语言的多样性，每年能够创造500亿瑞郎收入，约占瑞士国内生产总值的10%。语言产业符合国家经济结构调整的大思路，可以作为新的增长点积极培育、大力发展，为经济社会发展、现代化强国建设做贡献。

科技的迅猛发展必将对语言文字发展产生深刻影响、提出新要求。语言文字是信息时代不可或缺的重要因素，如文字输入技术、文字处理技术、语音识别转换技术、自然语音理解等。信息技术堪称工业革命的顶峰，人工智能则可能超越这个顶峰，成为新的革命起点，可以称其为“零点革命”。最近几年人工智能发展迅猛，世界各国都高度重视、加紧布局，而智能语音技术是人工智能应用中人机交互的关键，在智能社会有着越来越广泛的应用。更为重要的是，语言文字理解和处理能力标志着人工智能上升到认知层面，语言智能、辅助学习、机器翻译等语言信息技术快速发展，正在解决全球化发展中的多语种沟通问题。语言文字理解和处理能力是智能化时代的重要标志，也可以说是“零点革命”的门槛。

——摘自杜占元《在2018年全国语言文字工作会议上的讲话》，2018年2月

·案例说明·

经济全球化、技术信息化和社会老龄化都为语言产业发展带来了前所未有的机遇，应积极支持语言产业，充分发挥市场的力量，促进语言产业化发展，使语言产业成为“新的增长点”。

【思考】

如何看待语言在社会生产力发展中的作用？

16　哲学笔记

【摘录】

《因此，凡被认为是固定的东西的一切对立面，如有限和无限、个别和一般，都不是由于什么外部联系而成为矛盾的，相反地，正象对它们本性的考察所表明的，他们本身就是一种转化》……

《……一般地说来在其内部包含着第一个东西的规定。所以，第一个东西实质上也储藏和保存在他物之中，保持肯定的东西于它的否定的东西中，保持前提的内容于它的结果中，这就是理性认识中的最重要的东西；同时只须最简单的思考一下就足以确信这个要求的绝对真理和必然性，至于谈到用以证明这一点的实例，那末全部逻辑都是由它们组成的。》

……

《……这个否定性是自身的否定关系的一个单纯之点，是一切活动的内在泉源，是生命的和精神的自己运动的内在泉源，是辩证法的灵魂，而

所有真理的东西本身都含有这种辩证法的灵魂，并且只有通过它才是真理，因为概念和实在之间的对立的扬弃，以及作为真理的那个统一，完全是以这个主观性为基础的。——第二个否定，即我们达到了的否定的否定，是上述的矛盾的扬弃，可是这种扬弃，和矛盾一样，不是某种外在的反思的作用；而是生命和精神的最隐蔽的最客观的环节，由于它，才有主体、自由的人格。》

……

《认识是从内容进展到内容。首先这个前进运动的特征就是；它从一些简单的规定性开始，而在这些规定性之后的规定性就愈来愈丰富，愈来愈具体。因为结果包含着自己的开端，而开端的运动用某种新的规定性丰富了它。普遍的东西构成基础；因此，不应当把前进的运动看做从某一他物到另一他物的流动。绝对方法中的概念保存在自己的异在中，普遍的东西保存在自己的单独的东西中，保存在判断和实在中；在继续规定的每一个阶段上，普遍的东西不断提高它以前的全部内容，它不仅没有因其辩证的前进运动而丧失了什么，丢下了什么，而且还带来一切收获物，使自己的内部不断丰富和充实起来》……

——摘自《列宁全集》第 38 卷，人民出版社，1959，第 243 ~ 250 页

【导读】

写作背景

第一次世界大战爆发，需要对新形势做客观分析，反对第二国际机会主义和社会沙文主义，制定无产阶级阶级斗争的策略和方针。

历史地位

《哲学笔记》是列宁 1897 ~ 1916 年学习、研究哲学思想的读书笔记的简称。其主要内容是 1914 ~ 1915 年的黑格尔《逻辑学》、《哲学史讲演录》以及短文《谈谈辩证法问题》等。现收录于原《列宁全集》第 38 卷。继续马克思恩格斯对黑格尔哲学批判继承的任务，最大限度地挖掘黑格尔哲学中的辩证法思想，清除其唯心主义外衣，丰富、发展、深化马克思主义的唯物

辩证法内容，树立唯物辩证法的科学的思维方式。

主要内容

（1）黑格尔哲学：逻辑学、自然哲学、精神哲学。哲学史讲演录、精神现象学、法哲学、美学。黑格尔虽然是唯心主义哲学家，但是在论证他的辩证法思想时，大量引用自然科学发展事实和生活事实。黑格尔在哲学发展史上是辩证法思想的集大成者。

（2）马克思恩格斯对黑格尔的批判继承。

批判其唯心主义体系，继承其辩证法，是其建立在唯物主义继承上。

恩格斯说，辩证法不是从外部注入自然界，而是从其本身加以阐发的。自然界是检验辩证法的试金石。

黑格尔唯心主义体系中加进越来越多的唯物主义内容。

马克思主义辩证法是唯物主义辩证法。

辩证法的源是物质世界，辩证法应用的目的是客观地认识事物，也就是获得客观真理。

（3）列宁在马克思恩格斯批判基础上，继续工作着。对辩证法的三大规律、矛盾规律、相对绝对以及辩证法的几乎所有的基本范畴、认识论问题都做了深入阐发。

列宁关于读书的所有精华内容都集中在两篇短文中：《辩证法的十六要素》和《谈谈辩证法的要素》。

【案例】

诗人哲学家毛泽东

·案例简介·

毛泽东是一位哲学家，一位写出了《实践论》《矛盾论》等经典性哲学著作、具有极大影响力的哲学家。毛泽东又是一位诗人，一位写出了《沁园春·雪》《水调歌头·游泳》等许多脍炙人口诗词的大诗人。毛泽东哲学的代表作是《实践论》和《矛盾论》，二者都重视奋斗，强调奋斗。毛泽东在延安挥笔写下的“艰苦奋斗”4个大字，既反映了他的作风，也反映了他的哲学。从一定的意义上说，毛泽东的哲学就是奋斗的哲学。

毛泽东的《为人民服务》和《愚公移山》，是体现着中华民族和中国共产党人价值观的两篇精粹的短文。这两篇短文是以诗的语言来抒发为人民服务和艰苦奋斗的精神的。我们先来读读《为人民服务》中的若干句子："人固有一死，或重于泰山，或轻于鸿毛。为人民利益而死，就比泰山还重；替法西斯卖力，替剥削人民和压迫人民的人去死，就比鸿毛还轻。""只要我们为人民的利益坚持好的，为人民的利益改正错的，我们这个队伍就一定会兴旺起来。""要奋斗就会有牺牲，死人的事是经常发生的。但是我们想到人民的利益，想到大多数人民的痛苦，我们为人民而死，就是死得其所。"

新中国成立后，毛泽东关于国家建设的一些著作，也同样以诗的语言表达着建设哲理。比如 1964 年 12 月毛泽东在修改周恩来政府工作报告稿时写道："人类总得不断地总结经验，有所发现，有所发明，有所创造，有所前进。停止的论点，悲观的论点，无所作为和骄傲自满的论点，都是错误的。"再比如，1958 年毛泽东在《介绍一个合作社》一文中写道："一张白纸，没有负担，好写最新最美的文字，好画最新最美的画图。"有人把这段文字说成是"民粹主义"。实则，这段诗一般的语言表达了"多难兴邦"的哲理，"置之死地而后生"的哲理，"生于忧患，死于安乐"的哲理。

——摘自曹应旺《毛泽东诗词与他的哲学》，人民网，2015 年 5 月 5 日

·案例说明·

列宁的《哲学笔记》有助于提高我们自身的哲学理性思维能力；有助于深入理解掌握马克思列宁主义、毛泽东思想的精髓；有助于认识、批判当今唯心主义、形而上学特别是诡辩论思维方式，树立唯物辩证法的科学的思维方式；有助于提高我们自身的学习素质和学习能力，促进我们自身自由而全面的发展。

【思考】

1. 走中国特色社会主义文化发展道路为什么要以马克思列宁主义为指导？

2. 唯物辩证法对培育和践行社会主义核心价值观有何重大意义？

17　共产主义运动中的“左派”幼稚病

【摘录】

马克思主义者在理论上完全认定，并且欧洲历次革命和革命运动的经验也充分证实：小私有者，即小业主（这一社会类型的人在欧洲许多国家中都十分普遍地大量存在着），在资本主义制度下一直受到压迫，生活往往异常急剧地恶化，以至遭到破产，所以容易转向极端的革命性，却不能表现出坚韧性、组织性、纪律性和坚定性。……这种革命性动摇不定，华而不实，而且很容易转为俯首听命、消沉颓丧、耽于幻想，甚至转为“疯狂地”醉心于这种或那种资产阶级的“时髦”思潮。

——摘自《列宁选集》第 4 卷，人民出版社，1995，第 142 ~ 143 页

一切革命，尤其是二十世纪俄国三次革命所证实了的革命基本规律就是：要举行革命，单是被剥削被压迫群众认识到不能照旧生活下去而要求变革，还是不够的；要举行革命，还必须要剥削者也不能照旧生活和统治下去。只有“下层”不愿照旧生活而“上层”也不能照旧生活维持下去的时候，革命才能获得胜利。这个真理的另一个说法是：没有全国性的（既触动被剥削者又触动的剥削者的）危机，进行革命是不可能的。

——摘自《列宁选集》第 4 卷，人民出版社，1995，第 193 页

历史上每一次独特的转变，都使小资产阶级的动摇在形式上有所改变。小资产阶级的动摇总是发生在无产阶级的周围，总是在一定程度上渗入无产阶级的队伍。

——摘自《列宁选集》第 4 卷，人民出版社，1995，第 551 页

【导读】

写作背景

现代西方国家中的“西方马克思主义”，最早出现在20世纪20年代，即被列宁批判的共产国际内部的一种“左倾”思潮。这股思潮的创始人，如卢卡奇、柯尔施、葛兰西等，在十月革命的影响下都曾分别参加或参与领导了本国的革命斗争，但先后都失败了。原因首先是因为第二国际修正主义的罪恶。在这一点上，“西方马克思主义”与第二国际相对抗，表现出革命的要求。问题在于这些自称的“新左派”从一开始就患上了幼稚病。“左派”共产主义思潮在当时已经不是个别国家的现象，而是具有一定的普遍性。1920年6月，继写《共产主义运动中的“左派”幼稚病》之后，列宁读了卢卡奇在《共产主义》杂志第六期上的《论议会制问题》的文章，列宁写了《共产主义》一文，批评卢卡奇的文章“左得很，坏得很。这篇文章中的马克思主义纯粹是口头上的”[①]。指出这些患有“共产主义运动中的‘左派’幼稚病的明显症候”。

历史地位

在共产主义运动中如何扬弃“左派”共产主义，是一个十分重大的理论问题和现实问题，列宁对之批判及《共产主义运动中的“左派”幼稚病》一书的发表，具有重大的启迪。这本著作中，列宁发展了国际共产主义运动的理论、战略和策略中的许多重大问题。要研究“西方马克思主义”，追根溯源，应当从列宁对“左派”幼稚病的批判开始。

主要内容

《共产主义运动中的“左派”幼稚病》包括列宁剖析“左派”共产主义的根源，揭示革命的基本规律，论述革命道路的曲折性，阐述历史发展中统一性与多样性的辩证法，提出具体分析情况是马克思主义活的灵魂。

列宁在该书中除指出右倾机会主义在国际范围内仍是主要敌人外，着重批评了“左派”共产党人的错误，用俄国革命的经验帮助西欧各国年轻的共产党认识和克服“左派”幼稚病，学会运用马克思主义策略原则。

---

① 《列宁选集》第4卷，人民出版社，1972，第289页。

书中剖析了“左派”否定政党、否定党的纪律、否定集中的错误观点，指出这种错误实质上就是对散漫、动摇，不能坚持、不能团结、不能步调一致，这些小资产阶级劣根性的放纵，这样做必将断送无产阶级的革命运动。列宁批评“左派”拒绝在反动工会里工作、抵制资产阶级议会、反对任何妥协等错误策略。

书中强调各国革命政党在制定革命策略时应根据本国的具体情况运用共产主义的基本原则。

【案例】

王明的“左”倾教条主义

·案例简介·

王明是1925年秋被党组织派到莫斯科中山大学学习的。他读过一些马克思主义的书籍，但基本上不了解中国社会的实际。在校时，他颇受校长米夫的器重。1929年4月他由莫斯科回到上海，先后在中共沪西区委、沪东区委、《红旗》报编辑部、中央宣传部以及全国总工会等部门工作，曾经在《红旗》、《布尔塞维克》等报刊上发表许多文章，系统地宣传“左”的思想和主张。他虽然对李立三的“左”倾错误有过批评，但其基本观点也是“左”倾的。要真正懂得中国的实际，并非易事。中国共产党从建党的那天起，以毛泽东为代表的卓越的领导人，就尝试着把马克思列宁主义的普遍真理与中国革命的具体实践相结合，向形形色色的教条主义做斗争。遵义会议后，确立了以毛泽东为代表的新的党中央的正确领导，结束了王明“左”倾冒险主义在党中央的统治。

——摘自《王明的“左”倾教条主义》，中国共产党历史网，2011年6月15日

·案例说明·

该案例反映“左派”幼稚病的危害性。王明的“左”倾教条主义所造成的影响并不是一下子就能肃清，主观主义和教条主义的“左”倾思想还在作祟，所以我们要深入学习列宁剖析的“左派”共产主义的根源，揭示

革命的基本规律，提出具体分析情况。

【思考】

以马克思列宁主义为指导，阐述中国革命和建设道路曲折变迁的经验与教训。

18 论我国革命（评尼·苏汉诺夫的札记）

【摘录】

第一、这是和第一次世界帝国主义大战相联系的革命。这样的革命不免要表现出一些新的特征，或者正是由于战争而有所改变的一些特征，因为世界上还从来没有过在这种情况下发生的这样的战争。我们看见，最富强的国家的资产阶级从战后起一直到现在还不能把“正常的”资产阶级关系调整好，而我们的改良主义者，即俨然以革命家自居的小资产者，却一直认为正常的资产阶级关系是一条界限（不能再越过了），而且他们对于这种“常态”的了解是极其死板、极其狭隘的。

第二、他们根本不相信任何这样的看法：世界历史发展的一般规律，不仅丝毫不排斥个别发展阶段在发展的形式或顺序上表现出特殊性，反而是以此为前提的。他们甚至没有想到，例如，俄国是个介于文明国家和初次被这次战争完全拖进文明之列的整个东方各国或欧洲以外各国之间的国家，所以俄国可能表现出而且势必表现出某些特殊性，这些特殊性固然并不越出世界发展的共同路线，但是使俄国显得有别于以前西欧各国的革命，而且在转向东方国家时这些特殊性又会带有某些局部的新东西，

——摘自《列宁选集》第4卷，人民出版社，1972，第690页

【导读】

写作背景

十月革命后，俄国面对的国际国内形势十分严峻。革命虽然取得了胜

利，但俄国还处在帝国主义包围的强大压力下。此时俄国革命力量仍然十分弱小，经济、文化都非常落后，又经历了战争的创伤，如何顺利过渡到社会主义，最终建成社会主义，既是一个严峻的现实问题，也是一个重要的理论问题。

历史地位

《论我国革命（评尼·苏汉诺夫的札记）》是运用一般与个别的辩证法对社会主义发展道路的哲学思考和总结，深刻阐明了世界历史发展的一般规律与个别发展阶段和不同国家表现出的特殊性，阐明了社会主义发展道路的历史辩证法，进一步丰富和发展了科学社会主义理论，为包括中国在内的东方各国社会主义革命提供了重要理论指导。学习《论我国革命（评尼·苏汉诺夫的札记）》，对我们今天坚定社会主义信念，坚定不移地建设中国特色社会主义，具有重要意义。

主要内容

《论我国革命（评尼·苏汉诺夫的札记）》由两部分内容组成，第一部分指出世界历史发展中一般和个别的辩证关系，分析俄国革命的特殊形式，肯定俄国先革命再建设的道路。第二部分进一步阐述革命是社会发展的前提的观点，强调东方社会具有更多的特殊性。列宁认为，俄国的社会主义革命具有特殊性，但它并不是社会革命和发展的特殊方式的个案，其他国家的革命也会有自己更特殊的国际国内背景和革命方式。他预言：不同国家的革命和建设方式都会有自己的特殊性，这是对马克思主义关于社会革命辩证法的深刻理解和灵活运用。对待社会主义革命和建设的正确态度应该是，丢掉那种认为教科书规定了今后世界历史发展的一切形式的想法，依据不同国家的具体情况决定革命的方式和道路。

【案例】

俄罗斯纪念十月革命100周年

·案例简介·

2017年11月7日是俄国十月革命胜利100周年纪念日。十月革命的发生地——俄罗斯在这一天组织了多场社会活动，纪念这一开创人类历史新纪元的重要日子。莫斯科时间7日午后，俄联邦共产党、俄共青团和来自其他国家的总共130多个左翼团体从莫斯科市普希金广场出发，举行纪念游行。数千名游行者沿莫斯科主要商业街——特维尔大街行进约半小时后到达红场北侧建有马克思塑像的革命广场。

在1941年十月革命胜利24周年时，苏联在红场举行阅兵仪式，苏军官兵在结束受阅后直接开赴莫斯科郊外抗击德国法西斯的前线。为重现这历史一幕，莫斯科市7日在红场组织了一场阅兵仪式，来自俄军校、警校等院校的约5000名学生，着苏军制服、持老式枪支正步走过红场。在十月革命始发地圣彼得堡的涅瓦河畔的彼得保罗要塞进行了礼炮齐射，以重现百年前该要塞开炮向阿芙乐尔号巡洋舰发出起义信号。此外，7日当天俄罗斯数十座城市还举行了多场文物、图片和雕塑展览及研讨会，纪念十月革命胜利100周年。

1917年11月7日，列宁领导的布尔什维克武装力量向资产阶级临时政府的所在地圣彼得堡冬宫发起总攻，推翻了临时政府，建立了苏维埃政权。由此，世界上第一个社会主义国家宣告诞生。

——摘自《俄罗斯纪念十月革命100周年》，人民网，2017年11月8日

·案例说明·

1917年俄国十月革命是20世纪的重大历史事件，自发生之日起它就是人们关注的重大话题，也是历史研究中的重大课题。今日的世界依然是十月革命开创的“一球两制”，中国人民正满怀信心地建设中国特色社会主义。因此，深入研究和科学认识俄国革命，对于中国人民建设中国特色社会主义不仅具有重要的理论意义，更具有重要的现实意义。

【思考】

《论我国革命（评尼·苏汉诺夫的札记）》对我国革命和建设有什么现实的指导意义？

19　论中国革命的前途

【摘录】

为了唤起中国千百万农民参加革命，中国革命者应当走哪些道路呢？

我认为在当前条件下可以谈到的只有三条道路：

第一条道路就是成立农民委员会以及中国革命者加入这种委员会来影响农民的道路。（有人喊道：“可是农民协会呢？”）我认为农民协会将聚集在农民委员会的周围，或者把农民协会变成农民委员会，使它具有为实现农民的要求所必需的某种权力。关于这条道路，我在前面已经说过了。但是只有这条道路是不够的。如果以为中国有足够的革命者来做这件事情，那就可笑了。中国约有四亿人口。其中约三亿五千万是汉族。其中十分之九以上是农民。如果以为几万个中国革命者就能汲干这个农民的汪洋大海，那就弄错了。这就是说，还需要其他道路。

第二条道路就是通过新的人民革命政权的机关来影响农民的道路。无疑地，在新解放的省份里将成立广州政权这种类型的新政权。无疑地，这种政权和这种政权的机关，如果要真正推进革命，就应当设法满足农民最迫切的要求。所以中国共产党人和一切革命者的任务就在于加入新政权机关，使这个机关接近农民群众，并通过这个机关来帮助农民群众满足他们的迫切要求，至于采用剥夺地主土地的办法还是采用减税减租的办法，则看情况而定。

第三条道路就是通过革命军队来影响农民。我已经讲过革命军队在中国革命中的极重要的意义。中国革命军队是这样的一种力量，它第一个打进新的省份，它第一个深入农民群众，农民首先凭它来判断新政权，判断新政权质量的好坏。农民对新政权、对国民党和对整个中国革命的态度，首先是看革命军队的行为，看它对农民和地主的态度，看它帮助农民的决心而定的。如果注意到有不少可疑分子混进了中国革命军队，这些分子可能使军队的面貌变坏，那就可以明白，军队的政治面貌以及它的农民政策在农民心目中具有多么重大的意义。因此，中国共产党人和一切中国革命者应当采取一切办法使军队中反农民的分子不起什么作用，保持军队的革命精神，并做到使军队帮助农民，唤起农民参加革命。

——摘自《斯大林选集》上卷，人民出版社，1979，第491～492页

【导读】

写作背景

1926年，中国革命形势急剧发展，反帝国主义和反封建军阀斗争胜利进展，与此同时，统一战线内部，国民党和共产党争夺中国革命领导权的斗争日益尖锐。1926年3月，蒋介石发动“中山舰事件”，1926年5月，又提出“整理党务案”。形势的发展给中国共产党提出了一系列重大问题，如工农运动的问题，和资产阶级建立统一战线的问题，中国共产党直接掌握革命武装问题，等等。这些问题要求中国共产党做出决断，要求共产国际做出回答。为此，共产国际于1926年11月22日至12月16日召开第七次扩大会议，专门研究中国革命问题。会上，斯大林、布哈林、谭平山、罗易等分别就中国革命问题做了报告。

历史地位

《论中国革命的前途》是斯大林1926年11月30日在共产国际执行委员会中国委员会会议上的演说，全文约8400字。演说主要对中国革命的性质、中国未来政权的性质、中国农民问题、中国革命斗争形式等一系列根本问题做了原则的阐述，对中国革命有一定的指导意义。

主要内容

（1）关于中国革命的性质，中国革命不是俄国1905年革命的翻版，除1905年革命的一般特点外，中国革命还有它自己的独有的特点。（2）关于中国未来政权的性质，在民族解放运动成为世界无产阶级革命的一部分的新的历史条件下，中国革命的政权的性质，大体将类似俄国1905年时的那种政权，即无产阶级和农民民主专政之类的政权，然而有一个差别，这主要将是反帝国主义的政权，将是中国走向非资本主义发展，或者更确切地说，走向社会主义发展的过渡政权。（3）关于农民问题，中国农民卷入革命越迅速越彻底，中国反帝国主义的战线就越有力量越强大。

必须把农民问题向前推进，使它与中国革命前途问题联系起来。为了唤起千百万农民参加革命，中国共产党和广东革命政府必须从言论转到行动，满足农民的切身利益，解决土地问题。斯大林指出，当北伐战争中农民运动蓬勃发展起来的时候，有些人害怕农民卷入革命以后会破坏反帝国主义的统一阵线，这是极端荒谬的。（4）关于中国革命的斗争形式问题，中国的情况与1905年俄国的情况不同：在中国和旧政府的军队对抗的，不是没有武装的人民，而是以革命军队为代表的武装的人民，在中国是武装的革命反对武装的反革命，这是中国革命的特点之一和优点之一。中国共产党应该特别注意军队工作，尽力加强军队中的政治工作，竭力使军队成为中国革命思想的真正的和模范的体现者；中国革命者，包括共产党人在内，应当着手深入研究军事，不应该把军事看作次要的事情，军事是中国革命极其重要的因素，应当学好军事，以便逐渐前进并在革命军队中担任某些领导职务，使中国革命军队循着正确道路向目的前进。

【案例】

压制工农运动，取消土地革命

·案例简介·

自5月以来，陈独秀右倾机会主义者就跟在汪精卫集团后面，一味指责农民运动“幼稚”、“过火”；站在工农群众的对立面，拥护武汉政府推行压制工农运动的反动政策，他们指责道，农民的幼稚行为，特别在湖南——使军队里发生不安；整个军队对农民运动的过火行为都抱有敌意，而夏斗寅、许克祥的叛变是这种普遍敌意的表现。当武汉国民党中央和政府连续发布压制工农运动的反动训令后，鲍罗廷竟催促中共中央及一切工会农会赶快发表宣言，拥护这些反动法令。于是，中共中央和中央农民部也就唯命是从地连续向党内发出通告，强令各级地方党组织和各地工会、农会服从政府训令，不得违抗。共产党人谭平山，在其就任农政部长之日就明确宣布：本部职司农政部，实负有领导农民，诱掖农民之责任，对于农民所有一切幼稚举动，应加以纠正，而对于轶出正轨，妨碍大多数农民利益者，更不得不加以制裁。其口气同汪精卫集团如出一辙。中共中央宣传部竟站在对立的立场上，公开批评共产党：在农民政策中采用了过火的、反地主、反小资产阶级、反军官的路线，应当予以纠正。对于土地革命，陈独秀等强调土地问题“尚须经过相当宣传时期，并且必须先行解决土地问题之先决问题——乡村政权问题”，要求各级党组织、农协立即停止没收地主土地的斗争。对国际要求立即实行土地革命的指示，鲍罗廷抱怨说：目前叛变接踵而来，共产党同国民党“左派”的关系处于“千钧一发”之际，此刻还同武汉政府讨论土地问题是“纯粹的胡闹”！只有等到国民党“左派”东征讨蒋，占领南京后，才有可能讨论土地革命问题。陈独秀、鲍罗廷推行压制工农运动，取消土地革命的右倾机会主义政策，压抑了革命群众的革命要求和斗争意志，助长了反动派的嚣张气焰，使经过革命战争洗礼的湘、鄂、赣等省蒙受反革命腥风血雨的摧残，也使中国共产党因工农运动遭到残酷镇压而处于孤立无援的困难境地。当汪精卫集团实行“清党”反共，叛变革命时，共产党也就难以动员、组织群众，进行有力的反击。

——https://baike.baidu.com/item/陈独秀右倾投降主义/12999643

·案例说明·

此案例主要讲的是陈独秀右倾投降主义，其主要表现是：在统一战线问题上，继续强调“一切工作归国民党”，对资产阶级采取“一切联合，否认斗争”的右倾政；在农民问题上，他否认农民阶级是民主革命的主力军，对农民运动实行压制的政策；在武装斗争问题上，他继续反对建立党领导的人民军队的主张，并压制工农武装。陈独秀右倾投降主义使中国革命蒙受了巨大的损失。基于此，共产国际于1926年11月22日至12月16日召开第七次扩大会议，专门研究中国革命问题。会上，斯大林就如何唤起中国千百万农民参加革命谈了三条道路。

【思考】

如何理解农民在中国革命中的地位与作用？

20　十月革命四周年

【摘录】

我们把资产阶级民主革命的问题作为我们主要的和真正的无产阶级革命的、社会主义的工作的“副产品”顺便解决了。我们一向说，改良是革命的阶级斗争的副产品。我们不仅说过并且还用事实证明过，资产阶级民主改造是无产阶级革命，即社会主义革命的副产品。顺便提一下，所有考茨基、希法亭、马尔托夫、切尔诺夫、希尔奎特、龙格、麦克唐纳、屠拉梯之流以及“第二半”马克思主义的其他英雄们，都不能了解资产阶级民主革命和无产阶级社会主义革命之间的这种相互关系。前一革命可以转变为后一革命。后一革命可以顺便解决前一革命的问题。后一革命可以巩固前一革命的事业。斗争，只有斗争，才能决定后一革命能比前一革命到什么程度。

……

我们为热情的浪潮所激励，我们首先激发了人民的一般政治热情，然后又激发了他们的军事热情，我们曾计划依靠这种热情直接实现与一般政治任务和军事任务同样伟大的经济任务。我们计划（说我们计划欠周地设想也许较确切）用无产阶级国家直接下命令的办法在一个小农国家里按共产主义原则来调整国家的产品生产和分配。现实生活说明我们错了。为了作好向共产主义过渡的准备（通过多年的工作来准备），需要经过国家资本主义和社会主义这些过渡阶段。不能直接凭热情，而要借助于伟大革命所产生的热情，靠个人利益，靠同个人利益的结合，靠经济核算，在这个小农国家里先建立起牢固的桥梁，通过国家资本主义走向社会主义；否则你们就不能到达共产主义，否则你们就不能把千百万人引导到共产主义。现实生活就是这样告诉我们的。革命发展的客观进程就是这样告诉我们的。

——摘自《列宁选集》第4卷，人民出版社，1992，第567～570页

【导读】

写作背景

该文是列宁为纪念伟大的俄国十月社会主义革命胜利四周年而作。1917 年 11 月 7 日（俄历 10 月 25 日），俄国布尔什维克领导无产阶级和劳动人民举行武装起义，推翻了资产阶级政权，建立了无产阶级专政。这次革命的胜利是俄国社会基本矛盾运动发展的必然结果，也是无产阶级和布尔什维克党长期进行斗争的必然结果。十月革命是人类历史上最伟大最深刻的社会革命，它改变了世界历史的方向，开创了世界历史上的新纪元。

历史地位

本文奠定了新型马克思主义政党的思想基础，也是我国社会主义改造的理论源泉，不仅在历史上起过重大作用，而且至今仍然具有重要的现实指导意义。

主要内容

阐述了十月革命的经验和伟大历史意义，其中包括民主革命和社会主义革命的关系、无产阶级及其政党怎样对待帝国主义战争、小农国家如何向社会主义过渡、如何组织社会主义经济、应当进行社会主义改造等问题。

【案例】

过渡时期总路线的出台

·案例简介·

1953 年 6 月 13 日至 8 月 13 日，全国财经会议在北京举行。6 月 15 日，全国财经会议的第三天，毛泽东主持召开中央政治局扩大会议，在这次政治局会议上，毛泽东正式提出过渡时期总路线，并做了系统阐述。毛泽东在讲话中，对总路线作了明确的表述："党的过渡时期的总路线和总任务，是要在十年到十五年或者更多一些时间内，基本上完成国家工业化和对农业、手工业、资本主义工商业的社会主义改造。这条总路线是照耀我们各项工作的灯塔。不要脱离这条总路线，脱离了就要发生"左"倾或右倾的错误。”他说到对社会主义改造的大致构想：“稳步前进，不能太急……因此不应该发生震动和不安。”“至于完成整个过渡时期，即包括基本上完成国家工业化，基本上完成对农业、对手工业和对资本主义工商业的社会主义改造，则不是三五年所能办到的，而需要几个五年计划的时间。在这个问题上，既要反对遥遥无期的思想，又要反冒进的思想。”1953 年 9 月 25 日，人民政协全国委员会在庆祝中华人民共和国成立四周年的日子里，向全国人民正式发布了过渡时期总路线。即“从中华人民共和国成立，到社会主义改造基本完成，这是一个过渡时期。党在这个过渡时期的总路线和总任务，是要在一个相当长的时期内，逐步实现国家的社会主义工业化，并逐步实现国家对农业、对手工业和对资本主义工商业的社会主义改造。这条总路线是照耀我们各项工作的灯塔，各项工作离开它，就要犯右倾或左倾的错误。”过渡时期总路线学习和宣传提纲发布以后，一个更大规模的学习和宣传活动在全国蓬勃地兴起，极大地推动了经济建设和社会主义改造事业的发展。它的成功实践，标志着中国共产党走出了一条独特的中国社会主义革命道路。

——摘自王小燕主编《毛泽东思想和中国特色社会主义理论体系概论课教学案例分析》，华南理工大学出版社，2010，第 47～48 页

·案例说明·

列宁在《十月革命四周年》中指出为了做好向共产主义过渡的准备（通过多年的工作来准备），需要经过国家资本主义和社会主义这些过渡阶段。这为我国社会主义改造奠定了理论基础。新中国成立以来的实践证明进行社会主义改造不仅是必要的，而且是可能的。坚持社会主义工业化建设与社会主义改造同时并举，这是党在过渡时期总路线的明确要求；基本的方法是采取积极引导、逐步过渡的方式，用和平的方法进行改造。在党的总路线的指导下，我国社会主义改造的基本完成是一个伟大的历史性的胜利。党提出过渡时期总路线，充分考虑了具有实现的可能性：我国已经有了相对强大和迅速发展的社会主义国营经济；土地改

革完成以后，为发展生产、抵御自然灾害，广大农民具有走互助合作道路的要求；新中国成立初期，党和国家在合理调整工商业的过程中，出现了加工订货、经销代销、统购保销、公私合营等一系列从低级到高级的国家资本主义的形式；当时国际形势也出现了有利于社会主义的过渡局势。

【思考】

结合案例，谈谈对党在过渡时期的总路线的认识。

21　怎么办

【摘录】

没有革命的理论，就不会有革命的运动。在醉心于最狭隘的实际活动的偏向同时髦的机会主义说教结合在一起的情况下，必须始终坚持这种思想。而对俄国社会民主党来说，由于存在三种时常被人忘记的情况，理论的意义就显得更为重要了。这三种情况：第一，我们的党还刚刚在形成，刚刚在确定自己的面貌，同革命思想中有使运动离开正确道路危险的其他派别进行的清算还远没有结束。相反，正是在最近时期，非社会民主党的革命派别显得活跃起来了（这是阿克雪里罗得早就对“经济派”说过的）。在这种条件下，初看起来似乎并“不重要的”错误也可能引起极其可悲的后果；只有目光短浅的人，才会以为进行派别争论和严格区别各派色彩，是一种不适时的或者多余的事情。这种或那种“色彩”的加强，可能决定俄国社会民主党许多许多年的前途。

第二，社会民主主义运动就其本质来说是国际性的运动。这不仅意味着我们应当反对民族沙文主义。这还意味着在年轻的国家里开始的运动，只有在运用别国的经验的条件下才能顺利发展。但是，要运用别国的经验，简单了解这种经验或简单抄袭别国最近的决议是不够的。为此必须善于用批判的态度来看待这种经验，并且独立地加以检验。只要想一想现代工人运动已经有了多么巨大的成长和扩展，就会懂得，为了完成这个任务，需要有多么雄厚的理论力量和多么丰富的政治经验（以及革命经验）。

第三，俄国社会民主党担负的民族任务是世界上任何一个社会党都不曾有过的。我们在下面还要谈到把全体人民从专制制度压迫下解放出来这个任务所赋予我们的种种政治责任和组织责任。现在我们只想指出一点，就是只有以先进理论为指南的党，才能实现先进战士的作用。读者如果想要稍微具体地了解这句话的意思，就请回想一下俄国社会民主主义运动的先驱者赫尔岑、别林斯基、车尔尼雪夫斯基以及70年代的那一批杰出的革命家；就请想想俄国文学现在所获得的世界意义；就请……只要想想这些也就足够了！

——摘自《列宁选集》第1卷，人民出版社，1995，第311～312页

【导读】

写作背景

列宁著《怎么办》一书，写于1901年秋至1902年2月，1902年3月出版。19世纪末20世纪初，俄国是帝国主义一切矛盾的集合点，不仅有资本的压迫和殖民地压迫，还有封建压迫和民族压迫。各种矛盾的存在和日益激化，正在兴起的工人和农民的革命运动，表明俄国革命形势日益成熟，此时迫切要求有一个能够领导革命运动的战斗司令部——统一集中的工人政党。而建立统一工人政党的道路上障碍重重。为此，列宁写了包括《怎么办》在内的一系列著作，目的就是把俄国的一切马克思主义的力量团结起来，为建立统一集中的工人政党扫除层层障碍。

历史地位

《怎么办》这部书被称为奠定了新型马克思主义政党的思想基础的著作，不仅在历史上起过重大作用，而且至今仍然具有重要的现实指导意义。在这部著作中，列宁揭露批判了俄国党内“经济派”的错误，全面论述了建立新型马克思主义工人政党的必要性与迫切性，提出了关于党的性质、目的、作用、活动的基本原则，特别是党的思想理论建设方面的一系列重要理论观点。

主要内容

《怎么办》一书主要内容分为四个部分：（一）“批评自由”与“没有革命的理论，就不会有革命的运动；（二）自发性和自觉性问题；（三）工联主义政治和社会主义民主主义政治；（四）组织问题——应当实现怎么样的组织和怎么实现组织。

【案例】

全面从严治党永远在路上

·案例简介·

“老虎”要露头就打，“苍蝇”乱飞也要拍。党的十八大以来，以习近平同志为核心的党中央坚持有腐必惩、有贪必肃，一大批“老虎”“苍蝇”被绳之以党纪国法。2013 年 81%、2014 年 88.4%、2015 年 91.5%、2016 年 92.9%……这是国家统计局公布的党的十八大以来全国党风廉政建设民意满意度数据。逐年攀升的人民满意度，就是民心的“晴雨表”，反映 5 年来全面从严治党取得了卓著成效，彰显出我们党以强烈的自我革命精神赢得了人民群众的高度认可和充分信任。针对腐败这个世界性的顽疾，“中国药方”正显现出强大功效。随着“打虎”“拍蝇”“猎狐”行动不断发力，腐败毒瘤一个一个被清除，反腐败斗争压倒性态势已经形成并巩固发展。据统计，党的十八大以来的 5 年，全国纪检监察机关共处置问题线索 267.4 万件，立案 154.5 万件，处分 153.7 万人，涉嫌犯罪被移送司法机关处理 5.8 万人，立案审查省军级以上党员干部及其他中管干部 440 人，“百名红通人员”中有 51 人落网。可以说，5 年来反腐败决心和力度史无前例。我们党始终保持惩治腐败的高压态势，坚持无禁区、全覆盖、零容忍，坚持重遏制、强高压、长震慑，重点查处党的十八大后不收敛、不收手，问题线索反映集中、群众反映强烈、现在重要岗位且可能还要提拔使用的领导干部，释放出强大的震慑力，对广大党员干部发出“伸手必被捉”的强烈警示。

党的十八大以来，我们党先后开展了党的群众路线教育实践活动、“三严三实”专题教育和“两学一做”学习教育等，使广大党员干部受到了习近平新时代中国特色社会主义思想的教育，受到了深刻的党性教育，心灵深处得到洗礼，精神世界得到升。十九大后反腐不歇脚。

——摘自《只留清气满乾坤——如何推动全面从严治党向纵深发展》，人民网，http://politics.people.com.cn/n1/2018/0302/c1001-29842707.html

·案例说明·

正如列宁所说的“只有以先进理论为指南的党，才能实现先进战士的作用”。因此，我党高度重视党的建设，从严治党。党的十八大后，以习近平同志为总书记的党中央，把反腐败提到治国理政、兴党兴国的新高度，坚持“老虎”“苍蝇”一起打，不断探索管党治党、党风廉政建设和反腐败斗争规律，使不敢腐的震慑作用充分发挥，不能腐、不想腐的效应初步显现，反腐败斗争压倒性态势正在形成。2017 年 10 月 27 日，党的十九大刚刚闭幕不久，新一届中央政治局举行第一次会议，就审议通过了八项规定的实施细则，进一步规范、细化和完善了调研、会议、简报和出访等方面的规定，发出党的作风建设再出发的动员令。广大干部群众认为，这是八项规定的“升级版”，态度更坚决，措施更严厉，坚决回应了“从严治党是否会松口气、歇歇脚”的疑虑，凸显了我们党坚定不移全面从严管党治党的韧劲和决心。

【思考】

1. 在新的历史条件下如何提高党的建设科学化水平？
2. 如何在新时代建设学习型、服务型、创新型马克思主义执政党？

22　马克思给维·伊·查苏利奇的复信

【摘录】

在分析资本主义生产的起源时，我说：

“因此，在资本主义制度的基础上，生产者和生产资料彻底分离了……全部过程的基础是对农民的剥夺。这种剥夺只是在英国才彻底完成了……但是，西欧的其他一切国家都正在经历着同样的运动。”（《资本论》法文版第135页）

可见，这一运动的“历史必然性”明确地限于西欧各国……

“以自己的劳动为基础的私有制……被以剥削他人劳动即以雇佣劳动为基础的资本主义私有制所排挤。”（同上，第341页）

因此，在这种西方的运动中，问题是把一种私有制形式变为另一种私有制形式。相反地，在俄国农民中，则是要把他们的公有制变为私有制。

由此可见，在《资本论》中所作的分析，既没有提供肯定俄国农村公社有生命力的论据，也没有提供否定农村有生命力的论据，但是，我根据自己找到的原始材料对此进行的专门研究使我深信：这种农村公社是俄国社会新生的支点；可是要使它能发挥这种作用，首先必须排除从各方面向它袭来的破坏性影响，然后保证它具备自然发展的正常条件。

——摘自《马克思恩格斯选集》第3卷，人民出版社，1995，第774～775页

【导读】

写作背景

复信写于1881年3月8日。1877年，俄国伟大的革命家、哲学家车尔尼雪夫斯基提出了这样一个问题：俄国是否应当像它的自由派经济学家们所希望的那样，首先摧毁农村公社以过渡到资本主义制度呢，还是与此相反，发展它所特有的历史条件，就可以不经受资本主义的一切苦难而取得它的全部成果？1881年，查苏利奇再一次提出了这一问题并向马克思请教。

历史地位

《马克思给维·伊·查苏利奇的复信》是一个内容极其丰富的关于俄国社会，尤其关于俄国农村公社历史命运的历史唯物主义篇章。在复信草稿中，马克思第一次出现了历史唯物主义的一个重要概念——历史环境，对于完善和丰富马克思的科学社会主义理论有着特殊的地位，对未来社会主义运动，特别是东方的社会主义革命有着重要的指导作用。

主要内容

第一，明确了不能把在《资本论》中论述的西欧社会主义路径教条地、无限制地应用于东方社会。第二，分析了农业公社的不同性质及其不同历史命运。第三，分析了俄国“农民公社”的独特特征，阐述了俄国跨越资本主义“卡夫丁峡谷”的历史背景及可能性。第四，在二稿中，表现出了某种忧虑，即在马克思看来，从公社实际的命运来说，当时俄国正遭受着来自外部和内部的各种损害。要挽救俄国的农民公社，必须有俄国革命。

【案例】

中国道路与社会主义建设经验

·案例简介·

社会主义建设的实践者们自从通过社会革命确立起社会主义的基本制度开始，就面临着在经济文化落后国家如何直面具体国情建设社会主义的问题。中国道路立足于自身多年的社会主义建设实践，联系多国社会主义建设历程，进一步总结经验教训，对此问题做出了有信服力的回应：要通过改革清除旧社会弊端，彻底完成民主革命任务；从资本主义向社会主义的过渡要经历长期历史过程，不能急于建成发达的社会主义；始终坚持对内改革，在实践中不断完善社会主义体制；应长期保留并发展有利于国计民生的特定形式资本主义，更好地孕育社会主义因素；要通过对外开放实践积极借鉴和吸收各国文明成果。

——摘自张万杰《中国道路与经济文化落后国家建设社会主义的基本经验》，《实事求是》2017年第1期，第18~22页

·案例说明·

从世界历史上第一个社会主义国家苏联诞生开始，通过社会革命所确立的社会主义制度即开始了建设社会主义的实践探索。迄今为止，所有历经革命而建立社会主义制度的国家都是世界上的后发国家，即经济文化落后国家，苏联和中国进入社会主义所遵循的正是马克思晚年所预言的“跨

越”路径。由于对社会主义建设缺乏经验，对马克思主义的社会主义思想的教条化倾向，苏联在社会主义建设道路上出现了曲折，最严重后果就是苏联的解体与演变，中国在社会主义建设探索中同样出现了曲折。改革开放之后，中国开辟了特色社会主义道路，几十年来取得了巨大的成就。结合社会主义建设中的曲折与中国道路的成功，可以说经济文化相对落后的国家不但可以通过革命取得胜利并建立社会主义制度，而且一旦寻找到一条适合国情的道路，社会主义制度的优越性就会异常凸显。在进行社会主义建设的过程中，社会主义实践者们要在特定国家的经济文化条件之下，结合世界主题及发展趋势，解放思想、实事求是，打破旧有理论框架，找到一条适合本国国情的建设社会主义、实现共产主义理想的具体道路。

【思考】

1. 如何看待马克思的社会主义经典路径与跨越路径的关系？

2. 苏联的解体演变，是不是意味着苏联社会主义是个早产儿，意味着俄国应该像西欧国家一样先进入资本主义，待经济发展了再进行无产阶级革命？

3. 马克思“跨越卡夫丁峡谷”思想对我国进行社会主义建设有什么启示？

23 路德维希·费尔巴哈和德国古典哲学的终结

【摘录】

费尔巴哈是个杰出的哲学家。但是，不仅哲学这一似乎凌驾于一切专门科学之上并把它们包罗在内的科学的科学，对他来说，仍然是不可逾越的屏障，不可侵犯的圣物，而且作为一个哲学家，他也停留在半路上，他下半截是唯物主义者，上半截是唯心主义者；他没有批判地克服黑格尔，而是简单地把黑格尔当作无用的东西抛在一边，同时，与黑格尔体系的百科全书式的丰富内容相比，他本人除了矫揉造作的爱的宗教和贫乏无力的道德以外，拿不出什么积极的东西。

……

一个伟大的基本思想，即认为世界不是一成不变的事物的集合体，而是过程的集合体，其中各个似乎稳定的事物以及它们在我们头脑中的思想映象即概念，都处在生成和灭亡的不断变化中，在这种变化中，前进的发展不管一切表面的偶然性，也不管一切暂时的倒退，终究会给自己开辟出道路。

……

旧唯物主义在历史领域内自己背叛了自己，因为它认为在历史领域中起作用的精神的动力是最终原因，而不去研究隐藏在这些动力后面的是什么，这些动力的动力是什么。不彻底的地方并不在于承认精神的动力，而在于不从这些动力进一步追溯到它的动因。

——摘自《马克思恩格斯选集》（第 4 卷），人民出版社，1995，第 241 ~248 页

【导读】

写作背景

19 世纪 80 年代，处于“和平发展”时期的欧洲各主要资本主义国家生产力发展迅速，马克思主义得到了广泛传播，并已经在德国社会民主党内确立了统治地位。各种非马克思主义的思潮和派别为了抵制马克思主义的巨大影响，把德国古典哲学中的一些学说改头换面，拼凑其中的唯心主义和形而上学，以“新哲学”的名义兜售折中主义的残羹冷炙。在英国、瑞典、丹麦、挪威等国，出现了新黑格尔主义；在德国则以新康德主义影响最大。德国社会民主党内的机会主义者把马克思主义哲学歪曲为黑格尔哲学和费尔巴哈哲学的简单凑合，抹杀无产阶级世界观与资产阶级世界观的根本区别，企图把工人运动引向改良主义的道路。

历史地位

《路德维希·费尔巴哈和德国古典哲学的终结》全面说明了马克思主义哲学同德国古典哲学的关系，并通过正面阐述马克思主义哲学的一系列重要原理，反击资产阶级哲学思潮的进攻，积极引导工人运动健康发展，在马克思主义哲学发展史上占有重要地位。

主要内容

第一，阐述了哲学基本问题和哲学中两大阵营根本对立原理。第二，在分析黑格尔哲学的唯心主义性质与阶级实质，得出整个哲学“包含着不可救药的内在矛盾”，在这个矛盾中，占主导地位的不是他的方法，而是他的体系，决定了黑格尔不能从他的辩证方法中做出明确的革命结论。第三，肯定了费尔巴哈对哲学基本问题的唯物主义立场，同时分析了包括费尔巴哈在内的旧唯物主义的局限性：机械性、形而上学性和不彻底性，批判了费尔巴哈宗教哲学和伦理学中的唯心主义观点；揭示了费尔巴哈的以抽象人性论为核心的历史唯心主义及其社会根源。第四，阐明了马克思主义哲学产生的理论来源和自然科学基础，即以黑格尔和费尔巴哈为代表的德国古典哲学和19世纪中叶自然科学领域中的三大发现；论述了社会历史发展的客观规律性、人民群众是历史的创造者、阶级斗争是阶级社会的发展动力、经济基础决定上层建筑等历史唯物主义的基本原理；说明了马克思主义哲学在哲学发展史上的地位，指出了马克思主义哲学的创立是哲学发展中的革命变革。

【案例】

人民群众是历史的创造者

·案例简介·

人民群众是我们力量的源泉。我们深深知道，每个人的力量是有限的，但只要我们万众一心、众志成城，就没有克服不了的困难；每个人的工作时间是有限的，但全心全意为人民服务是无限的。

——习近平2012年11月15日十八届中共中央政治局常委同中外记者见面时的讲话

历史是人民书写的，一切成就归功于人民。只要我们深深扎根人民、紧紧依靠人民，就可以获得无穷的力量，风雨无阻，奋勇向前。

——习近平2017年10月25日十九届中共中央政治局常委同中外记者见面时的讲话

·案例说明·

过去的哲学家们，不管是唯心主义哲学家还是旧唯物主义哲学家，在历史观上都持唯心主义观点，主张英雄人物、帝王将相是历史的创造者，抹杀人民群众的巨大作用，实际是将历史的最终决定因素归结为精神。马克思主义者从唯物史观出发，即从社会存在决定社会意识，而不是社会意识决定社会存在出发，指出历史的创造并不是取决于少数英雄人物、伟大历史任务的意志，人民群众才是历史的真正创造者。人民群众不仅是物质财富的创造者，而且是精神财富的创造者，还是社会变革的决定力量。于是，我们的党必须扎根人民、依靠人民，才能形成一股巨大的合力，推动我国社会更好地往前发展。

【思考】

1. 马克思主义哲学与以往旧哲学的区别是什么？
2. 如何评价费尔巴哈的哲学思想？

24　自然辩证法

【摘录】

辩证法的规律无非是历史发展的这两个阶段和思维本身的最一般的规律。它们实质上可归结为下面三个规律：

量转化为质和质转化为量的规律；

对立的相互渗透的规律；

否定的否定的规律。

……

所谓的客观辩证法是在整个自然中起支配作用的，而所谓的主观辩证法，即辩证的思维，不过是在自然中到处发生作用的、对立中的运动的反映，这些对立通过自身的不断的斗争和最终的互相转化或向更高形式的转化，来制约自然界的生活。

——摘自《马克思恩格斯选集》第4卷，人民出版社，1995，第310～317页

【导读】

写作背景

19 世纪 50 年代，恩格斯就开始注意对当时的自然科学成果做哲学概括，从 1870 年起，着手系统研究自然科学的哲学问题。1873 年 2 月初，恩格斯计划写一本类似《反毕希纳论》的著作，以批判当时流行的庸俗唯物主义。为此，他写了第一批札记。同年 5 月 30 日，他在给马克思的信中提出了运动形式的转化等思想。此时，他决定写作一部内容更为广泛的著作。从 1873 年 5 月至 1876 年 5 月，恩格斯写出“导言”和大量片断。1876 年 5 月至 1878 年 7 月，他为了写作《反杜林论》，暂时搁下了该书的写作。1878 年 7 月至 1883 年 3 月，他写了该书几乎所有的论文和相当数量的片断。1883 年 3 月马克思逝世后，恩格斯为了整理马克思的《资本论》遗稿，完全中断了自己这部著作的写作工作。直到他逝世前不久，才把这部著作的手稿分成了四束，并把其他有关材料归并其中。

历史地位

《自然辩证法》是恩格斯的一部阐述自然界和自然科学辩证法的未完成著作，全书对马克思主义哲学的发展，对自然科学哲学问题的研究，具有重要的意义。该书第一次系统地阐述了辩证唯物主义自然观，并通过对当时自然科学成果的哲学概括，丰富和发展了马克思主义哲学的基本原理。第一次将唯物辩证法的主要规律概括为三条，即质量互变规律、对立统一规律、否定之否定规律，同时还明确提出了辩证逻辑的一些论点等。开拓了马克思主义哲学研究的一个新领域，为马克思主义的自然观、自然科学观、科学方法论和科学社会学的研究奠定了理论基础。运用唯物辩证法对当时自然科学发展中的一些重要问题做出了很有见地的分析，提出了一些重要的科学预见，对机械运动中两种量变的争论做了历史的总结：对原子可分、电运动的物质基础、放射到太空中去的热能重新集结、物理学和化学之间边缘科学的发展、人工合成蛋白质的可能、非细胞生命的存在等做了预见，这些预见在以后的科学发展中均得到了证实。

主要内容

《自然辩证法》由 10 篇论文、169 段札记、两个计划草案，总共 181 个部分组成，涉及的主要内容包括以下几个方面。第一，关于自然科学史、自然观史、自然史。恩格斯指出，与15世纪下半叶至18世纪自然科学水平和研究方法相适应，形成了形而上学的自然观。自然科学的进一步发展，在天文学、地质学、物理学、化学和生物学方面打开了形而上学自然观的缺口，说明了辩证唯物主义自然观代之而起的必然性。第二，关于自然科学与哲学。恩格斯说明了辩证法为自然科学提供了正确的理论思维方法，论述了自然科学家自觉学习辩证哲学的必要性。第三，关于辩证法。恩格斯根据当时自然科学的材料论证了辩证法的基本规律和重要范畴。第四，关于物质运动的基本形式和科学分类。恩格斯论述了辩证唯物主义关于物质观、运动观的一些基本原理，着重说明了物质运动基本形式之间的区别和联系，并以此为基础说明了各门自然科学之间的区别和联系，同时还批判了将一切运动形式归结为机械运动形式的机械论观点。第五，关于数学和各门自然科学的辩证内容。恩格斯从当时数学和各门自然科学的具体内容论证了唯物辩证法的正确性，并运用辩证法对当时自然科学中的某些重大理论问题做了分析，提出了一些原则性的科学预见。第六，关于劳动创造人的理论。恩格斯论述了劳动在人类起源中的决定性作用、劳动是人与动物的本质区别，指出人类只有过渡到共产主义，才能成为社会和自然界的真正主人。

【案例】

巧用大循环，处理不再难

·案例简介·

山东某地小麦种植面积为60万亩，按亩产500公斤秸秆计算，每年产生30万吨秸秆。虽然粉碎还田、压块做燃料、青储养殖等消化了大量秸秆，但一些农户为图方便，仍然偷偷焚烧秸秆，当地禁烧压力很大。2009年，该地通过招商引资引进了一家蘑菇种植企业，该企业以小麦秸秆加鸡粪为原料培育双孢菇，从当地收到小麦秸秆不够用，还在周边100公里范围的县市收集，鸡粪则由当地一家大型养鸡场提供。自蘑菇厂建起来后，蘑菇厂对秸秆的大量需要，让原本难以处理而成为“包袱”的秸秆摇身一变，不仅成了香饽饽，而且还成为农民增收的渠道。

然而，蘑菇厂每年产生的6万吨菌渣，四处堆积，臭气难闻，也引来周边群众的投诉，由此，该蘑菇厂开始寻找下游菌渣处理企业，开展产业链条的招商引资。山东某生物科技有限公司得知消息后主动前来，并把厂子建在该蘑菇厂旁边，他们将买来的菌渣加上猪粪，经过发酵，制成了很好的有机复合肥。这不仅解决了菌渣问题，而且也附带解决了让周边养猪户头痛的猪粪问题，该公司将生产出来的有机复合肥直接卖给周边的有机蔬菜种植基地，种植户以及果农等，由于减少了销售中间环节，价格合理，而很受欢迎。该公司也因之而获利颇丰。

——摘自《人民日报》2013 年 6 月 22 日

·案例说明·

矛盾具有普遍性，要正视矛盾，承认秸秆、菌渣等问题的存在；矛盾又具有特殊性，要分析矛盾的特殊性，具体问题具体分析，善于利用不同的方法解决不同的矛盾。“巧用大循环”过程中，从秸秆到菌菇，从菌渣、猪粪到有机肥，因地制宜实现了合理循环。矛盾双方具有同一性，在一定条件下可以相互转化。材料中人们在尊重客观规律的基础上，充分发挥了主观能动性，创造了实现矛盾双方相互转化的有利条件，促进了最有利于事物发展的状态。矛盾推动事物的发展。内因是事物发展的根本原因，外因是事物变化的条件，内外因共同作用推动事物发展。材料中秸秆变成菌菇培育的原料再变成有机肥，有其内在关联，同时也离不开人们发挥能动性、招商引资加大投入这一重要条件。

【思考】

如何理解新时代我国社会的主要矛盾及矛盾的主要方面？

25　青年在选择职业时的考虑

【摘录】

如果我们把这一切都考虑过了，如果我们生活的条件容许我们选择任何一种职业，那么我们就可以选择一种使我们最有尊严的职业；选择一种建立在我们深信其正确的思想上的职业；选择一种给我们提供广阔场所来为人类进行活动、接近共同目标（对于这个目标来说，一切职业只不过是手段）即完美境地的职业。

尊严就是最能使人高尚起来、使他的活动和他的一切努力具有崇高品质的东西，就是使他无可非议、受到众人钦佩并高于众人之上的东西。

但是，能给人以尊严的只有这样的职业，在从事这种职业时我们不是作为奴隶般的工具，而是在自己的领域内独立地进行创造。

……

在选择职业时，我们应该遵循的主要指针是人类的幸福和我们自身的完美。

……

如果我们选择了最能为人类福利而劳动的职业，那么，重担就不能把我们压倒，因为这是为大家而献身；那时我们所感到的就不是可怜的、有限的、自私的乐趣，我们的幸福将属于千百万人，我们的事业将默默地、但是永恒发挥作用地存在下去，面对我们的骨灰，高尚的人们将洒下热泪。

——摘自《马克思恩格斯全集》第 40 卷，人民出版社，1982，第 6 ~7 页

【导读】

写作背景

1835 年 8 月 12 日，就读于特里尔中学的马克思完成了他的中学毕业考试德语作文《青年在选择职业时的考虑》，阅卷老师批阅后，评论道："思想丰富，精采有力，值得赞许"，校长威登巴赫读后也赞扬："此文以思想丰富和结构严谨而引人注目。"这年，马克思只有 17 岁，在这样一个充满梦想和希望的季节，他对自己的人生、未来进行了深入的思考、规划和设计。他以优美的文笔、深刻的语言、慎密的思考、严格的推理，使人兴奋、鼓舞，给人以振聋发聩的力量。文中所表述的一些见解和许多哲理

性的语句都深入实际，给人启迪，时隔一个多世纪，本文仍对广大青年在现实生活中起着积极的指导意义。

主要内容

全文可以分为三个部分。

第一，马克思谈到选择职业时，“我们应当认真考虑，所选择的职业是不是真正使我们受到鼓舞？我们的内心是不是同意？我们受到的鼓舞是不是一种迷误？”

第二，马克思谈了影响职业选择的若干因素，即容易让我们在职业选择时产生鼓舞的若干因素，它们是虚荣心、名利欲、幻想、亲人朋友、社会上的关系、体质、自身能力。把这些因素都考虑清楚后，再通过冷静的研究，认清所选择的职业的全部分量，了解它的困难以后，如果我们仍然对它充满热情，我们仍然爱它，觉得自己适合它，那时我们就应该选择这份职业。

第三，马克思谈自己的职业选择的基本原则及自己的职业选择。马克思在谈了对青年选择职业有影响的若干因素后，又对有尊严的职业和职业选择一旦失误所造成的后果进一步做了阐释，并对正确选择职业后对自身的影响做了分析，在此基础上，马克思谈了自己职业选择的基本指针是人类的幸福和我们自身的完美。在文章的最后，马克思以他十七岁的年龄为他自身的职业选择做了激情的宣告：要为人类的幸福献身。

【案例】

青春追梦鹦哥岭

·案例简介·

“下火车，坐汽车，走完平路走山路。”刘磊还记得 2007 年第一次来海南鹦哥岭自然保护区管理站报到时，“藏”在路边民房中的管理站临时办公室让他好一通找。

6 年过去了，从初入社会的大学生到鹦哥岭自然保护区管理站副站长，刘磊一直觉得当初选择到山里工作是对的。因为通过他们的努力，鹦哥岭自然保护区的山更绿了、水更清了、人更美了，许多濒临灭绝的珍稀动植物渐渐恢复生机。

鹦哥岭自然保护区位于海南中南部，面积达5万多公顷，是目前海南陆地面积最大的自然保护区。它是我国热带雨林生态系统保存最完整的自然保护区之一。

目前，保护区管理站核心团队成员有31人，平均年龄刚好也是31岁。几年来，通过这群年轻人的不懈努力，鹦哥岭自然保护区管理站从一无所有，到先后获得“中国青年五四奖章集体”“全国生态建设突出贡献先进集体”“全国林业建设先进单位”等多项荣誉。

2005年，从南京森林警察学院毕业后留在海南省农业厅工作的李之龙参加了鹦哥岭科学考察组，这是他第一次接触鹦哥岭。

现在已是管理站站长的李之龙说，管理站的创建过程举步维艰。没办公室，就租民宅办公；没有车，他们就到处去借；没有钱，他们只好四处“化缘”，甚至自己垫钱，“这是创业过程中第一个艰难的阶段”。

2007年，在第一任站长周亚东的极力争取下，鹦哥岭自然保护区招来了第一批5名大学生。

刘磊高考选择专业时，一眼就相中了东北林业大学的野生动物与自然保护区管理专业，一心想和自然打交道。

大学毕业找工作，他的目标特别明确——“找自己喜欢的，才能干得好”。

大学毕业前，老师告诉他海南有个自然保护区刚刚成立，急需一批专业人才，但条件艰苦，工资也不高。“赚钱多少不是问题，只要专业对口，能够学到东西就行”，刘磊果断选择了鹦哥岭这片“等待我们去保护研究的原始热带雨林”。

“在别人眼里，鹦哥岭也许就是一个边远艰苦的穷山沟，但在我眼里，这里却是一个罕见的动植物资源宝库，是能实现梦想的地方。”硕士毕业于云南农业大学昆虫专业的山东小伙儿王合升和刘磊一样，并没有觉得来鹦哥岭工作是件苦事，反而发自内心地感谢能有这么一个未经开发的原始热带雨林让自己学有所用、放手去干。

从北京林业大学硕士毕业的李飞是地道的北京人，酷爱自然保护事业。得知鹦哥岭保护区要招聘工作人员后，李飞想都没想便和学生物的爱人陈元君一起直奔鹦哥岭，“我们两口子一起上山、一起下乡、一起探讨问题，这种感觉甭提有多好了”。

初到鹦哥岭时，刘磊的工作没有像他预想中那样和野生动植物打交道。下乡做宣传、放电影、开例会、修厕所、建猪圈，一样一样从头学起，他没觉得有多琐碎，“有事做，就很高兴”。

为了充分调动这些年轻人的积极性和创造性，周亚东制定了完全开放式的工作制度：在管理模式、用人机制、工作方式上，让年轻人自主选择工作岗位、自主制定工作计划、自主拟定工作经费、自主规划培训项目，根据兴趣、专业能力决定工作岗位。

熟悉工作后，上山、淋雨、过河、走山路、睡帐篷等便成了他们的家常便饭，每隔几天就要进山一次，一走就是六七个小时。他们大多来自北方，习惯了平原生活，爬山就成了他们最大的考验。刘磊笑着说，运动鞋最多只能穿半年，“水里泡、树枝刮，有时两三个月就得买双新鞋”。

负责动植物检测的王合升是他们中进山最多的，几年来他走遍了鹦哥岭保护区的200多个山峰，每次进山除了自己的帐篷、设备外，他还经常帮女孩子背东西。在他看来，“风餐露宿、蚊虫叮咬都没什么，最难受的就是山里淋雨，因为热带雨林经常下雨，再加上出汗，衣服从里到外基本上就没有干过”。

通过5年多的努力，鹦哥岭自然保护区管理站建立起了自己的电子档案馆。记录了4000多种动植物信息，明确了区内兰花、鸟类、淡水鱼类、两栖类、爬行类、蝴蝶等珍稀物种的分布情况，发现科学新种20个、中国新记录种24个、海南新记录种190个。

“伯乐树、苏铁、轮叶三棱栎、海南油杉等重点保护植物被清晰地标记在了鹦哥岭的地形图上；海南孔雀雉、海南山鹧鸪、水鹿、小灵猫等珍禽异兽被记录进了鹦哥岭的档案里。还有国家一级保护的圆鼻巨蜥，二级保护的黑熊、绯胸鹦鹉，都被我们证明，绝迹多年后又出现在了海南的热带丛林……”说起这些成果，王合升心里有一种成就感：鹦哥岭的生态保护值得他用一辈子去做。

“我到鹦哥岭一个多月，女朋友就来看我。她看到这里的工作生活条件后说，在这么偏僻的地方，以后有了孩子，怎么能得到好的教育？劝我回山东，另换一份工作。”说到感情，王合升觉得自己欠女朋友太多，因为看到自己留下的决心，女朋友最后独自离开。

有机会调回市区工作的李之龙始终舍不得离开。“家人也劝过我回去，可我对鹦哥岭有感情。这是我毕业后第一次全身心地去做一件自己想做的事。我对妻子说，让她给我10年时间。10年以后我年纪大了，干不了这种高负荷工作的时候我会回来。但是这10年，请让我做我想做的事情。”

——摘自《中国青年报》2013年6月7日

·案例说明·

树立崇高的职业理想、服从社会发展的需要、做好充分的择业准备、逐步树立正确的择业观和创业观，对于大学生顺利走进职业生活具有重要的现实意义。

志存高远指给生命一个洗尽浮华的方向，而始于足下则让生命有了劈波斩浪的双桨。与其临渊羡鱼，不如退而结网，与其在垂暮之年慨叹壮志未酬，不如趁风华正茂之时奋斗不止。

让我们向鹦哥岭中的年轻人学习，在实现中国梦的实践中放飞青春梦想！

【思考】

我们应如何尝试设计人生、规划未来，选择自己的职业？

26　共产党宣言

【摘录】

资产阶级在它已经取得了统治的地方把一切封建的、宗法的和田园诗般的关系都破坏了。它无情地斩断了把人们束缚于天然尊长的形形色色的封建羁绊，它使人和人之间除了赤裸裸的利害关系，除了冷酷无情的“现金交易”，就再也没有任何别的联系了。它把宗教虔诚、骑士热忱、小市民伤感这些情感的神圣发作，淹没在利己主义打算的冰水之中。它把人的尊严变成了交换价值，用一种没有良心的贸易自由代替了无数特许的和自力挣得的自由。总而言之，它用公开的、无耻的、直接的、露骨的剥削代替了由宗教幻想和政治幻想掩盖着的剥削。

资产阶级抹去了一切向来受人尊崇和令人敬畏的职业的神圣光环。它把医生、律师、教士、诗人和学者变成了它出钱招雇的雇佣劳动者。

资产阶级撕下了罩在家庭关系上的温情脉脉的面纱，把这种关系变成了纯粹的金钱关系。

……

共产党人同其他无产阶级政党不同的地方只是：一方面，在无产者不同的民族的斗争中，共产党人强调和坚持整个无产阶级共同的不分民族的利益；另一方面，在无产阶级和资产阶级的斗争所经历的各个发展阶段上，共产党人始终代表整个运动的利益。

因此，在实践方面，共产党人是各国工人政党中最坚决的、始终起推动作用的部分；在理论方面，他们胜过其余无产阶级群众的地方在于他们了解无产阶级运动的条件、进程和一般结果。

……

“消灭私有制”，“推翻资产阶级的统治，由无产阶级夺取政权”……“一步一步地夺取资产阶级的全部资本，把一切生产工具集中在国家即组织成为统治阶级的无产阶级手里，并且尽可能快地增加生产力的总量”……

共产党人不屑隐瞒自己的观点和意图。他们公开宣布：他们的目的只有用暴力推翻全部现存的社会制度才能达到。无产者在这个革命中失去的只是锁链。他们获得的将是整个世界。

全世界无产者，联合起来！

——摘自《马克思恩格斯选集》第1卷，人民出版社，1972，第250～286页

【导读】

写作背景

《共产党宣言》，是卡尔·马克思和弗里德里希·恩格斯为共产主义者同盟起草的纲领，是国际共产主义运动第一个纲领性文献，由马克思执笔

写成。该书第一次全面系统地阐述了科学社会主义理论，指出共产主义运动将成为不可抗拒的历史潮流。

2015 年 11 月，该书被评为最具影响力的 20 本学术书。

历史地位

《共产党宣言》是第一部较为完整而系统地阐述科学社会主义基本原理的伟大著作，第一次全面系统地阐述了科学社会主义理论，指出共产主义运动将成为不可抗拒的历史潮流。它标志着马克思主义的诞生，开辟了国际工人运动和社会主义运动的新局面，成为世界无产阶级的锐利思想武器，并在百年之后直接影响了中国几代领导人的政治方针，推动了中国的发展。

主要内容

《共产党宣言》包括引言和正文四章。

引言说明了《共产党宣言》产生的历史背景和目的任务。

第一章“资产者和无产者”，论述了马克思主义的阶级斗争学说。

第二章“无产者和共产党人”，说明了无产阶级政党的性质、特点、目的和任务，以及共产党的理论和纲领。

第三章“社会主义的和共产主义的文献”，批判了当时流行的各种假社会主义，分析了各种假社会主义流派产生的社会历史条件，并揭露了它们的阶级实质。分为反动的社会主义、保守的或资产阶级的社会主义、批判的空想的社会主义和共产主义。

第四章“共产党人对各种反对党派的态度”，论述了共产党人革命斗争的思想策略。

在《共产党宣言》中，马克思和恩格斯系统、集中地阐述了他们的观点：“消灭私有制”，“推翻资产阶级的统治，由无产阶级夺取政权”，然后“一步一步地夺取资产阶级的全部资本，把一切生产工具集中在国家即组织成为统治阶级的无产阶级手里，并且尽可能快地增加生产力的总量”；而且，“共产党人不屑隐瞒自己的观点和意图。他们公开宣布：他们的目的只有用暴力推翻全部现存的资本主义制度才能达到”。

【案例】

东欧剧变

·案例简介·

东欧剧变（亦称东欧民主化，西方社会也称之为东欧1989年系列革命）。指从20世纪80年代末到90年代初，东欧各个社会主义国家的政治经济制度发生根本性的改变，是斯大林模式的社会主义制度最终演变为西方欧美资本主义制度的剧烈动荡。在1989年后开始剧变。最先在波兰出现，后来扩展到东德、捷克斯洛伐克、匈牙利、保加利亚、罗马尼亚等前华沙条约组织国家。这个事件以苏联解体告终，一般被认为标志着冷战的结束。除了罗马尼亚是流血事件外，其他国家的事件都是用自由选举和平地结束的，而所有东欧国家中，阿尔巴尼亚是最后一个共产党结束执政的国家。

——摘自郤浴日《东欧剧变的国际背景新探——以匈牙利巨变的国际条件为例》，《当代世界与社会主义》2017年2月20日

·案例说明·

冷战后期，东欧各国在各方面的矛盾日益突出。在内因上：在经济方面，东欧袭用苏联高度集中的经济体制，片面发展重工业，人民生活水准仍然很低；在政治方面，东欧各国的执政党和政府因为缺乏监督和选举，贪污腐败、践踏法律和人权的行为层出不穷。在外因上：苏联在戈尔巴乔夫上台后推行的建设“民主社会主义”纲领推动了东欧各党的改组，同时戈尔巴乔夫采取“辛纳屈主义”减少了对东欧国家的控制。

马克思主义是认识世界和改造世界的强大思想武器，苏共的指导思想已经偏离了马克思主义的正确指导。所以，苏共指导思想和对东欧国家的态度，是东欧迅速发生变化的重要原因。

东欧剧变和苏联解体使社会主义力量遭到重大挫折，标志“二战”后美苏争霸的两极格局崩溃，“冷战”结束，雅尔塔体系完全崩解，世界政

治格局呈现出向多极化发展趋势。

【思考】

经济全球化背景下马克思主义过时了吗?

27　在马克思墓前的讲话

【摘录】

这个人的逝世，对于欧美战斗着的无产阶级，对于历史科学，都是不可估量的损失。这位巨人逝世以后所形成的空白，不久就会使人感觉到。

正像达尔文发现有机界的发展规律一样，马克思发现了人类历史的发展规律……

不仅如此，马克思还发现了现代资本主义生产方式和它所产生的资产阶级社会的特殊的运动规律。由于剩余价值的发现，这里就豁然开朗了，而先前无论资产阶级经济学家或者社会主义批评家所做的一切研究都只是在黑暗中摸索。

……

在马克思看来，科学是一种在历史上起推动作用的、革命的力量。

因为马克思首先是一个革命家。他毕生的真正使命，就是以这种或那种方式参加推翻资本主义社会及其所建立的国家设施的事业，参加现代无产阶级的解放事业，正是他第一次使现代无产阶级意识到自身的地位和需要，意识到自身解放的条件。斗争是他的生命要素。

现在他逝世了，在整个欧洲和美洲，从西伯利亚矿井到加利福尼亚，千百万革命战友无不对他表示尊敬、爱戴和悼念。而我敢大胆地说：他可能有过许多敌人，但未必有一个私敌。

他的英名和事业将永垂不朽!

——摘自《马克思恩格斯选集》第 3 卷，人民出版社，1972，第 574 ~576 页

【导读】

写作背景

马克思于 1883 年 3 月 14 日在英国伦敦逝世。3 月 17 日，安葬于伦敦城北的海格特公墓。本文是恩格斯作为马克思的亲密战友在马克思墓仪上发表的讲话。

恩格斯用英语发表的这篇讲话，代表全世界无产阶级对马克思的逝世表示了深切的哀悼，对马克思一生为无产阶级事业所做的伟大贡献做了崇高的评价和热情的赞颂。

主要内容

第一部分（第 1 自然段）：介绍马克思逝世的时间、地点以及场景——悼念。

第二部分（第 2 ~8 自然段）：评说马克思对人类做出的伟大贡献——评价。

第三部分（第 9 自然段）：表达对马克思的尊敬、爱戴和悼念。

【案例】

人生迥异的两位校友

·案例简介·

同为浙江××大学的毕业生贺晓华和谢某有着截然不同的人生之路，前者为传承民族音乐倾其所有，艰难维持“华音网”，赢得了乐友的广泛喜爱与尊重；后者为牟取暴利铤而走险，在网上传播色情电影，最终锒铛入狱，成为浙江打击淫秽色情网站专项行动中被正式批捕的“第一人”。

——摘自司马听风《两校友为何人生迥异?》，《职业技术教育》2004 年第 32 期

·案例说明·

同一所学校培养出来的人才，为何人生道路迥异？因为人生追求各

异。首先，两人的人生观、价值观不同。贺晓华说："我要通过办网为中国民族音乐的传承和发扬做出自己的贡献。"与此相反，谢某的人生追求则局限在个体私利上，一切为了满足自己的金钱欲。其次，两人的道德观念、法制理念全然不同。贺晓华认为，钱固然重要，但决不能昧着良心赚黑钱，要合理合法地赚钱。他在办"华音网"时，注意选择健康的、优秀的民乐，决不采用黄色的、淫荡的靡靡之音，同时非常注意知识产权的保护。而谢某直到被捕前，竟然不知网上制黄贩黄是犯罪行为。

古今中外众多创造了辉煌人生的志士仁人，多在青年时期就确立了正确的选择，纵观马克思的一生，他为什么能够对人类做出伟大的贡献，不正是因为选择了为人类服务的职业吗？正确的人生目的决定了积极的人生态度，才能在充满各种挑战的人生实践中，充分发挥生命的创造力，在为社会谋福利、做贡献中努力提升生命的价值，在创造中书写人生的壮丽篇章。

【思考】

大学生应该确立怎样的人生目的？

28　反杜林论

【摘录】

按照杜林先生的说法，哲学是世界和生活的意识的最高形式的发展，而在更广的意义上说来，还包括一切知识和意志的原则。无论在哪里，只要是人的意识对某一系列的认识或刺激，或者对某一类存在形式发生了问题，这些形式的原则就应当是哲学的对象。这些原则是简单的或迄今被想象为简单的成分，由这些成分可以构成各种各样的知识和意志。同物体的化学组成一样，事物的一般状态也可以还原为基本形式和基本元素。这些终极的成分或原则，一旦被发现，就不仅对于直接知道的和可以接触的东西，而且对于我们所不知道和没有接触到的世界也都是有意义的。因此，哲学原则就成了科学要成为阐明自然界和人类生活的统一体系所需要的最后补充。除了一切存在的基本形式，哲学只有两个真正的研究对象，即自然界和人类世界。这样，在我们的材料整理上就自然而然地分成了三部分，这就是：一般的世界模式论，关于自然原则的学说，以及最后关于人的学说。在这个序列中，同时也包含某种内在的逻辑次序，因为适用于一切存在的那些形式的原则走在前面，而应当运用这些原则的对象的领域则按其从属次序跟在后面。

……

因此，他所谓的原则，就是从思维而不是从外部世界得来的那些形式的原则，这些原则应当被运用于自然界和人类，因而自然界和人类都应当适应这些原则。但是，思维从什么地方获得这些原则呢？从自身中吗？不，因为杜林先生自己说：纯粹观念的领域只限于逻辑模式和数学的形式（我们将要看到，后者是更加错误的）。逻辑模式只能涉及思维形式；但是这里所谈的只是存在的形式，外部世界的形式，而思维永远不能从自身中，而只能从外部世界中汲取和引出这些形式。这样一来，全部关系都颠倒了：原则不是研究的出发点，而是它的最终结果；这些原则不是被应用于自然界和人类历史，而是从它们中抽象出来的；不是自然界和人类去适应原则，而是原则只有在适合于自然界和历史的情况下才是正确的。这是对事物的唯一唯物主义的观点，而杜林先生的相反的观点是唯心主义的，它把事情完全头足倒置了，从思想中，从世界形成之前就永恒地存在于某个地方的模式、方案或范畴中，来构造现实世界，这完全象一个叫做黑格尔的人。

——摘自《马克思恩格斯选集》第 20 卷，人民出版社，1971，第 37 ~ 38 页

【导读】

写作背景

《反杜林论》问世正值欧洲处于从自由资本主义向垄断资本主义发展的时期，当时机会主义滋生泛滥。又由于国际工人运动进入一个新时期——为迎接未来革命在各方面做准备工作；其问世也是德国社会民主党内思想政治斗争的直接成果。

历史地位

《反杜林论》是一部极其重要的马克思主义经典著作。它第一次全面

地、系统地阐述了马克思主义全部学说，即哲学、政治经济学和科学社会主义。在马克思主义发展史上占有十分重要的地位。这部著作的问世，对于捍卫马克思主义世界观、维护科学社会主义纲领、推动德国工人运动和整个共产主义运动的发展，起了十分重要的作用。

主要内容

本篇摘自《反杜林论》第一编：哲学。其中心内容是批判杜林的唯心主义和形而上学观，阐明马克思主义哲学的一系列基本原理，捍卫辩证唯物主义的哲学路线。

基本观点如下。

第一，杜林最基本的哲学观点。一是狭义的哲学是阐发“世界和生活的意识的最高形式”；广义的哲学“包括一切知识和意志的原则”。二是哲学研究的对象是“存在形式的原则”。三是哲学对象（原则）的性质是“简单的或迄今被设想为简单的成分”。四是哲学对象的功能是“（原则）一旦被发现，就不仅对于直接知道和接触到的东西，而且对于我们不知道和接触不到的世界也都有意义”。五是哲学体系由三部分构成：一般世界模式论、关于自然原则的学说和关于人的学说。

第二，杜林哲学的出发点是“原则”。一是从思维中得来的；二是自然界和人类都应该适应这些原则。杜林从“原则出发”，认为在物质世界出现之前，存在形式的基本原则就已经存在，这种原则的发展才有了自然界和人类社会。显然是主张意识（原则）第一性，物质（外部世界）第二性。

第三，《反杜林论》对杜林先验主义的批判：针对杜林的从“原则出发”，恩格斯提出了一个问题：“思维从什么地方获得这些原则呢？从自身中吗？”按照杜林的思想，其回答应该是肯定，这一回答说明了其从“原则出发”的实质是先验主义。恩格斯则对这个问题的回答是否定的，并指出思维永远不能从自身中，而是从外部世界中吸取和引出这些形式和原则，这一回答的实质是从“外部世界出发”、从“事实出发”的唯物主义。

【案例】

"狼孩"现象

·案例简介·

1920年，有人在一个狼群中发现了两个女童，立即把她们送到当地的孤儿院，她们怕水、火和光，白天躲藏，夜间活动，每晚都像狼一样长嚎，吃肉时不用手而是用牙齿撕开吃，对他人不感兴趣、没有感情。"狼孩"现象佐证了人的社会实践活动决定其生活方式和精神文化生活；人在社会活动中彰显和发挥自己的智力、体力和情感。

——https://wenku.baidu.com/view/ccac7b810029bd64783e2ca4.html

·案例说明·

此案例主要说明意识的起源。狼孩在大脑发育的早期没有接触人类社会，没有参与人类社会实践，只是跟狼生活在一起，习性也就变得跟狼差不多了，大脑失去了发育成健康人脑的机会，所以也没法产生人的意识。这说明人的意识产生离不开社会实践活动，强调社会实践活动的重要性。

【思考】

1. 如何理解马克思主义的物质观及其现代意义？
2. 试述辩证唯物主义的世界物质统一性原理及其方法论意义。
3. 在追求中国梦的过程中，应该怎样把握物质与意识的辩证关系？

29　国家与革命

【摘录】

"在叙述无产阶级发展的最一般的阶段的时候，我们循序探讨了现存社会内部或多或少隐蔽着的国内战争，直到这个战争转变为公开的革命，无产阶级用暴力推翻资产阶级而建立自己的统治"……

……“前面我们已经看到，工人革命的第一步就是使无产阶级变为〈直译是上升为〉统治阶级，争得民主。”

“无产阶级将利用自己的政治统治，一步一步地夺取资产阶级的全部资本，把一切生产工具集中在国家即组织成为统治阶级的无产阶级手里，并且尽可能快地增加生产力的总量。”

在这里我们看到马克思主义在国家问题上一个最卓越最重要的思想即“无产阶级专政”（如马克思和恩格斯在巴黎公社以后所说的那样）这个思想的表述，其次我们还看到给国家下的一个十分重要的定义，这个定义也属于马克思主义中“被忘记的言论”：“国家即组织成为统治阶级的无产阶级。”

……

其次，只有懂得一个阶级的专政不仅对一般阶级社会是必要的，不仅对推翻了资产阶级的无产阶级是必要的，而且对介于资本主义和“无阶级社会”即共产主义之间的整整一个历史时期都是必要的，——只有懂得这一点的人，才算掌握了马克思国家学说的实质。资产阶级国家的形式虽然多种多样，但本质是一样的：所有这些国家，不管怎样，归根到底一定都是资产阶级专政。从资本主义向共产主义过渡，当然不能不产生非常丰富和多样的政治形式，但本质必然是一样的：都是无产阶级专政。

……

不是的。民主和少数服从多数的原则不是一个东西。民主就是承认少数服从多数的国家，即一个阶级对另一个阶级、一部分居民对另一部分居民使用有系统的暴力的组织。

——摘自《列宁全集》第 31 卷，人民出版社，1972，第 77 ~ 78 页

【导读】

写作背景

19 世纪末 20 世纪初，资本主义发展到帝国主义阶段，资本主义所固有的种种矛盾日益尖锐化。一方面，迅速发展起来的社会生产力和高度集中的垄断形式，为社会主义的到来创造了物质条件；另一方面，帝国主义

列强为了重新瓜分世界，争夺势力范围，于 1914 年发动了第一次世界大战。战争给各国经济造成严重破坏，更给无产阶级和劳动人民带来深重的灾难，迫使无产阶级和劳动群众奋起进行反对垄断资本主义统治和帝国主义战争的斗争，欧洲许多国家出现了无产阶级革命形势，革命高潮的到来，把革命的根本问题——国家政权问题提上了日程。在这种形势下，无产阶级革命对待国家的态度问题，不仅在理论上而且在实践上都具有特别重大的意义。

1917 年 3 月二月革命后，俄国形成了工农代表苏维埃和资产阶级临时政府两个不同性质的政权并存的局面，革命出现了和平发展的可能性。列宁领导布尔什维克党设想通过“全部政权归苏维埃”的途径，积极争取革命的和平发展。但是 7 月间资产阶级临时政府发动事变，结束了两个政权并存的局面，全部政权落到了资产阶级临时政府手中。鉴于俄国革命的形势发生了急剧的逆转，革命的和平发展已不可能，无产阶级只有直接进行武装起义，推翻资产阶级政权，才能建立无产阶级专政。这样，革命的首要问题就是怎样对待资产阶级国家政权。为了从理论上教育和武装俄国无产阶级和劳动群众，向他们说明在即将到来的革命中应当做些什么，列宁在艰苦的匿居条件下写成了《国家与革命》这部不朽的名著。

历史地位

《国家与革命》是一篇系统阐述国家与革命问题的重要文献，是马克思主义国家学说中最卓越的经典著作之一。在这部著作中，列宁历史地考察了马克思主义国家学说的形成和发展过程，全面地总结了 1848 ~ 1917 年这 70 年来马克思关于国家的理论和实践；在总结工人运动的新鲜经验的基础上，较完整地论述了马克思主义国家学说的基本观点，阐明了国家产生、发展和消亡的规律；还针对当时的革命形势，重点指出了无产阶级革命在国家方面的历史任务，阐明了将要诞生的新国家的实质和特征。

主要内容

在《国家与革命》一书中，列宁从民主的发展、演变的历史过程中，阐述了资产阶级民主制度实质上是少数人的即富人的民主，是对无产阶级和劳动人民的专政，而无产阶级民主是绝大多数人的即无产阶级和劳动人民的民主，是对少数剥削者、压迫者的专政。因此，无产阶级民主是比资产阶级民主更高类型的民主。社会主义民主是建立在生产资料公有制基础上的社会主义国家的政治制度。社会主义实现了生产资料公有制，消灭了剥削阶级和剥削制度，无产阶级真正成了国家和社会的主人，也就是“争得了民主”。随着社会化大生产不断地发展，人民科学文化水平不断地提高，社会主义民主的范围不断扩大，越来越多的人具备了直接参加国家管理的条件。到了社会全体成员都学会了管理国家、都能实际独立地管理社会生产的时候，社会主义民主也就发展到了真正完全的民主，而“民主愈完全，它成为多余的东西的时候就愈接近”。无产阶级国家越民主，则国家也就越迅速地消亡。十月革命后，列宁根据苏维埃政权建设的经验，指出在原来经济文化比较落后、缺乏民主传统的社会主义国家，不可能立即实现让所有劳动者都参加对国家的管理，而只能通过无产阶级先进阶层来代表劳动群众实行管理，从而在实践中发展和完善了劳动者参加国家管理的理论。完整地、准确地理解列宁关于广泛吸收工农群众参加国家管理的思想，对于我们正在进行的政治体制改革，建设社会主义民主政治，具有现实的指导意义。

【案例】

“两升一降”

·案例简介·

十二届全国人大代表的选举顺利实现了“两升一降”的目标。来自一线的工人、农民代表 401 名，占代表总数的 13.42%，比十一届提高了 5.18 个百分点，其中农民工代表数量大幅增加；专业技术人员代表 610 名，占代表总数的 20.42%，提高了 1.2 个百分点；党政领导干部代表 1042 名，占代表总数的 34.88%，降低了 6.93 个百分点。妇女代表 699 名，占代表总数的 23.4%，比十一届提高了 2.07 个百分点。2012 年 6 月 11 日，经国务院授权，国务院新闻办公室发布《国家人权行动计划（2012 – 2015)》中国近几年在人权保护方面采取了一系列措施，主要包括：建立和修改了与人权有关的法律法规；采取了保护人权的政策措施，包括大量的专项行动和专项工程，针对经济、政治、文化等各项领域存在的问题，保障各项人权，打击各种侵权行为等。近年来我国公民的人权意识明显增强，公民权利保障更加有效，人民的各种权利得到进一步保障，各领域的人权在制定化、法制化的轨道上不断推进中国人权事业的发展进入了一个新的阶段。

——https://wenku.baidu.com/view/9ef9c6f1f121dd36a22d822e.html

·案例说明·

我国是人民民主专政的社会主义国家，人民是国家的主人；我国人民民主专政的特点是对占全国人口绝大多数的人民实现民主，对极少数敌视和破坏社会主义事业的敌人实行专政；人民民主专政本质是人民当家做主；我国的人民民主具有广泛性和真实性。

【思考】

运用《国家与革命》基本观点，阐述其对我们正在进行的政治体制改革有什么现实的指导意义。

30　谈谈辩证法问题

【摘录】

统一物之分为两个部分以及对它的矛盾着的部分的认识［参拉萨尔所著《赫拉克利特的哲学》一书第三篇（《论认识》）开头所引用的斐洛关于赫拉克利特的一段话］，是辩证法的实质（是辩证法的“本质”之一，是它的主要的特点或特征之一，甚至是它的最主要的特点或特征）。黑格尔也正是这样提问题的（亚里士多德在其著作《形而上学》中经常在这周围兜圈子，并跟赫拉克利特即跟赫拉克利特的思想作斗争）。

辩证法内容的这一方面的正确性必须由科学史来检验。对于辩证法的这一方面，通常（例如普列汉诺夫）没有予以足够的注意：对立面的同一被当做实例的总和［“例如种子”；“例如原始共产主义”。恩格斯也这样做过。但这是：“为了通俗化”……］，而不是被当做认识的规律（以及客观世界的规律）。

在数学中，正和负，微分和积分。

在力学中，作用和反作用。

在物理学中，阳电和阴电。

在化学中，原子的化合和分解。

在社会科学中，阶级斗争。

对立面的同一（它们的“统一”，也许这样说更正确些吧？虽然同一和统一这两个名词在这里并没有特别重大的差别。在一定的意义上两个名词都是正确的），就是承认（发现）自然界的（也包括精神的和社会的）一切现象和过程具有矛盾着的、相互排斥的、对立的倾向。要认识世界上一切过程的“自己运动”、自生的发展和蓬勃的生活，就要把这些过程当做对立面的统一来认识。发展是对立面的“斗争”。有两种基本的（或两种可能的？或两种在历史上常见的？）发展（进化）观点：认为发展是减少和增加，是重复；以及认为发展是对立面的统一（统一物之分为两个互相排斥的对立面以及它们之间的互相关联）。

根据第一种运动观点，自己运动，它的动力、泉源、动因都被忽视了（或者这个泉源被移到外部——移到神、主体等等那里去了）；根据第二种观点，主要的注意力正是放在认识“自己”运动的泉源上。

第一种观点是死板的、贫乏的、枯竭的。第二种观点是活生生的。只有第二种观点才提供理解一切现存事物的？“自己运动”的钥匙，才提供理解“飞跃”、“渐进过程的中断”、“向对立面的转化”、旧东西的消灭和新东西的产生的钥匙。

对立面的统一（一致、同一、均势）是有条件的、暂时的、易逝的、相对的。相互排斥的对立面的斗争则是绝对的，正如发展、运动是绝对的一样。

——选自《列宁选集》第2卷，人民出版社，1972，第711~712页

【导读】

写作背景

1914年前后，国际形势发生了重大变化，特别是同年8月“一战”全面爆发后，国际社会各种矛盾空前尖锐化，无产阶级政党处在错综复杂的

环境中，面临许多新问题。第二国际大多数的党背叛了《巴塞尔宣言》，堕落成为支持本国政府进行帝国主义战争的沙文主义的党。一些第二国际的领导人为了替自己政治的堕落辩解，用诡辩冒充唯物辩证法，抹杀帝国主义战争的性质，欺骗工人参加战争为帝国主义卖命。列宁为了从理论上批判和揭露第二国际社会沙文主义的诡辩论及其思维方法，阅读了大量有关辩证法的著作，并且做了大量笔记。这些笔记整理汇编后以《哲学笔记》为书名出版，《谈谈辩证法问题》就是《哲学笔记》中的一部分。

历史地位

《谈谈辩证法问题》是唯物辩证法的经典著作。它不仅丰富了马克思主义理论宝库，而且为无产阶级政党提供了思想武器。

主要内容

首先，在马克思主义哲学史上，列宁第一次精确地阐明了对立统一规律是唯物辩证法的实质和核心；第一次指明了两种发展观的根本对立；第一次揭示了同一的相对性和斗争的绝对性问题。其次，第一次论述了辩证法就是马克思主义认识论，揭示了认识的辩证本性，丰富和发展了马克思主义的认识论学说；第一次从认识论和阶级利益的角度深刻分析了唯心主义产生的根源。最后，列宁彻底清算了社会沙文主义的理论根据的反科学性，指出诡辩论的形而上学实质，为无产阶级政党制定正确的战略和策略奠定了哲学理论基础，捍卫了马克思主义的纯洁性。

本篇主要阐述的基本内容：对立统一规律是辩证法的实质；辩证法就是马克思主义的认识论；唯心主义的认识论根源。

【案例】

广西奶业黑幕案

·案例简介·

奶业专家王丁棉在广西考察时，发现当地奶农和奶企普遍在生奶中添加一种叫作二氧化氯的化学药品，本身无色无味，放在牛奶里可以让牛奶放一两天都不会臭。按照我国目前的食品添加剂标准，二氧化氯只能用于果蔬和部分水产品的防腐保鲜，并不允许直接添加在牛奶内。

——https://wenku.baidu.com/view/53ce0e9f51e79b89680226bb.html

·案例说明·

该案例反映哲学中的对立统一规律原理。在经济发展中，道德和法律唇齿相依，缺一不可。国家必须做到依法治国和以德治国并举，在完善社会主义市场经济、推进现代化建设的进程中，完善现有法律法规，填补在执法过程中出现的法律空白和盲点，加大执法力度，使食品安全问题有法可依，同时为道德建设提供强有力的法律保障。同时不能放松道德建设，在全社会开展社会主义荣辱观教育，加强公民道德、职业道德、企业道德、社会道德建设，在全社会形成诚信守法的良好环境，有效构筑牢固的社会文明防线，全面推进经济社会的科学发展。

【思考】

1. 简述唯物辩证的发展观和形而上学发展观的区别。
2. 为什么说辩证法也就是马克思主义的认识论？

31　社会主义和宗教

【摘录】

对于社会主义无产阶级的政党，宗教并不是私人的事情。我们的党是觉悟的先进战士争取工人阶级解放的联盟。这样的联盟不能够而且也不应当对信仰宗教这种觉悟、无知和蒙昧的表现置之不理。我们要求教会与国家完全分离，用纯粹的思想武器，而且不仅仅是思想武器，用我们的书刊、我们的言论来跟宗教迷雾进行斗争。我们建立自己的组织，即俄国社会民主工党，也正是为了要反对任何通过宗教来愚弄工作的行为。从我们来说，思想斗争不是私人的事情，而是全党的、全体无产阶级的事情。

……

因此，我们在我们的党纲中没有宣布而且也不应当宣布我们的无社论。因此，我们没有禁止而且也不应当禁止那些还保存着某些旧偏见残余的无产者靠近我们党。我们永远会宣传科学的世界观，我们必须跟某些“基督教徒”的不彻底性进行斗争。但是这决不是说，必须把宗教问题提到它所不应有的首要地位，决不是说，为了反对那些很快就会失去任何政治意义、很快就会被经济发展进程本身抛到垃圾箱里去的次要的意见或者呓语，可以分散真正革命斗争的，分散经济斗争的政治斗争的力量。

各地的反动资产阶级早就打算，而我国资产阶级现在也开始打算煽起宗教仇恨，把群众的注意力吸引到这方面来，使他们不注意在革命斗争中联合起来的全俄无产阶级目前实际解决的真正重要的和根本的经济问题和政治问题。这种企图分散无产阶级力量的反动政策，今天主要表现为黑帮对犹太人的屠杀，明天也许有人会想出某些更巧妙的新办法。我们无论如何要沉着地、持久地、耐心地宣传无产阶级的团结和科学的世界观，以此来抗击这种反动的政策，决不要燃起次要的意见分歧。

就国家而言，革命的无产阶级力求使宗教成为真正的私人事情。在将来已经肃清中世纪霉菌的政治制度中，无产阶级也将为消灭宗教对人类愚弄的真正根源——经济奴役而进行广泛的、公开的斗争。

——摘自《列宁全集》第10卷，人民出版社，1958，第64～66页

【导读】

写作背景

1905年，俄国正处于沙皇统治的黑暗时期。俄国是一个“政教合一”的国家。教会农奴般地依赖于国家，而俄国公民又农奴般地依赖于国家教会；中世纪的宗教裁判所的法律（这种法律至今还列在我国的刑法和刑事法规中）仍然存在，并且仍然有效，这种法律追究人是否有信仰，摧残人的良心，把官位和俸禄同布施某种国家教会劣质酒联系起来。当时的官僚习气引起广大人民群众反抗情绪，革命热情日益高涨。俄国的资产阶级用

煽动宗教仇视来吸引群众的注意力，使他们忽视经济问题和政治问题，分散无产阶级力量，具体做法表现为黑帮对犹太人的屠杀。在这样的大背景下，针对宗教的起源与作用、无产阶级政党应对宗教的做法等问题，结合实际情况，列宁写作了这样一篇文章。

历史地位

马克思、恩格斯创立了马克思主义，奠定了马克思主义宗教理论的基础。列宁在俄国革命和社会主义的实践中从本国实践情况出发，坚持用马克思主义宗教观的基本理论认识和解决宗教和宗教问题，在实践中丰富和发展了马克思主义宗教观。

主要内容

列宁以俄国社会主义革命中如何处理社会主义和东正教关系的具体实践为个案，阐述了马克思主义政党在社会主义革命中对待宗教的态度。文中第一至第二段指出在旧的剥削社会里宗教的社会功能是剥削阶级对被剥削阶级种种压迫之一。社会主义革命消灭阶级后，这种精神压迫才会被解除。第三段提出社会主义者吸引科学的世界观来驱散宗教迷雾。第四段，提出国家不应当同宗教发生关系，宗教团体不应当同国家政权发生关系。在公民中间，完全不允许因为宗教信仰而产生权利不一样的现象。第五段中再次重申社会主义者主要政教分离的重要观点。第六段指出宗教不是私人的事情，而对非马克思主义政党或人民群众来说，宗教可以作为私人的事情。第七段和第八段叙述的是马克思主义政党和非马克思主义政党在宗教问题上存在的非常重要的差别。

【案例】

宗教传播

·案例简介·

某高校学生小刘信仰基督教，经常劝导同寝室同学入教，时常带同学到校外参加基督教团体活动，有天晚上小刘组织十几名同学在学校教室诵读圣经做祷告，被校卫队发现并予以制止，小刘同学的行为不属于宗教信仰自由的范畴，并且违反了校园里的《学生管理办法》。小刘同学对宗教信仰的了解不完全不深入，导致他用错误的方式传播宗教。

——摘自 http://www.sohu.com/a/160584329_651252

·案例说明·

我国是一个社会主义国家，允许公民有信仰宗教的自由。我国的宗教信仰自由政策是既有信教的自由，也有不信教的自由。但信仰教宗教的方式和传播途径是由法律规范的，公民不能扰乱公共秩序和侵犯他人利益。有法律法规规定：任何人不得利用宗教进行破坏社会秩序、损害公民身体健康、妨碍国家教育制度的活动。因此，任何人不得利用宗教进行妨碍国家教育制度的活动；任何组织和个人不得在学校进行宗教活动。有关《学生管理办法》中有明确规定，严禁在学校传播宗教思想、发展教徒；严禁在学校设立宗教活动场所、举行宗教活动；严禁师生建立宗教团体和组织；严禁师生在校内外参加或组织参加宗教活动；严禁穿戴宗教服饰、佩戴宗教标志。大学生要结合法律法规、校规校纪，懂得既要享受宗教信仰自由的权利，同时还要遵纪守法。

【思考】

1. 简述宗教与我国传统文化的关系。
2. 宗教中积极的道德因素应如何与社会主义精神文明建设相结合？
3. 宗教中的哪些追求与社会主义的目标是相适应的？

32　马克思主义和民族问题

【摘录】

俄国的反革命时期不仅带来了“雷鸣电闪”，而且带来了对运动的悲观失望、对共同力量的怀疑顾虑。从前人们相信“光明的未来”，所以大家不分民族地共同进行斗争：共同的问题高于一切！后来人们心中发生了疑问，于是大家开始分手四散，回到民族的院落里去：让各人只靠自己吧！“民族问题”高于一切！

同时国内经济生活发生了重大的变化。1905年不是白白过去的：农村中的农奴制残余又受到了一次打击。连年饥荒之后的几次丰收和接着到来的工业高涨促进了资本主义的发展。农村中的分化和城市的发展，商业和交通的发展，都向前迈进了一大步。这种情形在边疆地区尤其显著。可是这种情形不能不加速俄国各民族内部经济结合的过程。

……

民族是人们在历史上形成的一个有共同语言、共同地域、共同经济生活以及表现在共同文化上的共同心理素质的稳定的共同体。

同时，不言而喻，民族也和任何历史现象一样，是受变化规律支配的，它有自己的历史，有自己的始末。

必须着重指出，把上述任何一个特征单独拿来作为民族的定义都是不够的。不仅如此，这些特征只要缺少一个，民族就不成其为民族。

……

由此可见，民族问题只有和发展着的历史条件联系起来看才能得到解决。

某个民族所处的经济、政治和文化的条件便是解决该民族应当怎样处理自己的事情和它的未来宪法究竟应当采取什么形式这种问题的唯一关键。同时，很可能每个民族解决问题都需要用特殊的方法。如果在什么地方必须辩证地提出问题，那正是在这个地方，正是在民族问题上。

——摘自《斯大林选集》上卷，人民出版社，1979，第59～77页

【导读】

写作背景

1905年俄国第一次资产阶级革命失败后，进入斯托雷平反动时期。1912年之后，俄国的革命运动开始出现新的高涨，把压迫民族的工人和被压迫民族的工人的阶级斗争汇合起来，成为无产阶级政党的一个迫切任务。正在这时，一部分高加索社会民主党人宣布高加索各民族实行民族文

化自治；取消派全国代表会议通过决议，赞同民族文化自治；1913 年崩得分子弗·李普曼、取消派分子谢姆柯夫斯基、乌克兰的机会主义分子列甫·尤尔凯维奇分别发表文章，大肆宣传民族文化自治。“民族文化自治”思潮不仅冲击着尚未走出革命低谷的俄国无产阶级革命政党的建设，而且为工人阶级政党领导人倒向社会沙文主义开了先河，具有极大的危害性。在这样的情况下，斯大林两次会晤列宁后，在充分了解列宁的观点的基础上完成了《马克思主义和民族问题》这篇关于民族问题的文献，该文的发表，有力地驳斥了崩得和取消派的分离主义者和机会主义者的错误。

历史地位

斯大林在这篇著作中批判了民族主义和一部分社会民主党人在民族问题上的机会主义观点，号召用国际主义和统一而不可分的阶级斗争去对抗民族主义。斯大林用辩证唯物主义和历史唯物主义的观点观察和分析了民族，为民族第一次下了一个马克思主义的科学的定义，详尽地阐明了民族应具备的四个基本特征及其相互关系，从而彻底地批驳了机会主义分子、民族主义者们提出的“民族文化自治”等谬论，为马克思主义民族纲领提供了理论根据。这对于我们制定和贯彻正确的民族政策，具有十分重大的意义。

主要内容

《马克思主义和民族问题》全文共分为八部分，由序言和正文七章组成。序言：在这一部分中介绍了本文写作的背景和目的。对于民族问题还必须进行一番认真的和全面的讨论。以消除民族主义的迷雾。第一部分，对民族的科学定义。民族是人们在历史上形成的一个有共同语言、共同地域、共同经济生活以及表现在共同文化上的共同心理素质的稳定的共同体。第二部分，对民族运动认识。民族运动的力量决定于该民族广大阶层即无产阶级和农民参加运动的程度。在资本主义上升时期，民族斗争实质上是资产阶级之间的斗争。第三部分，关于政权组织形式的研究。多民族的国家里，无产阶级夺取政权之后，应按照什么样的国家结构形式组织自己的政权？是自治制、联邦制，还是分离制？第四部分，阐明“民族文化自治”与“民族自决权”的本质区别。第五部分，指出崩得的民族主义、分离主义，在政治上是民族主义，其组织上是分离主义。第六部分，极其深刻地批驳紧步崩得后尘的高加索社会民主党人的“民族文化自治”。解决高加索民族问题的正确道路是区域自治。第七部分：俄国的民族问题。国家完全民主化是解决民族问题的基础和条件。根据当时国际国内形势的需要，俄国的马克思主义者主张民族自决权，具体办法是实行区域自治，坚持民族平等是基本原则，工人的民族团结的原则是解决民族问题的一个必要条件。

【思考】

试述新形势下民族问题和宗教问题的新特征及应对策略。

33　关于用自由平等口号欺骗人民

【摘录】

我们先来分析自由。不用说，对于任何革命，无论是社会主义革命或是民主主义革命，自由都是一个非常非常重要的口号。可是我们的纲领声明：自由如果同劳动摆脱资本压迫相抵触，那就是骗人的东西。我想，你们任何一个读过马克思著作的人，甚至任何一个只要读过一本叙述马克思学说的通俗读物的人都会知道：马克思恰恰是把他一生的很大一部分时间、很大一部分著作和很大一部分科学研究用来嘲笑自由、平等、多数人的意志，嘲笑把这一切描绘得淋漓尽致的各种边沁分子，用来证明这些词句掩盖着被用来压迫劳动群众的商品所有者的自由、资本的自由。

……

你们最好能够看一看自由瑞士的情形，那就可以看出，那里的每个资产者都在武装起来，建立白卫军，因为他们知道，问题已经发展到他们能不能保持特权来使千百万人继续处于雇佣奴隶地位了。现在斗争具有世界规模了，因此任何一个用“民主”“自由”的字眼来反对我们的人，站在有产阶级一边，都是欺骗人民，因为他不懂得，自由和民主直到现在都是有产者的自由和民主，对无产者来说不过是残羹剩饭。

……

革命在自己的进程中把剥削阶级一个个地打倒下去。它首先打倒了君主制，把平等仅仅理解为要有选举出来的政权，要有共和国。革命向前发展，打倒了地主，你们知道，当时反对中世纪制度、反对封建制度的全部斗争，是在“平等”的口号下进行的。不分等级，一律平等，百万富翁和穷光蛋，一律平等——载入史册的法国大革命时期的最伟大的革命家都是这样讲，这样想，这样真心认为的。反对地主的革命是在平等的口号下进行的，那时人们把百万富翁和工人应有同样的权利叫做平等。革命又向前发展了，它说，“平等”（我们在自己的纲领中是没有特别谈到它，而且不能永无止境地重复它。这一点就同我们谈到自由时所说的一样清楚）如果同劳动摆脱资本的压迫相抵触，那就是骗人的东西。这是我们说的，而且这是千真万确的真理。我们说，实行现代平等的民主共和国是谎言，是欺骗，因为在那里没有平等，也不可能有平等；妨碍人们享受这种平等的，是生产资料、货币和资本的私有权。

——摘自《列宁选集》第 3 卷，人民出版社，1972，第 832 ~ 837 页

【导读】

写作背景

1918 年 9 月，列宁公开声称要制造一场针对资产阶级反革命的“红色恐怖”，给社会带来了恐慌。不同学者的研究表明，从 1917 年到 1922 年间，被契卡绞死和枪决的人数可能达到数十万至数百万。受打击者不仅仅是反对派的成员，还包括了社会各个阶层的平民。1918 ~ 1919 年，欧洲连续发生了德国十一月革命、匈牙利革命、芬兰革命等社会主义革命运动，世界局势的顺利发展的引起列宁发动无产阶级世界革命的乐观情绪。他预测俄国革命的下一环将是德国革命，为援助西欧其他国家的工人运动，他希望能渗透波兰并建立一个苏维埃政府，然后延伸到德国去支援那里的社会主义革命。国内政治家对于他这样想法出现了不同意见，因此在这样的背景下，他在全俄社会教育第一次代表大会上做了《关于用自由平等口号欺骗人民》的讲话。

历史地位

这次重要讲话解决了当时人们的思想问题，统一了高层思想，具有较

高的历史地位。

主要内容

这篇文章讲述的内容主要是五个问题。(1) 关于任何革命、任何向新制度过渡的困难的问题。(2) 关于同帝国主义者结成同盟的问题，同帝国主义者结成联盟、达成协议的问题。(3) 对待一般民主的态度问题。(4) 关于平等的问题。我们要争取的平等就是消灭阶级。因此也要消灭工农之间的阶级差别。工农之间还有阶级差别的社会，既不是共产主义社会，也不是社会主义社会。(5) 关于革命的失败和胜利的问题。无产阶级专政不是阶级斗争的结束，而是阶级斗争在新形势下的继续。无产阶级专政是取得胜利、夺得政权的无产阶级进行阶级斗争，来反对已被打败但还没有被消灭、没有绝迹、没有停止反抗、反而加紧反抗的资产阶级。

【案例】

孙志刚案

·案例简介·

2003 年 3 月 17 日晚上，任职于广州某公司的湖北青年孙志刚在前往网吧的路上，因缺少暂住证，被警察送至广州市“三无”人员（即无身份证、无暂居证、无用工证明的外来人员）收容遣送中转站收容。次日，孙志刚被收容站送往一家收容人员救治站。在这里，孙志刚受到工作人员以及其他收容人员的野蛮殴打，并于 3 月 20 日死于这家救治站。这一事件被称为“孙志刚事件”。

——摘自 https://baike.so.com/doc/5406405-5644251.html

·案例说明·

孙志刚作为公民的基本权利——人身自由权受到侵犯，反映了当时的《城市流浪乞讨人员收容遣送办法》相关条例与宪法的根本原则相违背，也暴露出城乡二元结构对立、公民自由迁徙权、违宪审查机制等问题。国务院公布施行《城市生活无着的流浪乞讨人员救助管理办法》，同时废止了1982年发布的《城市流浪乞讨人员收容遣送办法》，推动了中国的法律进程，保障了公民的基本权利，使公民的基本人权得到法律保护。公民在遇到任何问题时，都应当以法律意识优先，从法律的角度维护自身的权利，通过法律的途径维护自己的权益，以彰显法律的公平和正义。

【思考】

1. 从权利和义务的角度谈谈公民自由和平等权益的保障问题？

34　致约瑟夫·魏德迈

【摘录】

美国的资产阶级社会现在还很不成熟，没有把阶级斗争发展到显而易见和一目了然的地步，关于这一点，北美唯一有影响的经济学家查·亨·凯里（费拉得尔菲亚人）提供了十分出色的证明。他攻击李嘉图这个资产阶级的最典型的代表者和无产阶级的最顽强的反对者，认为他的著作是无政府主义者、社会主义者和资产阶级制度的一切敌人的军火库。他不仅指责李嘉图，而且指责马尔萨斯、穆勒、萨伊、托伦斯、威克菲尔德、麦克库洛赫、西尼耳、惠特利、理·琼斯等等，一句话，指责欧洲的经济学权威，说他们分裂社会和制造内战，因为他们证明了：各个不同阶级的经济基础一定会在它们中间引起一种必然的、不断发展的对立。他拼命驳斥他们，虽然他不象愚蠢的海因岑那样把阶级的存在同政治特权和垄断的存在联系起来，但是他想证明，经济条件——地租（地产）、利润（资本）和工资（雇佣劳动）不是斗争和对立的条件，而是联合与和谐的条件。实际上他只是证明，美国的“不成熟的”社会关系在他看来是“正常的关系”。

至于讲到我，无论是发现现代社会中有阶级存在或发现各阶级间的斗争，都不是我的功劳。在我以前很久，资产阶级的历史学家就已叙述过阶级斗争的历史发展，资产阶级的经济学家也已对各个阶级作过经济上的分析。我的新贡献就是证明了下列几点：(1) 阶级的存在仅仅同生产发展的一定历史阶段相联系；(2) 阶级斗争必然要导致无产阶级专政；(3) 这个专政不过是达到消灭一切阶级和进入无阶级社会的过渡。象海因岑这类不仅否认阶级斗争，甚至否认阶级存在的无知的蠢才只不过证明：尽管他们发出一阵阵带有血腥气的和自以为十分人道的叫嚣，他们还是认为资产阶级赖以进行统治的社会条件是历史的最后产物，是历史的极限；他们只不过是资产阶级的奴才。这些蠢才越不懂得资产阶级制度本身的伟大和暂时存在的必然性，他们的那副奴才相就越令人作呕。

——选自《马克思恩格斯全集》第28卷，人民出版社，1973年版第507～509页

【导读】

写作背景

1848～1849年欧洲爆发了世界近代史上规模最大的一次资产阶级民主革命。革命失败后，资产阶级勾结封建反动势力对工人运动进行疯狂镇压，疯狂迫害无产阶级革命领袖。马克思、恩格斯积极总结革命的经验教训，认为这次革命的经验集中到一点，就是通过暴力革命夺取政权，实现无产阶级专政。

历史地位

《马克思致约·魏德迈》的信是马克思论述无产阶级专政理论的一篇著名文献。在这封信中马克思简要阐明了他的阶级斗争学说的主要内容和实质，尤其阐明了他对阶级斗争的三点新贡献，划清了马克思主义阶级斗争学说与资产阶级阶级斗争理论以及机会主义理论的原则界限。这段论述，是1848年欧洲革命经验的深刻总结，精辟地阐述了马克思主义阶级斗争理论的实质和精髓。

主要内容

《马克思致约·魏德迈》的信主要包括以下两个方面的内容。

（1）总结和评价以往阶级斗争学说。

马克思的阶级斗争理论与他以前的阶级斗争学说有着本质的区别。马克思关于阶级斗争的学说，是建立在辩证唯物主义和历史唯物主义基础之上的，是把阶级斗争与无产阶级专政紧密联系在一起的。

（2）阐明对阶级斗争学说的三点新贡献。

马克思在信中所说的他对阶级斗争学说的三点新贡献是马克思主义阶级斗争学说的核心内容，是学习、领会、坚持马克思主义阶级斗争和无产阶级革命理论必须重视的主要之点。

（3）马克思认真研究了从资本主义向共产主义过渡的必然性，得出“这个专政不过是达到消灭一切阶级和进入无阶级社会的过渡”的结论。

马克思对阶级斗争学说的第三点新贡献，指明了阶级斗争的最终归属。阶级和阶级斗争都是在一定历史条件下产生的，必然在另一历史条件下归于消灭。无产阶级专政则是消灭阶级、进入无阶级社会的必不可少的工具。

【案例】

黄炎培与毛泽东的“窑洞对”

·案例简介·

1945年7月4日下午，毛泽东邀请黄炎培到他住的窑洞里作客，当毛泽东问及黄炎培来延安所见所闻的感受时，黄炎培直言相答：“我生六十余年，耳闻的不说，所亲眼见到的，真所谓‘其兴也勃焉，其亡也忽焉’，一人，一家，一团体，一地方，乃至一国，不少单位都没有能跳出这周期率的支配力。大凡初时聚精会神，没有一事不用心，没有一人不卖力，也许那时艰难困苦，只有从万死中觅取一生。既而环境渐渐好转了，精神也就渐渐放下了。有的因为历时长久，自然地惰性发作，由少数演为多数，到风气养成，虽有大力，无法扭转，并且无法补救。也有为了区域一步步扩大了，它的扩大，有的出于自然发展，有的为功业欲所驱使，强求发展，到干部人才渐见竭蹶，艰于应付的时候，环境倒越加复杂起来了，控制力不免趋于薄弱了。一部历史，‘政怠宦成’的也有，‘人亡政息’的也有，‘求荣取辱’的也有。总之没有能跳出这周期率。中共诸君从过去到现在，我略略了解了的，就是希望找出一条新路，来跳出这个周期率的支配。”

对黄炎培的这一席耿耿诤言，毛泽东庄重地答道：“我们已经找到新路，我们能跳出这周期率。这条新路，就是民主。只有让人民来监督政府，政府才不敢松懈。只有人人起来负责，才不会人亡政息。”

——摘自黄炎培《延安归来》，1945

·案例说明·

这段对话是对政权建设的经典论断。社会主义是一个相当长的历史阶段，在这个历史阶段中始终存在着阶级、阶级矛盾、阶级斗争；始终存在着资本主义和社会主义两条道路的斗争；存在着马克思主义和修正主义两条路线的斗争；始终存在无产阶级和资产阶级两种世界观的思想斗争；始终存在着公有制、公有观念同私有制、私有观念的斗争。所以现阶段必须加强无产阶级专政。

【思考】

1. 分析说明马克思主义阶级观与以往阶级斗争理论的关系。

2. 运用马克思主义关于阶级斗争的基本原理，分析说明当前我国面临的国际国内形势。

35　家庭、私有制和国家的起源

【摘录】

根据唯物主义观点，历史中的决定性因素，归根结蒂是直接生活的生产和再生产。但是，生产本身又有两种。一方面是生活资料即食物、衣服、住房以及为此所必需的工具的生产；另一方面是人自身的生产，即种的蕃衍。一定历史时代和一定地区内的人们生活于其下的社会制度，受着两种生产的制约：一方面受劳动的发展阶段的制约，另一方面受家庭的发展阶段的制约。劳动越不发展，劳动产品的数量、从而社会的财富越受限制，社会制度就越在较大程度上受血族关系的支配。

……

由于国家是从控制阶级对立的需要中产生的，由于它同时又是在这些阶级的冲突中产生的，所以，它照例是最强大的、在经济上占统治地位的阶级的国家，这个阶级借助于国家而在政治上也成为占统治地位的阶级，因而获得了镇压和剥削被压迫阶级的新手段。因此，古希腊罗马时代的国家首先是奴隶主用来镇压奴隶的国家，封建国家是贵族用来镇压农奴和依附农的机关，现代的代议制的国家是资本剥削雇佣劳动的工具。但也例外地有这样的时期，那时互相斗争的各阶级达到了这样势均力敌的地步，以致国家权力作为表面上的调停人而暂时得到了对于两个阶级的某种独立性。

……

国家并不是从来就有的。曾经有过不需要国家、而且根本不知国家和国家权力为何物的社会。在经济发展到一定阶段而必然使社会分裂为阶级时，国家就由于这种分裂而成为必要了。现在我们正在以迅速的步伐走向这样的生产发展阶段，在这个阶段上，这些阶级的存在不仅不再必要，而且成了生产的真正障碍。阶级不可避免地要消失，正如它们从前不可避免地产生一样。

——选自《马克思恩格斯选集》第4卷，人民出版社，1995，第2页、第172～174页

【导读】

写作背景

该书全名为《家庭、私有制和国家的起源（就路易斯·亨·摩尔根的研究成果而作）》，是恩格斯阐述人类社会历史发展的重要著作。1884年3～5月写成，同年10月在苏黎世第一次出版。

巴黎公社之后，无产阶级队伍日益壮大，产生了一批工人阶级政党。但在这些政党中却存在着严重的无政府主义和机会主义思潮。它表明，在国际工人运动日益高涨的过程中，马克思主义同形形色色机会主义的斗争也尤为激烈。当时无产阶级和资产阶级斗争的焦点之一是财产的所有制问题。自从资本主义制度确立以后，资产阶级便极力宣扬私有制是永恒的，而且认为家庭和国家也是永恒的，从来如此。这些观点严重侵蚀了工人阶级队伍。而混入工人阶级政党中的机会主义分子适应资产阶级的需要，也

大力宣扬超阶级超历史的国家观，主张走与资产阶级合作改良的道路。为了与机会主义进行斗争，帮助工人阶级政党端正认识，恩格斯认为，必须阐明家庭、私有制和国家的起源等重要理论问题。

历史地位

《家庭、私有制和国家的起源》一书，在马克思主义发展史上第一次对人类社会早期社会形态及其演变作了科学的、系统的论证和阐述，填补了马克思主义关于原始社会形态研究的空白，具有开创性意义，进一步丰富和发展了唯物史观。

主要内容

（1）第 1 章“史前各文化阶段”阐述了摩尔根关于原始社会的分期。

（2）第 2 ~4 章，主要讲述家庭的演变史，阐明马克思主义关于社会发展规律的基本内容，母系氏族发达时期，原始公社基本特征，希腊人的父系氏族时期。

（3）第 5 ~7 章，阐述国家的起源及其实质。通过雅典国家产生的历史过程，论证了国家的本质及其产生的一般规律，叙述、分析了古罗马国家产生的原因、特点，阐述了德意志人氏族制度的特征及其解体和国家萌芽的过程。

（4）第 8 章，通过阐述德意志人氏族制度瓦解与封建制度形成过程和特点，批判资产阶级史学观点。

（5）“野蛮时代和文明时代”是全书的总结和重点。恩格斯在两种生产理论的基础上，阐明了三次大分工及其后果和国家问题的基本理论，论述了生产发展与私有制、阶级、国家之间的内在联系，指出人类的未来必然是共产主义社会。

【案例】

俄罗斯私有化教训多

·案例简介·

走过了十几年风风雨雨的私有化道路，俄所有制结构和产权结构发生了重大变化，形成了以非国有制为主导的多元化所有制体系为基础的市场经济框架，美国和欧盟于2002年夏秋分别承认了俄罗斯的市场经济国家地位。到2002年1月1日，共有13万家国有企业实现了私有化，占私有化之前全部国有企业总数的66%。国有企业成分从1990年的88.6%下降到10.7%，私有成分则从当时的1.2%上升到75.8%，集体与其他混合成分从10.2%变为13.4%。

近年来，俄罗斯仍在继续私有化进程和扩大私有化规模。根据俄罗斯政府2003年8月制定的未来3年的私有化计划，有1000多家国有公司被列入私有化名单，俄罗斯还将对国家控股权少于25%的一些企业进行私有化。2005年，俄将对国家控股权占25%到50%之间的企业进行私有化。2006年，还将出售非战略性企业中国家所持50%以上的剩余股份，预计到2008年完成整个私有化进程。

有俄罗斯问题专家尖锐地指出，现在回过头看，俄罗斯人的悲剧在于：他们一夜间告别了过去，却不知道今后路在何方；他们向往西方，却不知道如何从此岸到达彼岸。

普京曾指出，沉痛的教训证明，“将外国课本上的抽象模式和公式照搬到俄罗斯，不可能进行真正的改革”。“休克疗法”在俄罗斯的失败说明脱离本国国情、盲目仿效西方的经济模式和理论，是无法医治俄罗斯经济顽症的，俄罗斯必须走一条适合本国国情的经济改革之路。

——摘自《环球时报》2004年08月25日，第7版

·案例说明·

俄罗斯私有化的教训证明，盲目效法西方经济模式和理论是不能根治俄罗斯经济顽症的。只有找到符合本国国情和自身发展的道路，才是改革成功的唯一途经。它从一个侧面证明中国的社会主义市场经济体制改革之路的英明和正确。

【思考】

1. 怎样理解恩格斯两种生产理论的理论价值与现代意义？
2. 如何理解列宁关于“《家庭、私有制和国家的起源》是现代社会主

义的基本著作”的评价？

36　苏维埃政权的当前任务

【摘录】

俄罗斯苏维埃共和国得到的和平不稳固，自然不是由于它现在想要恢复军事行动；除资产阶级反革命分子及其应声虫（孟什维克等等）外，没有一个头脑健全的政治家会想到这种事情。和平不稳固，是由于在东西两面同俄国接壤的、拥有强大军事力量的帝国主义国家里，主战派随时可能占上风，俄国的暂时虚弱使他们跃跃欲试，仇视社会主义和酷嗜抢劫的资本家们也在怂恿他们。

在这种情况下，帝国主义列强之间已经白热化的纠纷，对于我们说来，才是实际的而不是纸上的和平保证。这种纠纷一方面表现在西欧各国间的帝国主义大厮杀在重新进行，另一方面表现为日美争夺太平洋及其沿岸地区的霸权的帝国主义竞争极其剧烈。

很明显，防御力如此薄弱的我们苏维埃社会主义共和国，处于极不稳固、十分危急的国际环境中。我们必须竭尽全力利用客观条件的凑合给我们造成的喘息时机，医治战争带给俄国整个社会机体的极其严重的创伤，发展国家的经济。不这样做，就谈不到使国防力量真正有所增强。

……

在任何社会主义革命中，因而也在我们于1917年10月25日所开始的俄国社会主义革命中，无产阶级和它所领导的贫苦农民的主要任务，却是进行积极的或者说创造性的工作，就是要把对千百万人生存所必需的产品进行有计划的生产和分配这一极其复杂和精密的新的组织系统建立起来。这种革命，只有在人口的大多数首先是劳动群众的大多数进行独立的历史创造活动的条件下，才能顺利实现。只有在无产阶级和贫苦农民能够表现充分的自觉性、思想性、坚定性和忘我精神的情况下，社会主义革命的胜利才有保障。

……

在任何社会主义革命中，当无产阶级夺取政权的任务解决以后，随着剥夺剥夺者及镇压他们反抗的任务大体上和基本上解决，必然要把创造高于资本主义的社会结构的根本任务提到首要地位，这个根本任务就是：提高劳动生产率，因此（并且为此）就要有更高形式的劳动组织。

——摘自《列宁选集》第3卷，人民出版社，1995，第474~475、490页

【导读】

写作背景

《苏维埃政权的当前任务》是列宁1918年3~4月受中央全会委托写的一篇重要文章，发表在当年4月28日的《真理报》和《消息报》上。十月社会主义革命胜利后，苏俄进入从资本主义到社会主义的过渡时期。当时苏维埃俄国同德国签订了“布列斯特条约”，争得了恢复国民经济的喘息时机，巩固新生的苏维埃政权的任务也随之提上了日程，为此列宁发表了这篇文章。

关于如何建设社会主义新制度的问题，是1917年十月革命胜利后摆在俄国人民面前的一个新课题。在像俄国这种经济上比较落后的国家里如何建设社会主义制度，是个尚未解决的重大理论和实践问题。伟大的列宁在其晚年用了很大精力来研究和解决这个问题，力图探索出一条在经济落后的国家里建设社会主义的新路子。

历史地位

《苏维埃政权的当前任务》是一篇关于建设社会主义的纲领性文献。列宁论述了建设社会主义的前提条件、方法步骤，着重论述了发展生产力，建立社会主义经济，对于战胜资本主义、巩固无产阶级专政的意义。它不仅在当时指引着俄国人民的前进方向，至今仍然是夺取政权的无产阶级建设社会主义的指路明灯。本文在马克思主义理论宝库中占重要位置。

主要内容

文章共分九个部分，一是俄罗斯苏维埃共和国的国际环境和社会主义革命的基本任务；二是当前的总口号；三是同资产阶级斗争的新阶段；四是为全民计算和监督而斗争的意义；五是提高劳动生产率；六是组织竞

赛；七是“协调的组织”和专政；八是苏维埃组织的发展；九是结论。

文章指出当无产阶级夺取政权、剥夺剥夺者及镇压他们反抗的任务大体解决后，组织对俄国的管理就成为主要的中心任务，必须改变经济工作和政治工作的重心，进行社会主义经济基础的建设；首先要在产品的生产和分配上实行全民计算和监督，达到人民管理国家和社会的目的；创造高于资本主义的劳动生产率必须提高劳动者素质、开展社会主义竞赛、改善劳动组织、加强劳动纪律；利用资产阶级专家、采用资本主义包括泰罗制在内的一切有价值的科学技术成果，社会主义能否实现取决于苏维埃政权和管理组织同资本主义最新的进步的东西结合得如何；文章还论述了无产阶级专政、民主与集中、培养无产阶级专家、选拔领导干部和清除官僚主义弊病等问题，批驳了“左派”社会革命党人关于革命的空谈。这篇文章提出并论证了无产阶级夺取政权后加强无产阶级专政，把主要力量转向社会主义经济建设的思想，是论述社会主义建设的纲领性文献。

【案例】

“经济决战”奏凯歌

·案例简介·

全国解放之初，国民党给我们留下的是一个生产停顿、破产、整个国民经济千疮百孔的烂摊子。外国记者戏称：“共产党的军事可以打 100 分，政治可以打 80 分，财经工作只能打 0 分”。不管是西方敌对势力，还是国民党，都在等着看中国共产党的笑话。面对这样的情况，从 1949 年到 1950 年中国共产党在取得军事上的胜利的同时，领导人民打了一场在全国范围内的“经济大战”——稳定物价，并彻底扭转了国民党政府遗留下来的恶性通货膨胀和整个社会经济一片混乱的局面，粉碎了敌人恶毒的污蔑。

这场决战，从上海打响。在 1949 年 5 月，上海解放后的十多天内，市场上投机活动猖獗，银元价格竟然上涨了 5 倍多。党中央亲自指派熟悉经济工作的陈云同志赶赴上海，领导打击投机的战斗。经过认真研究，华东军政委员会果断决策，在 6 月 10 日下令包围和查封了上海市投机市场的总枢纽——上海证券大楼，取缔了金、银、外币计价的活动。这使人民币得以占领市场，为平抑物价创造了重要条件。从上海斗争开始，经中央财经委员会指挥，全国进行了多次平抑物价涨风的斗争。其中，具有决定意义的是1950年3月，在全国范围内实施政务院《关于统一国家财政经济工作的决定》，这项决定的贯彻执行，使全国的物价明显地稳定了下来。

——摘自《陈云文选》第2卷，人民出版社，1995

· 案例说明 ·

当无产阶级夺取政权、剥夺剥夺者及镇压他们反抗的任务大体解决后，组织对国家的管理就成为主要的中心任务，必须改变经济工作和政治工作的重心，进行社会主义经济基础的建设，把主要力量转向社会主义经济建设。

【思考】

1. 阐述列宁关于党和国家工作重心转移的思想。
2. 列宁是如何论述实现全民计算和监督的重要意义的？
3. 试述列宁关于提高劳动生产率的思想。

第二编

毛泽东邓小平江泽民胡锦涛经典著作选编

37 实践论

【摘录】

通过实践而发现真理，又通过实践而证实真理和发展真理。从感性认识而能动地发展到理性认识，又从理性认识而能动地指导革命实践，改造主观世界和客观世界。实践、认识、再实践、再认识，这种形式，循环往复以至无穷，而实践和认识之每一循环的内容，都比较地进到了高一级的程度。这就是辩证唯物论的全部认识论，这就是辩证唯物论的知行统一观。

——摘自《毛泽东选集》第 1 卷，人民出版社，1991，第 296 页

社会实践的继续，使人们在实践中引起感觉和印象的东西反复了多次，于是在人们的脑子里生起了一个认识过程中的突变（即飞跃），产生了概念。概念这种东西已经不是事物的现象，不是事物的各个片面，不是它们的外部联系，而是抓着了事物的本质，事物的全体，事物的内部联系……循此继进，使用判断和推理的方法，就可产生出合乎论理的结论来。

——摘自《毛泽东选集》第 1 卷，人民出版社，1991，第 285 页

【导读】

苏联哲学界展开了对德波林学派的批判，消除并割断了党内教条主义者思想理论的国外根源。共产国际七大提出了纠正国际共运中的“左”倾政策的决议。决议指出，第一，要由各国党的领导者“独立地来正确解决共产主义运动的政治任务及策略任务”。第二，共产国际“一般的不要直接干涉各国共产党内部组织上的事宜，不要用呆板和笼统公式去代替具体的马克思主义的分析”。这为《实践论》在理论上推进马克思主义中国化提供了条件。

1937 年是中华民族现代史上的多事之秋。震惊中外的“七七事变”，

不仅揭开了中国人民全面抗日的序幕，而且使中国社会错综复杂的内外矛盾更加激化，人民生活更添艰辛，整个中华民族处于风雨飘摇之中，民族前途晦暗不明。红军长征来到陕北后，陕北局势相对稳定，国内翻译出版的一些马克思主义理论著作和文章已能传送到这里，延安根据地的生活和学习环境相对比较安宁。“西安事变”的爆发与和平解决，又促成国共两党实现第二次合作，抗日统一战线初步形成。

《实践论》是毛泽东哲学思想的精髓，是中国革命的基本经验进行系统哲学总结以确立正确思想路线的重要理论成果，也是中国共产党领导中国民主革命取得胜利的重要思想武器。这部著作科学地解决了几千年来中国哲学史上争论不休的知行关系问题，用科学的认识论武装了中国共产党，为中国共产党的实事求是的思想路线奠定了哲学基础。它标志着中国马克思主义者已经成功地把马克思主义哲学同中国人的文化传统、哲学资源和革命实践密切地结合起来，使马克思主义哲学具有了极其鲜明的中国性格。

《实践论》写于 1937 年，是一部关于马克思主义认识论的重要著作。全书的基本思想是主观和客观、理论和实践的具体的历史的统一。围绕这一基本思想，毛泽东同志着重论述了马克思主义认识论的如下基本原理。

1. 认识的基础是实践（第 1 ~ 5 段）

马克思以前的唯物主义认识论的主要缺点是不懂得认识对实践的依赖关系。辩证唯物主义的认识论则强调认识对实践的依赖关系，认为认识的基础是实践。实践的观点是辩证唯物主义认识论的第一的和基本的观点。

2. 认识运动的辩证过程（第 6 ~ 20 段）

以实践为基础的认识运动的辩证过程是，从实践到认识，再从认识到实践的两个飞跃。从实践到认识的飞跃，就是在实践的基础上由感性认识上升到理性认识的过程。一个正确的认识，往往不是一次完成的，而是要经过由实践到认识，再由认识到实践的多次反复，纠正错误的认识，在实践中得到预想的结果，才能够完成。

3. 主观和客观、理论和实践的具体的历史的统一（第 21 ~ 26 段）

人们在实践中，经过实践、认识、再实践的多次反复，达到了对于某一具体事物或具体过程的正确认识，作为一个具体的认识过程算是完成了。所谓“具体的历史的统一”，就是人们的思想和理论，必须和客观世界的具体的历史过程相符合，和社会实践的具体的历史的过程相符合，随着客观世界和社会实践的发展而发展。

【案例】

·案例简介·

2017 年 11 月 27 日，世界上首个体细胞克隆猴“中中”在中国科学院神经科学研究所（上海）、脑科学与智能技术卓越创新中心的非人灵长类平台诞生；12 月 5 日第二个克隆猴“华华”诞生。这两只体细胞克隆食蟹猴的成功，是世界首例通过体细胞克隆技术诞生的灵长类动物，标志着中国率先开启以猕猴作为实验动物模型的时代，对于构建非人灵长类动物模型、研究人类疾病等具有重要意义。

——摘自王莹《重磅！世界首个体细胞克隆猴“中中”在我国诞生》，新华网，2018 年 1 月 25 日

·案例说明·

自 1997 年首个体细胞核移植哺乳动物克隆羊“多利”出生以来，科学家们利用体细胞克隆技术得到多种哺乳动物，但与人类最相关的灵长类实验动物（猴）的体细胞克隆，一直是没有解决的世界难题。经过多年积累和不断尝试，中国科学院神经科学研究所研究团队改进了猴体细胞核移植的显微操作技术，并通过表观遗传学修饰，促进体细胞重编程，显著提高猴体细胞胚胎囊胚质量和怀孕率，成功突破了这个世界难题。

【思考】

1. 为什么说实践的观点是辩证唯物主义认识论的基本观点？

2. 为什么说主观与客观、理论与实践、知与行必须做到具体的历史的统一？怎样才能达到这种统一？

3.《实践论》中毛泽东是如何分析认识的辩证过程的？

38　矛盾论

【摘录】

所谓形而上学的或庸俗进化论的宇宙观，就是用孤立的、静止的和片面的观点去看世界。这种宇宙观把世界一切事物，一切事物的形态和种类，都看成是永远彼此孤立和永远不变化的。如果说有变化，也只是数量的增减和场所的变更。而这种增减和变更的原因，不在事物的内部而在事物的外部，即是由于外力的推动。

——摘自《毛泽东选集》第 1 卷，人民出版社，1991，第 300 页

按照唯物辩证法的观点，自然界的变化，主要地是由于自然界内部矛盾的发展。社会的变化，主要地是由于社会内部矛盾的发展，即生产力和生产关系的矛盾，阶级之间的矛盾，新旧之间的矛盾，由于这些矛盾的发展，推动了社会的前进，推动了新旧社会的代谢。

——摘自《毛泽东选集》第 1 卷，人民出版社，1991，第 302 页

一切事物中包含的矛盾方面的相互依赖和相互斗争，决定一切事物的生命，推动一切事物的发展。没有什么事物是不包含矛盾的，没有矛盾就没有世界。

——摘自《毛泽东选集》第 1 卷，人民出版社，1991，第 305 页

矛盾的普遍性和矛盾的特殊性的关系，就是矛盾的共性和个性的关系。其共性是矛盾存在于一切过程中，并贯串于一切过程的始终，矛盾即是运动，即是事物，即是过程，也即是思想。否认事物的矛盾就是否认了一切。

——摘自《毛泽东选集》第 1 卷，人民出版社，1991，第 319 页

【导读】

当时苏联的社会主义事业蓬勃发展，苏联哲学界对德波林学派进行了有力的批判，消除了、割断了党内教条主义者思想理论的国外根源。当时共产党中的思想状况存在着两种错误倾向：经验主义和教条主义。以王明为代表的“左”倾教条主义者，长期拒绝中国革命的经验，不研究中国革命的实际，否认“马克思主义不是教条，而是行动指南”，到处生搬硬套马克思主义著作的只言片语，使中国革命力量遭受极为严重的损失，几乎断送了中国革命。

《矛盾论》这一著作是对马克思主义普遍真理与中国革命具体实践相结合的科学总结，是在准确把握中西历史文化背景下与时俱进地发展马克思主义矛盾观的理论成果，促进了马克思主义哲学中国化的发展。该著作是对马克思主义辩证法的继承和发展，是从方法论上进一步对《实践论》的展开，是中国无产阶级革命时代的哲学，是中国化的马克思主义哲学。以它为核心的矛盾思维在中国革命和建设实践中发挥了重要的历史作用。其蕴含的哲理和精神对我们今天社会经济文化的科学发展，以及建设有中国特色社会主义的伟大实践仍具有十分重要的指导意义。

《矛盾论》是马克思主义哲学史上系统地阐述对立统一规律的哲学专著，其论述紧密结合中国革命的实践，因而具有鲜明的中国特色，为中国共产党的思想路线奠定了哲学基础，丰富和发展了马克思主义。

具体包括以下几个方面：

第一，从宇宙观的高度，发挥了列宁关于两种发展观的思想，不仅指出用孤立的、静止的和片面的观点去看世界是形而上学的基本特征，而且指出形而上学是简单地从事物外部去找发展的原因，否认唯物辩证法所主张的事物内部矛盾引起发展的学说。

第二，全面论述了矛盾普遍性和矛盾特殊性的原理，指出矛盾的普遍性包括两方面的含义：其一是指矛盾存在于一切事物的发展过程中，其二是指每一事物的发展过程中存在着自始至终的矛盾运动。

第三，论证了主要矛盾和次要矛盾方面的原理，认为矛盾发展的不平衡性是主次矛盾和矛盾主次方面的客观依据，规定了主要矛盾和次要矛盾方面的定义，说明了找出主要矛盾和次要矛盾方面的方法论意义，并论述了矛盾对立双方相互转化的根据和条件。

第四，具体地阐明了矛盾诸方面的同一性和斗争性及其相互关系。认为对立的统一是有条件的、暂时的、相对的，对立的互相排斥的斗争则是绝对的；有条件的相对的同一性和无条件的绝对的斗争性相结合，构成了一切事物的矛盾运动。

第五，分析了矛盾斗争的两种基本形式即对抗性的矛盾和非对抗性的矛盾，并指出二者在一定条件下相互转化。

【案例】

·案例简介·

改革开放三十多年来，中国经济持续高速增长，但随着人口红利衰减、“中等收入陷阱”风险累积、国际经济格局深刻调整等一系列内因与外因的作用，经济发展正进入“新常态”。

2015 年以来，我国经济进入了一个新阶段，主要经济指标之间的联动性出现背离，经济增长持续下行与 CPI 持续低位运行，居民收入有所增加而企业利润率下降，消费上升而投资下降，等等。与此同时，宏观调控层面货币政策持续加大力度而效果不彰，投资拉动上急而下徐，旧经济疲态显露而以“互联网 +”为依托的新经济生机勃勃，东北经济危机加重而一些原来缺乏优势的西部省区异军突起……为适应这种变化，在正视传统的需求管理还有一定优化提升空间的同时，迫切需要改善供给侧环境、优化供给侧机制，通过改革制度供给，大力激发微观经济主体活力，增强我国经济长期稳定发展的新动力。

——摘自《行政管理改革》2015 年 11 期

·案例说明·

近年来，中国整体经济结构不断优化，经济发展正加快向第三产业主导的形态转变。然而，在产业结构表现出显著改善的同时，结构性矛盾依然突出。一方面，第三产业的提升潜力仍然十分大。与欧美等发达国家 70% 以上的第三产业比重相比，中国第三产业在经济总量中的份额仍然较低，还不到50%。另一方面，中国工业体系中传统工业较多，新兴产业的增长难以弥补传统工业的萎靡，内部结构矛盾十分明显。中央经济工作会议提出，着力加强供给侧结构性改革，着力提高供给体系质量和效率，增强经济持续增长动力。这为中国未来的产业结构调整政策指明了方向。

【思考】

什么是事物矛盾问题的精髓？运用这一原理说明马克思主义基本原理同中国具体实际相结合的重大意义。

39　新民主主义论

【摘录】

革命文化，对于人民大众，是革命的有力武器。革命文化，在革命前，是革命的思想准备；在革命中，是革命总战线中的一条必要和重要的战线。

——摘自《毛泽东选集》第2卷，人民出版社，1991，第708页

共产主义是无产阶级的整个思想体系，同时又是一种新的社会制度。这种思想体系和社会制度，是区别于任何别的思想体系和任何别的社会制度的，是自有人类历史以来，最完全最进步最革命最合理的。封建主义的思想体系和社会制度，是进了历史博物馆的东西了。

——摘自《毛泽东选集》第2卷，人民出版社，1991，第686页

封建主义的思想体系和社会制度，是已经进了历史博物馆的东西了。资本主义的思想体系和社会制度，已有一部分进了历史博物馆（在苏联）；其余部分，也已“日薄西山，气息奄奄，人命危浅，朝不虑夕”，快进博物馆了。唯独共产主义的思想体系和社会制度，正以排山倒海之势，雷霆万钧之力，磅礴于全世界，而葆其美妙之青春。

——摘自《毛泽东选集》第2卷，人民出版社，1991，第686页

【导读】

在国内，1938 年 10 月下旬，广州、武汉相继失守，抗日战争进入战略相持阶段，“妥协空气，反共声浪”不断涌现。随着外国资本主义的入侵，资本主义经济虽然有了一定的发展，但整个中国经济还是十分落后。与此同时，民主共和思想在逐步渗透，但愚昧落后的封建文化仍然盛行。整个中国社会已经逐步沦为半殖民地半封建社会。国际方面，1939 年 9 月 3 日，英、法对德宣战，在第二次世界大战全面爆发。在这样的大背景下，《新民主主义论》的写作与发表就显得尤为重要。

《新民主主义论》是马克思列宁主义普遍真理同中国革命具体实践相结合的伟大成果，它科学总结了鸦片战争以后，特别是共产党成立以后中国革命的经验教训，深刻论述了中国民主革命发展的基本规律，第一次旗帜鲜明地提出了新民主主义的完整理论，描绘了新民主主义社会的蓝图，实现了马克思主义中国化过程中的一次飞跃，丰富和发展了马克思列宁主义有关民族和殖民地革命的理论，标志着毛泽东思想的成熟。

1940 年 1 月，毛泽东发表了《新民主主义论》。毛泽东在《新民主主义论》中指出，中国革命的历史进程必须分为民主主义革命和社会主义革命两步。

全文由十五小节组成，系统阐述了要建立一个什么样的新中国，怎样建立和建设新中国的问题。毛泽东结合中国具体国情，分析中国革命的对象、任务、领导阶级以及革命的动力，在此基础上提出了“两步走”的革命策略，制定出了革命的政治、经济、文化纲领。

革命的政治纲领是建立无产阶级领导的、以工农联盟为基础的、几个革命阶级联合专政的新民主主义共和国，以民主集中制的人民代表大会制作为这个政权的构成形式。经济纲领是将操纵国计民生的银行、工商业收归国有，使之成为社会主义性质的国营经济。没收地主土地，分给无地或少地的农民，发展具有社会主义因素的合作经济等，允许不操纵国计民生的资本主义经济的发展。文化纲领是发展无产阶级领导的人民大众的反帝反封建的文化，即以共产主义思想为指导的民族的、科学的、大众的新民主主义文化。

【案例】

辽宁拉票贿选案

·案例简介·

据新华社报道：2013 年 1 月辽宁省十二届人大一次会议选举十二届全国人大代表过程中，有 45 名当选的全国人大代表以金钱或者其他财务拉票贿选；有 523 名辽宁省人大代表涉及此案。会议确定 45 名拉票贿选的全国人大代表当选无效，同时被撤销人大代表资格。相较于衡阳贿选案和南充贿选案，辽宁拉票贿选案是新中国成立以来查处的第一起发生在省级层面、严重违反党纪国法、严重违反政治纪律和政治规矩、严重违反组织纪律和换届纪律、严重破坏党内选举制度和人大选举制度的重大案件。

——摘自《中国经济周刊》2016 年第 46 期

·案例说明·

民主集中制是中国国家组织形式和活动方式的基本原则。人民代表大会统一行使国家权力，全国人民代表大会是最高国家权力机关，地方各级人民代表大会是地方国家权力机关。我们必须坚持人民通过人民代表大会行使国家权力；各级人民代表大会都由民主选举产生，对人民负责、受人民监督；各级国家行政机关、审判机关、检察机关都由人民代表大会产生，对人大负责、受人大监督；国家机关实行决策权、执行权、监督权既有合理分工又相互协调；在中央统一领导下，充分发挥地方主动性和积极性，保证国家统一高效组织推进各项事业。坚持国家一切权力属于人民，坚持人民主体地位，支持和保证人民通过人民代表大会行使国家权力。要扩大人民民主，健全民主制度，丰富民主形式，拓宽民主渠道，从各层次各领域扩大公民有序政治参与，发展更加广泛、更加充分、更加健全的人民民主。

【思考】

1.《新民主主义论》是否发展了《中国革命和中国共产党》中的

观点？

2. 毛泽东当初为什么写作这篇论文？

3. 新中国成立后的修改给《新民主主义论》带来了什么变化？

40　论联合政府

【摘录】

紧紧地和中国人民站在一起，全心全意地为中国人民服务，就是这个军队的唯一宗旨……在这个宗旨下面，这个军队形成了为人民战争所必需的一系列的战略战术。它善于按照变化着的具体条件从事机动灵活的游击战争，也善于作运动战。

——摘自《毛泽东选集》第3卷，人民出版社，1991，第1039～1040页

对于外国文化，排外主义的方针是错误的，应当尽量吸收进步的外国文化，以为发展中国新文化的借镜；盲目搬用的方针也是错误的，应当以中国人民的实际需要为基础，批判地吸收外国文化。

——摘自《毛泽东选集》第3卷，人民出版社，1991，第1083页

我们的代表大会应该号召全党提起警觉，注意每一个工作环节上的每一个同志，不要让他脱离群众。教育每一个同志热爱人民群众，细心地倾听群众的呼声；每到一地，就和那里的群众打成一片，不是高踞于群众之上，而是深入于群众之中；根据群众的觉悟程度，去启发和提高群众的觉悟，在群众出于内心自愿的原则之下，帮助群众逐步地组织起来，逐步地展开为当时当地内外环境所许可的一切必要的斗争。

——摘自《毛泽东选集》第3卷，人民出版社，1991，第1095页

【导读】

《论联合政府》是毛泽东1945年4月24日在中国共产党第七次全国代表大会上作的政治报告。当时，世界反法西斯战争和中国人民抗日战争都处于最后胜利的前夜，中国人民面临着两种“中国之命运”的决斗。在世界反法西斯战争即将胜利结束的时候，美帝国主义为了取代日本在中国的地位，加紧扶蒋反共；蒋介石为了篡夺抗战胜利果实，企图消灭共产党胜利领导的革命力量，也积极投靠美国。这时候，中国存在着严重的内战危险。中国人民面临着两种不同命运，一种就是蒋介石的所谓“中国之命运”，即半殖民地半封建的黑暗的命运；另一种就是我们党所主张的人民民主的光明的中国的命运。

《论联合政府》总结了抗日战争八年的历史经验和抗日解放区建设经验，全面阐述新民主主义革命理论和国家学说，科学地分析了第二次世界大战结束前夕的国际和国内形势，总结了抗日战争期间国共两党的两条不同抗战路线斗争的历史，阐述了中国共产党在新民主主义革命时期的政治、经济、军事、文化纲领和政策，进一步指明了新、旧民主革命以及新民主主义革命同社会主义革命的区别，论述了发展文化教育和建设知识分子队伍的重要性，总结了中国共产党的建党经验，提出了党的新的工作作风主要是理论和实践相结合的作风、和人民群众紧密联系在一起的作风以及自我批评的作风，认为这些作风是共产党区别于其他政党的显著标志。

《论联合政府》报告共分五大部分。

第一部分，针对国民党独裁政策，开宗明义地提出成立联合政府，“领导解放后的全国人民，将中国建设成一个独立、自由、民主、统一和富强的新国家”。

第二部分，用辩证唯物论和历史唯物论的原理分析了国际国内形势。

第三部分，全面科学地总结了抗战中的两条路线。

第四部分，全面阐明了中国共产党的政策。

第五部分，号召全党团结起来，为实现党的任务而斗争，并要求全党牢固树立和发扬党的三大作风。

毛泽东分析了国际国内形势，提出了中国人民建立民主联合政府、打败日本侵略者、建设新中国的基本要求，剖析了国共两党的两条不同的抗战指导路线及其截然相反的结果，总结了中国革命特别是抗日战争的历史经验，阐述了中国共产党在新民主主义革命时期的一般纲领和现阶段的具体纲领，论述了加强党的建设、发扬党的优良作风等实现党对中国革命的领导责任等基本原则。报告为抗日战争的彻底胜利和解放战争在全国的胜利指明了方向，奠定了思想基础。

【案例】

中国人民抗日战争胜利纪念日

·案例简介·

2015 年 9 月 3 日，是中国第二个法定的“中国人民抗日战争胜利纪念日”，也是首个决定放假的抗战胜利纪念日。为隆重纪念中国人民抗日战争暨世界反法西斯战争胜利 70 周年，2015 年 3 月国务院专门发布活动通知，活动的主题是“铭记历史、缅怀先烈、珍爱和平、开创未来”，在纪念中国人民抗日战争暨世界反法西斯战争胜利 70 周年之际，习近平同志多次指出，“中国共产党的中流砥柱作用是中国人民抗日战争胜利的关键”，强调指出，“正义必胜！和平必胜！人民必胜！”

——摘自《纪念中国人民抗战暨世界反法西斯战争胜利 70 周年》，人民网

·案例说明·

中国共产党在抗日战争中发挥了中流砥柱作用，这是抗日战争胜利的关键，是历史事实，也是历史结论。抗日战争的胜利是人民的胜利，是人民战争的胜利。中国共产党完全是来自人民、植根人民、代表人民的，完全是为了中国最广大人民群众的利益、为了全民族的利益而工作而战斗的。紧紧地和中国人民站在一起，全心全意为人民服务，是中国共产党唯一的宗旨。

【思考】

《论联合政府》是如何运用辩证唯物主义和历史唯物主义来分析和研

究军事和政治问题的？

41　关于正确处理人民内部矛盾的问题

【摘录】

敌我之间的矛盾是对抗性的矛盾。人民内部的矛盾，在劳动人民之间说来，是非对抗性的，在被剥削阶级和剥削阶级之间说来，除了对抗性的一面以外，还有非对抗性的一面。人民内部的矛盾不是现在才有的，但是在各个革命时期和社会主义建设时期有着不同的内容。在我国现在的条件下，所谓人民内部的矛盾，包括工人阶级内部的矛盾，农民阶级内部的矛盾，知识分子内部的矛盾，工农两个阶级之间的矛盾，工人、农民同知识分子之间的矛盾，工人阶级和其他劳动人民同民族资产阶级之间的矛盾，民族资产阶级内部的矛盾，等等。我们的人民政府是真正代表人民利益的政府，是为人民服务的政府，但是它同人民群众之间也有一定的矛盾。这种矛盾包括国家利益、集体利益同个人利益之间的矛盾，民主同集中的矛盾，领导同被领导之间的矛盾，国家机关某些工作人员的官僚主义作风同群众之间的矛盾。这种矛盾也是人民内部的一个矛盾。一般说来，人民内部的矛盾，是在人民利益根本一致的基础上的矛盾。

——摘自《毛泽东文集》第7卷，人民出版社，1999，第204页

【导读】

1956年2月，苏共举行第二十次代表大会，赫鲁晓夫在秘密报告中，揭露了斯大林的严重错误，全盘否定斯大林，随后又爆发了波兰、匈牙利事件，给国际共产主义运动带来巨大冲击，也把社会主义社会的各种矛盾比较充分地暴露了出来。1956年，既是中国社会主义改造和社会主义建设快速发展的一年，也是国际共产主义运动的多事之秋。在中国国内，社会阶级关系发生了急剧的变革，经济建设工作中已出现的冒进又未能完全克服，使社会经济和政治生活出现某些问题。这年秋冬，许多城市出现了粮

食、肉类和日用品的短缺，升学、就业等方面遇到不少困难。

在生产资料私有制的社会主义改造已经基本完成的情况下，毛泽东的《关于正确处理人民内部矛盾的问题》明确指出革命时期的大规模的急风暴雨式的群众阶级斗争基本结束，并把正确处理人民内部矛盾作为中国政治生活的主题提了出来，具有重大的理论和实践意义，是中国共产党第八次全国代表大会的正确方针的继续和发展。毛泽东的《关于正确处理人民内部矛盾的问题》摘自《毛泽东文集》第7卷，是毛泽东同志在最高国务会议第十一次（扩大）会议上的讲话。1957年2月27日，毛泽东在最高国务会议第十一次扩大会上，运用对立统一规律，以正确处理人民内部矛盾为总题目，总结了我国社会主义革命和建设的经验，全面分析了社会主义社会的矛盾。指出，在社会主义制度下，存在敌我矛盾和人民内部矛盾这两种性质不同的矛盾，提出了正确区分和解决两类不同性质的矛盾的方法，规定了正确处理人民内部矛盾的一系列正确方针。

《关于正确处理人民内部矛盾的问题》分成六个部分作了论述。

第一部分关于统筹兼顾、适当安排的战略方针；

第二部分关于处理统一战线内部各项矛盾的根本原则和方法；

第三部分关于工商业者问题；

第四部分关于知识分子问题；

第五部分关于民主党派工作；

第六部分关于少数民族的问题。

《关于正确处理人民内部矛盾的问题》不仅对国家政治生活具有重要的指导作用，而且是统一战线工作的重要指导方针，对于巩固和扩大统一战线具有重要的意义。

【案例】

贫富差距与矛盾问题

·案例简介·

据国家统计局统计，1980年，我国城乡居民收入比为2.5∶1，到2009年收入比扩大为3.33∶1，2010年稍有缩小，为3.23∶1。在城乡差距扩大的同时，城镇居民之间的收入差距也在扩大。另有资料显示，我国城镇居民中最富有的10%的家庭与最贫穷的10%的家庭人均可支配收入比为8:1，有六成城镇居民的人均可支配收入达不到平均水平。

——来源国家统计局统计科学研究所，曹光四、张启良，2015年5月28日

·案例说明·

严重的贫富差距是导致社会分裂、产生社会矛盾与冲突的基本的经济根源。但是，贫富差距还不直接等于贫富矛盾，贫富矛盾也不必然导致社会冲突、破坏社会稳定。贫富差距和贫富矛盾两者概念不同。贫富差距是财富在社会成员之间客观分布的经济现象，而贫富矛盾则属于政治现象，贫富矛盾是在贫富差距基础上形成的社会群体间的对立。贫富差距转化为贫富矛盾，需要有一定的社会条件，主要是收入、财富差距导致的社会分层的固定化，以及在此基础上形成对立性的群体意识。贫富矛盾的表现是贫富两大社会群体的相互对立与冲突。

【思考】

1. 人民内部矛盾是社会主义社会的主要矛盾吗？
2. 现阶段，我国的人民内部矛盾具体有哪些？
3. 当今我国人民内部矛盾的主要表现形式以及解决的措施是什么？

42　为人民服务

【摘录】

人总是要死的，但死的意义有不同。中国古时候有个文学家叫做司马迁的说过："人固有一死，或重于泰山，或轻于鸿毛。"为人民利益而死，就比泰山还重；替法西斯卖力，替剥削人民和压迫人民的人去死，就比鸿毛还轻。张思德同志是为人民利益而死的，他的死是比泰山还要重的。

因为我们是为人民服务的，所以，我们如果有缺点，就不怕别人批评

指出。不管是什么人，谁向我们指出都行。只要你说得对，我们就改正。你说的办法对人民有好处，我们就照你的办。“精兵简政”这一条意见，就是党外人士李鼎铭先生提出来的；他提得好，对人民有好处，我们就采用了。只要我们为人民的利益坚持好的，为人民的利益改正错的，我们这个队伍就一定会兴旺起来。

——摘自《毛泽东选集》第3卷，人民出版社，1991，第1004～1005页

【导读】

从1940年起，国民党的反共活动不断加剧，对陕甘宁边区除了在政治上打击、军事上包围以外，还在经济上实行封锁，使陕甘宁边区的财政经济在1941年和1942年出现极严重困难。为了增加生产，中共中央提出“发展经济，保障供给”的财政经济工作总方针。中央提出“自己动手”，实现完全自给自足，特别是机关、部队、学校要争取生产自给。

张思德所从事的烧炭工作，正是机关、部队生产自给的一项内容。在1941年11月召开的边区第二届参议会第一次会议上，李鼎铭等党外人士提出“精兵简政”的提案，就是着眼于精简非生产人员，从而减少财政支出，减轻人民群众的负担。会议经过讨论，通过了李鼎铭等人的提案。会后，边区政府系统立即率先精简24%的人员，1943年底，边区政府系统和留守兵团进行多次精简，将大批非生产人员转为生产人员，减少了大量经费和粮食支出。增加生产和减少支出的措施迅速取得成效。正是在克服财政经济困难的过程中，毛泽东提出了为人民服务的思想。

中国共产党历届中央领导集体始终牢记“为人民服务”的根本宗旨，在领导中国革命、建设和改革开放的历程中，带领全党全国各族人民，为实现中华民族的伟大复兴不懈奋斗。当前，面对复杂的国际国内形势，在加强执政党建设的实践中，正确把握“为人民服务”时代内涵及其发展，对发扬党密切联系群众的优良作风、提高做好新形势下党的群众工作能力具有重要的指导意义。

这是毛泽东主席于1944年9月8日在张思德同志追悼会上所做的演讲。当时，抗日战争正处在十分艰苦的阶段，有许多困难需要克服。毛泽

东主席针对这一情况，讲述为人民服务的道理，号召大家学习张思德同志完全、彻底地为人民服务的精神，团结起来，打败日本侵略者。

【案例】

·案例简介·

焦裕禄是山东省淄博市北崮山村人，1922 年 8 月 16 日出生于贫农家庭，1946 年 1 月在本村加入中国共产党，同年参加本县区武装部工作。1962 年 12 月，焦裕禄被调到兰考县先后任县委第二书记、书记。他上任之后带领全县人民进行封沙、治水、改地的斗争。焦裕禄身先士卒，以身作则；风沙最大的时候，他带头去查风口，探流沙；大雨瓢泼的时候，他带头踏着齐腰深的洪水察看洪水流势；风雪铺天盖地的时候，他率领干部访贫问苦，登门为群众送救济粮款。他经常钻进农民的草庵、牛棚，同普通农民同吃同住同劳动。他把群众同自然灾害斗争的宝贵经验，一点一滴地集中起来，成为全县人民的共同财富，成为全县人民战胜灾害的有力武器。

焦裕禄对同志对人民满腔热情。他常说，共产党员应该在群众最困难的时候，出现在群众的面前；在群众最需要帮助的时候，去关心群众、帮助群众。他的心里装着全县的干部群众，唯独没有他自己。他经常肝区痛得直不起腰、骑不了车，即使这样，他仍然用手或硬物顶住肝部，坚持工作、下乡，直至被县委强行送进医院。1964 年 5 月 14 日，焦裕禄被肝癌夺去了生命，年仅 42 岁。他临终前对组织上唯一的要求，就是“把我运回兰考，埋在沙堆上，活着我没有治好沙丘，死了也要看着你们把沙丘治好”。

——摘自李景田，《不忘初心　牢记使命　永远奋斗》，人民网，2018 年 1 月 4 日

·案例说明·

焦裕禄同志用自己的实际行动，塑造了一个优秀共产党员和优秀县委书记的光辉形象，铸就了亲民爱民、艰苦奋斗、科学求实、迎难而上、无

私奉献的焦裕禄精神。焦裕禄同志到兰考，不是为了做官，而是为人民谋利益。他之所以被誉为县委书记的好榜样、共产党员的光辉典范，之所以深受人民群众爱戴，根本原因就在于他始终与老百姓心相连、情相依，同呼吸、共命运，在于他视人民群众为衣食父母、诚心诚意当人民公仆。我们学习和弘扬焦裕禄精神，就要牢固树立宗旨观念，始终坚持群众路线，认真落实以人为本，真正做到权为民所用、情为民所系、利为民所谋。党员干部无论职位高低、能力大小，都要像焦裕禄同志那样，把为党和人民的事业而奋斗作为人生的最高目标，把为人民服务作为人生的最大追求，把实现最广大人民的根本利益作为工作的最终目的。要深怀爱民之心，自觉摆正与人民群众的关系，不断增进与人民群众的真挚感情，设身处地、换位思考，时刻把人民群众的安危冷暖挂在心上。要多办利民之事，坚持从人民群众最关心、最直接、最现实的利益问题入手，深入条件艰苦、矛盾集中、困难突出的地方，尽力办顺民意、解民忧、增民利的实事好事，而不要等到群众反映强烈了，或者上级指示批下来了，才去解决。

【思考】

“人固有一死，或重于泰山，或轻于鸿毛”，结合文章，谈谈你对这句话的理解。

43　改造我们的学习

【摘录】

我们学的是马克思主义，但是我们中的许多人，他们学马克思主义的方法是直接违反马克思主义的。这就是说，他们违背了马克思、恩格斯、列宁、斯大林所谆谆告诫人们的一条基本原则：理论和实际统一。他们既然违背了这条原则，于是就自己造出了一条相反的原则：理论和实际分离。

……

这种态度，就是有的放矢的态度。“的”就是中国革命，“矢”就是马克思列宁主义。我们中国共产党人所以要找这根“矢”，就是为了要射中国革命和东方革命这个“的”的。这种态度，就是实事求是的态度。“实事”就是客观存在着的一切事物，“是”就是客观事物的内部联系，即规律性，“求”就是我们去研究。我们要从国内外、省内外、县内外、区内外的实际情况出发，从其中引出其固有的而不是臆造的规律性，即找出周围事变的内部联系，作为我们行动的向导。

——摘自《毛泽东选集》第3卷，人民出版社，1991，第798～801页

【导读】

遵义会议作为中国共产党历史上生死攸关的转折点，结束了王明“左”倾教条主义在党内的统治，确立了毛泽东同志在党和红军中的领导地位。遵义会议后中国共产党已经发展成为一个具有广泛群众基础的，在政治、思想和组织上完全巩固的，在全国范围内的马克思主义政党。虽曾经对“左”倾和右倾错误进行过纠正，但由于当时战争的缘故，形势变化较快，对这些错误思想的根源一直没来得及进行彻底清算，“左”倾和右倾机会主义，尤其是王明“左”倾教条主义思想的影响在党内还不同程度地存在着，王明还继续坚持其错误思想路线，这极大地干扰了党正确路线的执行。

1941年开展了著名的延安整风运动，对全体党员和干部进行了一次深刻的马克思主义教育。在这次整风运动中，毛泽东同志作了《整顿党的作风》《反对党八股》《改造我们的学习》等报告，以此作为整风的指导性文献，以清算王明“左”倾教条主义影响，提高全党的马克思主义理论水平，促进全党的团结和统一，夺取抗日战争最后胜利。

《改造我们的学习》是延安整风运动的纲领性文献之一，对于当时改进党的学风、统一全党思想发挥了重大作用，是我党提倡学习新制度、改进学习新作风的开端。文中所倡导的学习态度、方法、经验对于新时期党员干部的学习教育仍有着重要意义。

《改造我们的学习》一文主要是针对当时党内存在的非马克思主义思想倾向的主观主义、学派主义和作为这两种倾向表现形式的党八股进行的

系统分析与批判，并号召在全党范围内开展一场马克思主义教育运动。全文主要包括以下三个方面内容。

第一，注重马克思主义的实际应用。在批判主观主义学风中，毛泽东同志从对中国的现状、历史和对待马克思主义理论的态度三个方面，指出了其表现、危害和实质。他明确指出，“不注重研究现状，不注重研究历史，不注重马克思列宁主义的应用。这些都是极坏的作风”,[①] 是违背马克思主义理论同实践相统一原则的，是非马克思主义者。毛泽东这一思想为当时全党正在开展的整风运动指明了正确方向。

第二，坚持马克思主义实事求是的学风。毛泽东采用了对比的方法，对两种学风、两种学习态度进行了比较。他指出，主观主义态度“就是对周围环境不作系统的周密的研究，单凭主观热情去工作”。[②] 这种抽象、无目的地研究马克思主义的观点和方法，是党性不纯的一种表现。马克思主义的学习态度是要有目的地去研究马克思主义理论，不割断历史要把马克思主义同中国实际相结合，应在此基础上去学习马克思主义的观点和方法。

第三，提出了改造全党学习的方针和方法。一是向全党提出了系统、周密地研究周围环境的任务，“共产党领导机关的基本任务，就在于了解情况和掌握政策两件大事，前一件事就是所谓认识世界，后一件事就是所谓改造世界”[③]。二是对近百年来的中国史，我们应该聚集人才，分工合作去做，克服无组织状态，从分类研究到综合研究。三是对在职干部和干部学校的教育，应该确立以研究中国革命实际问题为中心、以马克思列宁主义基本原则为指导、废除静止地孤立地研究马克思列宁主义的方法。

【案例】

·案例简介·

《科学普及资料汇编》是中国科学技术协会主办的科普刊物。1958 年

---

① 《毛泽东选集》第 3 卷，人民出版社，1991，第 797 页。
② 《毛泽东选集》第 3 卷，人民出版社，1991，第 799 页。
③ 《毛泽东选集》第 3 卷，人民出版社，1991，第 802 页。

刊发了大量的所谓高产“卫星”经验的文章。仅这年的第9期上，就刊登了湖北麻城高潮三社水稻亩产10万斤、四川郫县友爱社水稻亩产8万斤、山西山阴县山药亩产10万斤、福建漳浦县农冲社亩产花生2.4万斤的经验。这份刊物的第7期上，刊登了山西省农业科学研究所负责人的文章《小麦高额丰产的科学根据——亩产十五万斤的技术措施》。文章说，小麦亩产6万斤、8万斤、10万斤，甚至15万斤，绝不是吹牛，也不是异想天开的胡说八道，是“根据事实以科学分析来确定的”。这位农科所所长不但论证了小麦高产超15万斤的可能性，而且还论证了亩产万斤籽棉的可能性，并且分析了亩产万斤棉的理由，还据此提出“打垮观潮派，压倒美国佬”的豪言壮语。

——摘自《科学普及资料汇编》1958年第7期、第9期

·案例说明·

“浮夸风”是1958~1960年“大跃进”时期的产物，运动中，以高指标、瞎指挥、浮夸风和共产风为主要标志的“左”倾错误严重泛滥。在“大跃进”过程中，出现了很多虚报产量的事。其中最著名的是河北徐水县，号称一年收获粮食12亿斤。这种现象严重违背了“实事求是”的原则。

【思考】

1. 实事求是体现了马克思主义哲学的什么观点？
2. 为什么说“浮夸风”违反了实事求是的原则？

44　中国共产党在民族战争中的地位

【摘录】

爱国主义就是国际主义在民族解放战争中的实施。为此理由，每一个共产党员必须发挥其全部的积极性，英勇坚决地走上民族解放战争的战

场，拿枪口瞄准日本侵略者。

……

企图否认阶级斗争存在的理论是完全错误的理论。我们不是否认它，而是调节它。我们提倡的互助互让政策，不但适用于党派关系，也适用于阶级关系。

……

如果某项意见在局部的情形看来是可行的，而在全局的情形看来是不可行的，就应以局部服从全局。反之也是一样，在局部的情形看来是不可行的，而在全局的情形看来是可行的，也应以局部服从全局。这就是照顾全局的观点。

——摘自《毛泽东选集》第3卷，人民出版社，1991，第521页、第525页

【导读】

在当时，整个抗战已经进行了一年半左右，在1938年10月，广州和武汉相继失守，日本的全面侵华战争的重点已经十分明显，国民党的片面抗战已无力持续，共产党内的右倾投降主义路线已经破产，此时的抗战已经由战略防御转入战略相持的重要阶段。战略相持阶段是整个抗战全过程中时间最长、最痛苦、最艰难，也是最重要的一个中间过渡阶段，同时，在这一阶段，敌人为了巩固和保守其占领地，将把军事的重点和主要战场转入敌后，这些，就使得中国共产党在抗战中的领导地位和作用显得更加突出。

《中国共产党在民族战争中的地位》是党的建设方面的一篇重要的文献。它不仅号召我们要加强党内团结，在全国人民中形成一个坚强的核心，争取抗战的胜利和建设一个新中国，而且在抗日战争形势发生重大转折的前夕，及时地从确立党在民族战争中的领导地位的高度，提出了加强党自身政治、思想和组织建设的重要任务，从而统一了全党的思想，克服了王明右倾主义错误的影响，为保证党的各级组织的广大党员迅速适应战略相持阶段的特点和任务，担负起领导全国人民进行抗战的历史重任，战胜种种艰难险阻，顺利地完成过渡阶段，转入战略反攻，直至彻底打败日

本帝国主义，做出了积极的贡献。这篇文章对于我们今天从事社会主义现代化建设，仍然具有极其重要的历史意义和现实意义。

毛泽东的这篇文章写于1938年10月，在当时，日本全面侵华战争的重点已经十分明显，国民党的片面抗战已无力持续，共产党内的右倾投降主义路线已经破产，此时的抗战已经由战略防御转入战略相持的重要阶段。

一、共产党员在民族战争中的模范作用

毛泽东明确提出共产党员的先锋作用和模范作用是十分重要的。在军队中是英勇作战的模范、执行命令的模范、遵守纪律的模范、政治工作的模范、内部团结统一的模范；在统一战线中是实行抗战任务的模范、协调各党相互关系的模范；在政府工作中是十分廉洁、不用私人、多做工作、少取报酬的模范；在民众运动中是民众的朋友，而不是民众的上司，是诲人不倦的教师，而不是官僚主义的政客。共产党员应以个人利益服从于民族的和人民群众的利益，大公无私，积极努力，克己奉公，埋头苦干，对落后的人不轻视而要亲近。共产党员应是实事求是的模范、学习的模范。

二、党员的全局观念

毛泽东在分析全局观念时指出：共产党员决不可脱离群众的多数，而率领少数先进队伍单独冒进，必须注意组织先进分子和广大群众之间的密切联系。一个好的共产党员必须善于照顾全局，善于照顾多数，并善于和同盟者一道工作。

三、干部政策

毛泽东认为“政治路线确定之后，干部就是决定的因素”。[①] 对于干部，既要识别，又要使用，更要爱护。

四、党的纪律

关于党的纪律，毛泽东重申：个人服从组织、少数服从多数、下级服从上级、全党服从中央。

五、学习

关于学习，毛泽东说：“学习的敌人是自己的满足，要认真学习一点东西，必须从不自满开始。”[②] 学习什么东西呢？学习我们的历史遗产，学

① 《毛泽东选集》第2卷，人民出版社，1991，第526页。

② 《毛泽东选集》第2卷，人民出版社，1991，第535页。

习观察问题和解决问题的立场和方法。为什么要学习？“如果没有革命理论，没有历史知识，没有对于实际运动的深刻的了解，要取得胜利是不可能的。”①

【案例】

“红立方”党员志愿服务联盟

· 案例简介 ·

南京建邺区兴隆街道奥体社区的“红立方”党员志愿服务联盟远近闻名。这是社区“大党委”在区域化党建中与辖区内单位开展共建的成果，该联盟吸纳了8大类31家单位党组织参与社区志愿服务。随子女居住的200多名外地户籍老人面临体检难的问题，“红立方”党员志愿者主动认领帮助解决难题；2018年初两场大雪，“红立方”的多家单位组织党员志愿者上路扫雪……“党建引领、志愿先行”，奥体社区党委书记高建明介绍，“红立方”联盟组建了10支共1600多名志愿者的志愿服务团队，其中党员志愿者300多名，每年志愿服务近2万小时，实现了辖区“党员志愿服务无盲区”。

——摘自《嘉兴：党员志愿服务暖人心“红色志愿之城”品牌走向全国》，中国文明网，2016年4月25日

· 案例说明 ·

党员志愿服务联盟的建立为党员发挥模范作用提供了平台，动员了广大党员投身民生一线，调动了党员服务群众的积极性，让广大群众特别是困难群众深切感受到——“党员就在我们身边”！

【思考】

结合《中国共产党在民族战争中的地位》分析中国共产党怎样才能担负起领导抗日战争取得胜利的重任。

① 《毛泽东选集》第2卷，人民出版社，1991，第533页。

45　反对本本主义

【摘录】

你对于那个问题不能解决么？那末，你就去调查那个问题的现状和它的历史吧！你完完全全调查明白了，你对那个问题就有解决的办法了。一切结论产生于调查情况的末尾，而不是在它的先头。只有蠢人，才是他一个人，或者邀集一堆人，不作调查，而只是冥思苦索地“想办法”，“打主意”。须知这是一定不能想出什么好办法，打出什么好主意的。

……

速速改变保守思想！换取共产党人的进步的斗争思想！到斗争中去！到群众中作实际调查去！

——摘自《毛泽东选集》第1卷，人民出版社，1991，第109页

【导读】

1927～1935年，是共产国际指导中国革命失误最多、使中国革命损失最大的时期。在这个时期，共产国际不顾中国革命的实际情况，把所谓的科学理论强加于中国的革命实践，而当时中国共产党内领导人的“唯书”、“唯苏”和严重的教条主义“左”倾作风，更是增加了中国革命的艰难，使中国革命蒙受了巨大损失。要挽救中国革命，带领中国人民取得胜利，必须坚决反对这种不切实际的“瞎指挥”和教条主义，毛泽东的《反对本本主义》就是在这样的形势下完成的。

《反对本本主义》这篇文章提出和阐明的重要思想原则，是辩证唯物主义认识论在实际工作中的具体运用和生动概括，是作者应用马克思主义从事社会调查，同主观主义特别是教条主义做斗争的历史经验的科学总结。它反映了毛泽东思想的三个基本点，即实事求是、群众路线和独立自主的思想雏形，标志着毛泽东哲学思想的初步形成。

《反对本本主义》在毛泽东思想形成和发展的历史上，在马克思主义

中国化的历史上，都具有重要的思想价值。该篇的主题是论述调查工作的重要性及调查工作的方法。文中还表达了学习马克思主义必须同中国的实际情况相结合的思想，并在中国共产党的历史上最早明确地提出党的思想路线问题，强调共产党人要坚持从斗争中创造新局面的思想路线。

这篇文章第一个方面的思想价值在于：在论述为什么在革命工作中要开展调查研究、怎样开展调查研究等问题的同时，正确地解决了在中国革命的过程中如何对待马克思主义的经典著作，如何对待上级决议，如何从实际出发正确地制定政策和策略等一系列关于中国革命的重大问题，从而初步提出了中国化马克思主义的基本立场、观点和方法。

《反对本本主义》第二个方面的思想价值是：毛泽东在论述如何开展调查研究时，强调了要到群众的斗争实践中去做调查研究，强调了正确的斗争策略是来自群众的斗争实践，来自实际的经验。他说："共产党的正确而不动摇的斗争策略，决不是少数人坐在房子里能够产生的，它是要在群众的斗争过程中才能产生的，这就是说要在实际经验中才能产生。"① 在这里，毛泽东实际上提出了群众路线的部分重要内容，群众路线是中国共产党的根本工作方法。

《反对本本主义》第三个方面的思想价值是：毛泽东强调了中国革命斗争的胜利，要靠中国同志了解中国情况，要靠中国同志在中国革命的具体斗争实践中，根据实际情况制定正确的方针政策和斗争策略才能取得胜利。这实际上初步提出了独立自主的思想。中国共产党领导中国革命不能依赖苏联的援助，而必须把夺取中国革命胜利的希望放在自己力量的基点上，主要依靠自己的力量。

【案例】

"找茬"大学英语教材案

·案例简介·

北京林业大学教师施兵"找茬"大学英语教材一事引发广泛关注。无意间发现一本大学英语教材的错误，使得他开始了历时两年对大学英语教

① 《毛泽东选集》第1卷，人民出版社，1991，第115页。

材的“找茬”历程。通过查阅100多本教材和资料，他撰写了一份近30页的《大学英语教材质量分析报告》直谏教育部。

——摘自《教师“找茬”大学英语教材　写30页报告直谏教育部》，人民网，2015年11月19日

·案例说明·

大学生要做到实事求是，就必须有“不唯上、不唯书、只唯实”的品质。大学课本会有些错误，老师上课有时也会产生一些口误等，在发现自己的意见和老师、和书本相违背的时候，先不要急着否定自己，因为没有实践就没有真理，敢于证明自己才是真正的实事求是。

【思考】

1. 毛泽东为什么要写《反对本本主义》？他写下《反对本本主义》一文的目的是什么？

2. 在《反对本本主义》中，毛泽东对中国共产党思想路线的内容做了初步的阐明，指出共产党人的思想路线是“从斗争中创造新局面的思想路线”。怎样才能“从斗争中创造新局面”呢？

46　关于科学和教育工作的几点意见

【摘录】

就今天的现状来说，要特别注意调动教育工作者的积极性，要强调尊重教师。我国科学研究的希望，在于它的队伍有来源。科研是靠教育输送人才的，一定要把教育办好。我们要把从事教育工作的与从事科研工作的放到同等重要的地位，使他们受到同样的尊重，同样的重视。一个小学教师，把全部精力放到教育事业上，就是很可贵的。要当好一个小学教师，付出的劳动并不比一个大学教师少，因此小学教师同大学教师一样光荣。对于终身为教育事业服务的人，应当鼓励。

无论是从事科研工作的，还是从事教育工作的，都是劳动者。不是讲脑力劳动、体力劳动吗？科研工作、教育工作是脑力劳动，脑力劳动也是劳动嘛。有位科学家反映，现在在农业科学院种庄稼不算劳动，要到农村种庄稼才算劳动。这真是怪事。好多农业院校自己培育品种，自己种田，怎么不是劳动？科学实验也是劳动。一定要用锄头才算劳动？一定要开车床才算劳动？自动化的生产，就是整天站在那里看仪表。这也是劳动。

——摘自《邓小平文选》第2卷，人民出版社，1994，第49～50页

【导读】

1977年7月，党的十届三中全会通过决议，恢复邓小平中共中央副主席、国务院副总理等党内外一切职务。刚刚恢复工作的邓小平，自告奋勇管科学和教育工作。他根据世界各国和我国的历史经验，把搞好科学和教育工作提高到实现四个现代化的战略高度来认识。8月8日，他召开了恢复工作以来的第一个座谈会——科学和教育工作座谈会，听取意见并做了重要讲话。

1971年《全国教育工作会议纪要》提出了所谓“两个估计”，即“文化大革命”前十七年教育战线资产阶级专了无产阶级的政，是黑线专政；知识分子的大多数世界观基本上是资产阶级的，是资产阶级知识分子。“两个估计”极大地打击和束缚了教育战线广大知识分子的社会主义积极性，严重地破坏了教育事业。邓小平针对教育战线的主要问题——“两个估计”，发表了题为《关于科学和教育工作的几点意见》的讲话，并以此为突破口，迅速打开拨乱反正的局面。这一讲话提出了“尊重知识，尊重人才”这一重要观点，成为整个教育战线拨乱反正的先锋号角。邓小平的讲话受到广大知识分子和各界群众的热烈欢迎和拥护，许多知识分子拿到讲话记录都奔走相告，广为传抄。这篇讲话解开了知识分子思想上的疙瘩，有力地调动了他们的积极性，极大地推动了我国科学与教育工作的发展。

《关于科学和教育工作的几点意见》共谈到了六个问题。

（1）关于对十七年的估计问题。

“两个估计”是给教育战线扣上“黑线专政”帽子的核心论断，是牵涉到整条教育战线拨乱发展问题的突破口，同时也是当时全国科学和教育工作者的最为关心的问题，所以邓小平首先就谈到了“两个估计”的问题。这是对于马克思主义辩证法的现实运用，即抓主要问题，抓主要问题的主要方面。

（2）关于调动积极性问题。

邓小平明确指出，从事脑力劳动和体力劳动的都是社会主义劳动者。这是建构于政治经济学的清晰认识之上的明确论断。脑力劳动者与体力劳动者之间只有分工的不同，但并无阶级之分，他们之间的分工是建立在生产资料社会主义公有制的基础上，以发展社会生产力，提高人民的物质、文化生活水平为共同目的。邓小平的这一论断，极大地解放了知识分子，调动了他们的积极性。

（3）关于体制、机构问题。

这一部分的论述重点探讨了当时教育统一管理的问题，从制度上保障科学研究的重要地位。

（4）关于教育制度和教育质量问题。

这一部分重点论述了教育制度、教师水平、学制等相关问题。

（5）关于后勤工作问题。

这一部分重点强调了要为科研工作者做好后勤保障，关心他们的生活。

（6）关于学风问题。

邓小平在这一部分强调要培养一种好的学风，形成生动活泼的局面。

【案例】

阿尔法围棋

·案例简介·

2016 年 3 月，阿尔法围棋与围棋世界冠军、职业九段棋手李世石进行围棋人机大战，以 4:1 的总比分获胜；2016 年末 2017 年初，该程序在中国棋类网站上以“大师”（Master）为注册账号与中日韩数十位围棋高手进行快棋对决，连续 60 局无一败绩；2017 年 5 月，在中国乌镇围棋峰会上，它与排名世界第一的世界围棋冠军柯洁对战，以 3 比 0 的总比分获胜。围棋界公认阿尔法围棋的棋力已经超过人类职业围棋顶尖水平，在 GoRatings 网站公布的世界职业围棋排名中，其等级分曾超过排名人类第一的棋手柯洁。

——摘自《人机大战　李世石对弈阿尔法围棋》，新华网，2016 年 3 月 15 日

·案例说明·

人工智能是计算机科学的一个分支，它企图了解智能的实质，并生产出一种新的能以与人类智能相似的方式做出反应的智能机器，该领域的研究包括机器人、语言识别、图像识别、自然语言处理和专家系统等。人工智能从诞生以来，理论和技术日益成熟，应用领域也不断扩大，可以设想，未来人工智能带来的科技产品，将会是人类智慧的“容器”。人工智能可以对人的意识、思维的信息过程模拟。人工智能不是人的智能，但能像人那样思考，也可能超过人的智能。阿尔法围棋（AlphaGo）就是人工智能的优秀结晶。在上述案例中，阿尔法围棋的诞生是人类脑力劳动和体力劳动的共同成果，阿尔法围棋又被称为一个新的“脑力劳动者”。

【思考】

1. 科学社会主义和 19 世纪空想社会主义的根本区别是什么？
2. 唯物辩证法的产生对科学社会主义的创立有何重大意义？
3. 为什么说唯物史观和剩余价值学说的发现使社会主义由空想变成了科学？

47　在全国科学大会开幕式上的讲话

【摘录】

“四人帮”的所作所为，从反面使我们更加深刻地认识到，在无产阶

级专政的条件下，不搞现代化，科学技术水平不提高，社会生产力不发达，国家的实力得不到加强，人民的物质文化生活得不到改善，那末，我们的社会主义政治制度和经济制度就不能充分巩固，我们国家的安全就没有可靠的保障……把我们的国家建设成为社会主义的现代化强国，才能更有效地巩固社会主义制度，对付外国侵略者的侵略和颠覆，也才能比较有保证地逐步创造物质条件，向共产主义的伟大理想前进。

……

现代科学为生产技术的进步开辟道路，决定它的发展方向。许多新的生产工具，新的工艺，首先在科学实验室里被创造出来。一系列新兴的工业，如高分子合成工业、原子能工业、电子计算机工业、半导体工业、宇航工业、激光工业等，都是建立在新兴科学基础上的。当然，不论是现在或者今后，还会有许多理论研究，暂时人们还看不到它的应用前景。但是，大量的历史事实已经说明：理论研究一旦获得重大突破，迟早会给生产和技术带来极其巨大的进步。

——摘自《邓小平文选》第2卷，人民出版社，1994，第86～87页

【导读】

1978年3月，中共中央举行了我国科学史上空前的盛会——全国科学大会。这次盛会是在中国刚从“文化大革命”造成的深重灾难中摆脱出来，开始伟大的复兴的关键时刻召开的。开幕式上，重新恢复中央领导职务的邓小平发表了一篇对于振兴我国科技事业具有战略意义的重要讲话。

粉碎“四人帮”之后，中华大地百废待兴，邓小平恢复工作后不久，即组织召开全国科学大会，这是一次谋划发展的盛会，也是推动我国科学发展的盛会。《在全国科学大会开幕式上的讲话》依据马克思主义关于科学技术的基本观点，深刻地阐明了中国共产党的发展科学技术的正确方针，提出了在科学技术战线拨乱反正的艰巨任务，为开创我国社会主义现代化建设新局面、制定经济振兴时期的科学技术新方针奠定了理论基础，为促进我国科学、经济、社会的协调发展，建设有中国特色的社会主义指明了方向。在这次讲话中，邓小平旗帜鲜明地提出“科学技术是生产力”

这一马克思主义的论点，并提出了“科学正在成为越来越重要的生产力”的论断，成为我国科教兴国战略的先声。

《在全国科学大会开幕式上的讲话》共谈到了三个问题。

（1）对科学技术是生产力的认识问题。

生产力的基本要素之一劳动者所具有的劳动能力，是体力与智力的总和。智力，在劳动力的因素中起着不可低估的作用。智力之所以对生产力的发展起着重要作用，就在于人在实践中能通过思维的作用逐步认识自然现象及其性质和规律，积累起反映生产经验和劳动技能的技术知识以及反映自然规律的科学知识，并通过技术手段，运用科学知识，驱使巨大的自然力为生产服务。科学的力量，作为人们以智力征服自然的力量，在人们生产实践中显示为一种巨大的生产力。

（2）关于建设宏大的又红又专的科学技术队伍。

资本主义制度下，工人被剥夺了掌握科学知识的权利，成为机器的附属品，智力的发展受到压制，体力劳动与智力劳动是对立的。但社会主义社会培养的脑力劳动者，绝大多数已是工人阶级自己的一部分。他们与体力劳动者的区别，只是社会分工的不同，而不是阶级对立。

（3）在科学技术部门中怎样实现党委领导下的分工负责制。

这一部分主要论述科学研究机构要建立技术责任制，实行党委领导下的所长负责制，通过分工负责，要从上到下建立岗位责任制。这些举措，大大地调动了当时科研队伍的工作积极性，提高了生产效率。

【案例】

无人机“黑飞”

·案例简介·

2017年4月21日14点38分，3U8996次航班与3U8360次航班在双流机场20R跑道五边两侧23米时，机组人员发现一架绿色疑似无人驾驶航空器，直接导致13个航班备降、1个航班返航；15点40分，MU5407与3U8772次航班机组在距地面1100米处，发现一架红色和一架红白相间的疑似无人驾驶航空器，这两架航空器的飞行导致19个航班备降、2个航班返航；17点06分，ZH9772次航班在落地前，发现一架白色疑似无人驾驶航空器，且正好从飞机下方穿过。

2017 年 4 月，成都双流机场出现多起无人机“黑飞”现象，合计导致百余架次航班被迫备降或返航，超过万名旅客受阻滞留机场，经济损失以千万元计，对旅客造成的生命安全威胁和损失更是不容小觑。

——《无人机“黑飞”或终结！相关部门已研制出管控技术》，央视网，2017 年 8 月

·案例说明·

无人驾驶飞机简称“无人机”，英文缩写为“UAV”，是利用无线电遥控设备和自备的程序控制装置操纵的不载人飞机，或者由车载计算机完全地或间歇地自主地操作。无人机按应用领域，可分为军用与民用。军用方面，无人机分为侦察机和靶机。民用方面，“无人机 + 行业应用”，是无人机真正的刚需，目前在航拍、农业、植保、微型自拍、快递运输、灾难救援、观察野生动物、监控传染病、测绘、新闻报道、电力巡检、救灾、影视拍摄等领域的应用，大大地拓展了无人机本身的用途。

【思考】

1. 如何理解“科学技术是第一生产力”？
2. 生产力有哪些要素？
3. 无人机技术对于生产力有何影响？

48　解放思想，实事求是，团结一致向前看

【摘录】

一个党，一个国家，一个民族，如果一切从本本出发，思想僵化，迷信盛行，那它就不能前进，它的生机就停止了，就要亡党亡国。这是毛泽东同志在整风运动中反复讲过的。只有解放思想，坚持实事求是，一切从实际出发，理论联系实际，我们的社会主义现代化建设才能顺利进行，我

们党的马列主义、毛泽东思想的理论也才能顺利发展。从这个意义上说，关于真理标准问题的争论，的确是个思想路线问题，是个政治问题，是个关系到党和国家的前途和命运的问题。

——摘自《邓小平文选》第2卷，人民出版社，1994，第143页

【导读】

1978年12月18日至22日，党的十一届三中全会在北京举行。全会的中心议题是讨论把全党的工作重点转移到社会主义现代化建设上来。这次全会前，召开了历时36天的中央工作会议。在中央工作会议上，党的许多老一辈革命家和领导骨干，对“文化大革命”结束后两年来党的领导工作中出现的失误提出了中肯的批评，对党的工作重点转移到经济、政治方面的重大决策、党的优良传统的恢复和发扬等，提出了积极的建议。邓小平在会议闭幕式上作了题为《解放思想，实事求是，团结一致向前看》的重要讲话。

《解放思想，实事求是，团结一致向前看》是邓小平同志在1978年12月13日的中共中央工作会议闭幕会上的讲话。这次中央工作会议为随即召开的中共十一届三中全会做了充分准备。这篇讲话被称为实际上是1978年12月18日召开的十一届三中全会的主题报告，是创立建设有中国特色社会主义新理论的宣言书。这篇讲话的重要观点是对1975～1978年邓小平思想的概括。

《解放思想，实事求是，团结一致向前看》核心探讨的是解放思想，实事求是，即什么是解放思想。这篇讲话中邓小平并没有明确的阐释，到1980年2月19日在中共十一届五中全会第三次会议上的讲话才对解放思想的具体含义进行了概括，“在马克思主义指导下打破习惯势力和主观偏见的束缚，研究新情况，解决新问题”。[①] 在马克思主义指导下，从我国基本国情出发，冲破各种束缚，开创中国特色社会主义理论和实践的方法、原则和手段。邓小平的论断，实质上打开了“文革”以来中国人的思想枷

① 《邓小平文选》第2卷，人民出版社，1994，第279页。

锁，成为推动全国各项改革的思想基础。

实事求是是一个充满矛盾的辩证过程，是一个不断把主观和客观、理论和实践与普遍性和特殊性、共性和个性相统一的过程。正确认识和把握实际是一个过程。一切从实际出发，是实事求是的基础，是唯物主义的基本原则。实事求是的思想路线必须坚持实践是检验真理的唯一标准。实践是主观见之于客观的活动。理论是人们在客观实践的基础上对经验的总结、深化和归纳，按照一定的逻辑体系和组合把它变成系统的知识。

中国共产党把马克思主义普遍真理与中国革命和建设的具体实践相结合的历史，就是一个不断正确认识和掌握规律的历史。在相结合的具体过程中，规律即实事求是之“是”有三层逐步递进的含义：一是客观事物内部或客观事物之间的必然联系，即规律性；二是主体在规律性认识基础上制定的能直接指导实践或操作的方针、政策、办法等；三是在这些方针、政策、办法的基础上，进一步概括、升华出的某种系统、完整的理论、学说。

邓小平理论就是把马克思主义的普遍真理和中国改革开放的具体实践相结合的产物。解放思想，实事求是不仅是邓小平理论的精髓，也是党的思想路线的核心内容。

【案例】

香港回归祖国20周年

·案例简介·

2017年7月1日，庆祝香港回归祖国20周年大会暨香港特别行政区第五届政府就职典礼在香港会展中心举行。中共中央总书记、国家主席、中央军委主席习近平出席并发表重要讲话。他强调，中央贯彻“一国两制”方针坚持两点，一是坚定不移，不会变、不动摇；二是全面准确，确保“一国两制”在香港的实践不走样、不变形，始终沿着正确方向前进。

——摘自杨文全、程宏毅《庆祝香港回归祖国20周年大会暨香港特别行政区第五届政府就职典礼隆重举行　习近平出席并发表重要讲话》，人民网，2017年7月

·案例说明·

一国两制，即“一个国家，两种制度”，是中国政府为实现国家和平统一而提出的基本国策。按照邓小平的论述，“一国两制”是指在一个中国的前提下，国家的主体坚持社会主义制度，香港、澳门、台湾保持原有的资本主义制度长期不变。“一国两制”是中华人民共和国前任领导人邓小平为了实现中国统一的目标而创造的方针，是中华人民共和国政府在台湾问题上的主要方针，也是香港、澳门两个特别行政区所采用的制度。“一国两制”实质上是中国共产党在国家治理方面，解放思想，实事求是，开拓出的一条治国新路。

【思考】

1. 为什么说邓小平理论是马克思主义基本原理与中国改革开放的具体实际相结合的重要理论成果？

2. 解放思想与实事求是之间存在怎样的辩证关系？

3. 解放思想在改革开放当中起到了怎样的作用？

49　坚持四项基本原则

【摘录】

我今天要说的是思想政治方面的问题。中央认为，我们要在中国实现四个现代化，必须在思想政治上坚持四项基本原则。这是实现四个现代化的根本前提。这四项是：

第一，必须坚持社会主义道路；

第二，必须坚持无产阶级专政；

第三，必须坚持共产党的领导；

第四，必须坚持马列主义、毛泽东思想。

——摘自《邓小平文选》第2卷，人民出版社，1994，第164页

【导读】

在粉碎“四人帮”后，社会上和党内出现一些思想动向。一方面，在一部分人中，仍然存在着思想僵化或半僵化状态，阻碍着十一届三中全会路线的贯彻；另一方面，极少数“四人帮”的党羽，利用中国共产党发扬民主的机会和“十年动乱”给党和国家造成的困难，宣扬无政府主义和资产阶级自由化的主张，反对社会主义制度，反对共产党的领导，反对无产阶级专政的政权，反对毛泽东思想的指导地位，从右的方面歪曲和反对十一届三中全会的路线。在这样两种思想倾向的影响下，造成了一部分青年思想混乱。1979 年 3 月 30 日，邓小平代表中共中央在北京召开的理论工作务虚会上做了题为《坚持四项基本原则》的讲话。

1979 年 3 月 30 日，邓小平在理论工作务虚会上发表了题为《坚持四项基本原则》的长篇讲话，对前段时间党内的思想状况和社会上的思潮做出了回应。“四项基本原则”为当代中国的思想解放和整个现代化建设事业，提供了可靠的政治基础和根本方向。正如一些学者指出的，“可以说，《解放思想，实事求是，团结一致向前看》和《坚持四项基本原则》是姐妹篇，奠定了党在社会主义初级阶段基本路线的核心内容”。

《坚持四项基本原则》是邓小平治国理念的高度总结，也是我国推进改革开放的治国基石，这篇讲话主要谈论的是，在国家治理和改革过程中，必须坚持四项基本原则，以此为纲要，为基础。

邓小平在讲话中将我们党一贯所强调的思想政治方面的原则，科学地概括为“四项基本原则”，这就是“第一，必须坚持社会主义道路；第二，必须坚持无产阶级专政；第三，必须坚持共产党的领导；第四，必须坚持马列主义、毛泽东思想”。[①] 并指出，“这是实现四个现代化的根本前提”。邓小平还论述了四项基本原则是完整的指导原则，论述了它的核心。他指出：坚持四项基本原则的核心，是坚持共产党的领导。并强调指出，每个共产党员不允许在这个根本立场上有丝毫的动摇。

---

① 《改革开放三十年重要文献选编》，中央文献出版社，第 33 页。

1987 年 10 月，中共第十三次全国代表大会把“四项基本原则”作为重要内容写进了党在社会主义初级阶段的基本路线中，即：领导和团结全国各族人民，以经济建设为中心，坚持四项基本原则，坚持改革开放，自力更生，艰苦创业，为把中国建设成为富强、民主、文明的社会主义现代化国家而奋斗（即一个中心、两个基本点）。

1992 年 10 月 18 日，中共第十四次全国代表大会通过的新党章，把建设有中国特色社会主义的理论和党的“一个中心、两个基本点”的基本路线正式载入党章。

【案例】

苏联解体

·案例简介·

苏联是 1922 年 12 月 30 日由俄罗斯苏维埃联邦社会主义共和国、白俄罗斯苏维埃社会主义共和国、乌克兰苏维埃社会主义共和国、外高加索苏维埃社会主义联邦共和国合并而成的社会主义联邦制国家，为世界上第一个社会主义国家，是原联合国创始会员国，安理会常任理事国。苏联是当时世界上国土面积最大的国家和人口第三多的国家，疆域横跨东欧、中亚、北亚的大部分。第二次世界大战后，苏联成为与美国并称的世界超级大国，世界进入到两极格局。但经过几十年的发展滞后，20 世纪 80 年代末，随着东欧剧变，苏联国内矛盾加剧，1991 年 12 月 25 日，戈尔巴乔夫宣布辞职，将国家权力移交给俄罗斯总统叶利钦。12 月 25 日晚，苏联国旗从克里姆林宫上空缓缓降下。苏维埃社会主义共和国联盟宣告解体，国际共产主义运动遭受重大挫折。

——摘自张宝钰《苏联解体：一个超级大国的最后时光》，中青在线，2016 年 6 月

·案例说明·

1991 年以来，国内外政治界、学术界许多人士对东欧剧变的原因、影响和后果进行了多视角的探视和研究，已经出版的著述和发表的论文数量

浩繁，观点各异。大体上有以下几种主要观点：思想理论上，教条主义禁锢、思想僵化，照抄照搬脱离本国国情；政治领域中，长期实行高度集中的政治体制，忽视社会主义民主法制建设，官僚主义盛行，严重脱离群众；在经济发展上，计划经济体制一统天下，经济结构严重失衡，片面发展重工业特别是国防工业，收入分配长期搞平均主义，人民生活改善十分缓慢；在对外关系上，搞大国主义、霸权主义，干涉其他社会主义国家内政，全面扩军备战，与美国争霸，消耗和削弱自身实力；等等。这些原因则恰恰证明了邓小平所说的“四项基本原则”的正确性，只有解放思想、实事求是，发展生产力，提高人民的生活水平，才能真正保障国家的安定团结，人民的和谐友爱。

【思考】

1. 什么是四项基本原则？为什么要坚持四项基本原则不动摇？
2. 联系四项基本原则的内容，谈谈你对苏联解体的看法。
3. 为什么说要把坚持四项基本原则与坚持改革开放相结合？

50　中国共产党第十二次全国代表大会开幕词

【摘录】

从十一届三中全会以来，我们党在经济、政治、文化等各方面的工作中恢复了正确的政策，并且研究新情况、新经验，制定了一系列新的正确政策。和八大的时候比较，现在我们党对我国社会主义建设规律的认识深刻得多了，经验丰富得多了，贯彻执行我们的正确方针的自觉性和坚定性大大加强了。我们有充分的根据相信，这次代表大会制定的正确的纲领，一定能够全面开创社会主义现代化建设的新局面，使我们党兴旺发达，使我们的社会主义事业兴旺发达，使我们的国家和各民族兴旺发达。

我们的现代化建设，必须从中国的实际出发。无论是革命还是建设，都要注意学习和借鉴外国经验。但是，照抄照搬别国经验、别国模式，从来不能得到成功。这方面我们有过不少教训。把马克思主义的普遍真理同我国的具体实际结合起来，走自己的道路，建设有中国特色的社会主义，这就是我们总结长期历史经验得出的基本结论。

——摘自《邓小平文选》第3卷，人民出版社，1993，第2～3页

【导读】

十一届三中全会以后，国内开始了拨乱反正和改革开放的工作，党的十二大和十二届三中全会适应国内外形势的发展，不失时机地提出党在新时期的总任务和进行全面改革的纲领，由此开创了中国社会主义现代化建设的新局面。1982年9月1日至11日，中国共产党召开第十二次全国代表大会。邓小平在大会开幕词中明确提出："把马克思主义的普遍真理同我国的具体实际结合起来，走自己的道路，建设有中国特色的社会主义"。[①] 从此，建设有中国特色的社会主义成为把全国各族人民凝聚在一起，进行改革开放和现代化建设的旗帜。

十二大开幕词中"建设有中国特色的社会主义"这一命题，准确地反映了十一届三中全会以来形成的一系列方针政策的本质，成为这一理论的最高范畴。它的提出，是建设有中国特色的社会主义理论开始产生的标志，也是拨乱反正任务的基本结束和全面开创社会主义现代化建设新局面的开始。十二大闭幕后，邓小平就指出："从十一届三中全会到十二大，我们打开了一条一心一意搞建设的新路。"走自己的道路，建设中国特色社会主义——这条路是解放思想的起航之路，是强国富民的进取之路，是加强民主法制建设的发展之路，是创造奇迹的奋进之路。

《中国共产党第十二次全国代表大会开幕词》内容如下。

（1）社会主义的发展道路问题，是社会主义建设的根本问题。世界发展是不平衡的。由于客观世界的多样性和复杂性，各民族、各国家的实际情况和历史条件的特殊性，必然会在循着共同规律发展的过程中表现出各自不同的特点。

（2）关于如何走社会主义道路，中国共产党人曾做出过有益的探索。

---

① 《邓小平文选》第3卷，人民出版社，1993，第3页。

我们党坚持把马克思主义同中国实际结合起来，走农村包围城市的道路，把中国革命搞成功了。新中国成立后，我们党坚持从实际出发，也创造了成功的经验，并且为全面建设社会主义指明了方向。

（3）邓小平建设有中国特色社会主义思想的出发点，自始至终是围绕着走什么道路的问题展开的。邓小平指出："一个国家的革命要取得胜利，最根本的一条经验就是，各国共产党应该根据自己国家的情况，找出自己的革命道路。""任何国家的革命道路问题，都要由本国的共产党人自己去思考和解决。"①

（4）邓小平始终坚持独立自主、自力更生走自己的路。中国的事情要按照中国的情况来办，要依靠中国人自己的力量来办。独立自主，自力更生，无论过去、现在和将来，都是我们的立足点。

（5）"走自己的路，建设有中国特色的社会主义"是邓小平一贯的重要思想，是我们党领导社会主义现代化建设的根本指导思想。30 多年来，我们党就是在这一重要思想指导下，从中国的国情出发，不断探索、总结并且制定出了一整套正确的基本理论、基本路线、基本方针、政策和步骤，形成了一个以社会主义现代化建设为中心的思想体系。

【案例】

中共中央、国务院决定在河北雄安设立国家级新区

·案例简介·

2017 年 4 月 1 日，中共中央、国务院决定在河北雄安设立国家级新区。这是以习近平同志为核心的党中央做出的一项重大的历史性战略选择，是继深圳经济特区和上海浦东新区之后又一具有全国意义的新区，是千年大计、国家大事。雄安新区规划建设以特定区域为起步区先行开发，起步区面积约 100 平方公里，中期发展区面积约 200 平方公里，远期控制区面积约 2000 平方公里。雄安新区定位二类大城市。设立雄安新区，对于集中疏解北京非首都功能，探索人口经济密集地区优化开发新模式，调整优化京津冀城市布局和空间结构，培育创新驱动发展新引擎，具有重大现

① 《邓小平文选》第 3 卷，人民出版社，1993，第 27 页。

实意义和深远历史意义。

——摘自高珂《雄安新区规划框架基本完成》，中国经济新闻，2018 年 3 月

【思考】

1. 建设有中国特色的社会主义理论的提出有何重要意义？

2. 联系实际说明中国特色社会主义现代化建设必须坚持共产党的领导。

3. 十二大的召开有何历史意义？

51　一个国家，两种制度

【摘录】

我们的政策是实行"一个国家，两种制度"，具体说，就是在中华人民共和国内，十亿人口的大陆实行社会主义制度，香港、台湾实行资本主义制度。近几年来，中国一直在克服"左"的错误，坚持从实际出发，实事求是，来制定各方面工作的政策。经过五年半，现在已经见效了。正是在这种情况下，我们才提出用"一个国家，两种制度"的办法来解决香港和台湾问题。

……

我们对香港的政策长期不变，影响不了大陆的社会主义。中国的主体必须是社会主义，但允许国内某些区域实行资本主义制度，比如香港、台湾。大陆开放一些城市，允许一些外资进入，这是作为社会主义经济的补充，有利于社会主义社会生产力的发展。比如外资到上海去，当然不是整个上海都实行资本主义制度。深圳也不是，还是实行社会主义制度。中国的主体是社会主义。

——摘自《邓小平文选》第 3 卷，人民出版社，1993，第 58～59 页

【导读】

20 世纪 70 年代末，由于英国政府“租借”新界剩下不到 20 年时间，港府批地与银行按揭都遇到法律依据问题。1979 年 3 月下旬，港督麦理浩访问北京，中英两国的“香港之争”由此拉开帷幕。1982 年 9 月，撒切尔夫人来北京讨论香港问题，并在谈判中提到主权问题，态度强硬，谈判一度陷入僵局。1983 年 3 月，撒切尔夫人写信给中国总理，做出了她准备在某个阶段向英国议会建议整个香港主权回归中国的保证，中英谈判开始走向正轨。1984 年 6 月邓小平分别会见香港工商界访京团和香港知名人士钟士元等，做了《一个国家，两种制度》的报告，表明了我国在香港问题上的态度。

1982 年 9 月，邓小平在会见英国首相撒切尔夫人时第一次使用了“一国两制”概念，并指出：关于收回香港问题，可以用“一个国家，两种制度”的方案来解决。1984 年以来，邓小平在一系列谈话中，对“一国两制”进行了完整、系统、科学的阐发，为我国政府制定解决香港、澳门、台湾问题的政策提供了科学的理论依据。1984 年 5 月 15 日，在六届人大二次会议的《政府工作报告》中正式使用了“一个国家，两种制度”的提法，成为我国解决香港、澳门、台湾问题，实现祖国统一方针的概括性表述，使其具有了法律效力。1984 年 6 月、7 月、10 月，以邓小平关于《一个国家，两种制度》、《一国两制的构想是能够行得通的》和《一国两制是依据实际情况提出的构想》的三篇谈话为标志，形成了科学的“一国两制”构想。

《一个国家，两种制度》主要阐释的是我国对香港问题、台湾问题的一种新型的政治组织形式，这篇谈话的主要内容分为三个部分。

（1）解析“一国两制”内涵。邓小平在谈话中提到：我们的政策是实行“一个国家，两种制度”，具体说，就是在中华人民共和国内，十亿人口的大陆实行社会主义制度，香港、台湾实行资本主义制度。特定含义有六个基本点：宗旨和核心是和平统一祖国、国家主权属于中华人民共和国、“一国两制”的主体是社会主义、港澳台享有相对独立性和高度自治权、“一国两制”是一项特殊基本国策、“一国两制”是一项长远的战略决策。

（2）“一国两制”符合中国的基本国情。“一国两制”是一个科学构想，是随客观形势发展逐步形成的。尽管“一国两制”是没有先例的，在马克思主义的经典著作中也没有想到过，但它并非凭空产生，而有其客观依据。“一国两制”的主体是共产主义制度，这一伟大构想是通过在当地设立高度自治的特别行政区的形式实现的，容许在港澳台发展资本主义有利于增强我国的经济实力，有利于加强我国同世界各国的技术、经济往来，扩大我国对外开放的广度和深度，有利于我国社会主义事业的发展和壮大。

（3）坚持“港人治港”的原则。港人治港是邓小平于20世纪80年代提出的解决香港问题新构想。指香港特别行政区的行政机关和立法机关由香港永久居民组成而不是由中央政府派内地人去任职。以“一国两制”，即中国政府必须恢复对香港行使主权为重要前提，以“香港仍将实行资本主义”为重要特点。于1984年12月中英正式签署的联合声明中予以确认。

【案例】

香港回归祖国20周年

·案例简介·

香港回归二十周年（1997年7月1日–2017年7月1日）是香港回归祖国及中华人民共和国香港特别行政区成立20周年的日子。2017年7月1日，庆祝香港回归祖国20周年大会暨香港特别行政区第五届政府就职典礼在香港会展中心隆重举行。中共中央总书记、国家主席、中央军委主席习近平出席庆祝香港回归祖国20周年大会暨香港特别行政区第五届政府就职典礼并对香港特别行政区进行视察。

香港回归20年来，尽管接连遭遇了亚洲金融风暴、非典疫情、欧洲债务危机和美国次贷危机等一系列外部冲击，但香港经济社会的大局始终保持稳定。回归以来，香港的平均经济增长率为3.6%，高于欧美发达国家，GDP总值从1.37万亿港币增至2.49万亿港币，特区政府的财政储备由4575亿港币增至9083亿港币。为了与全港市民分享回归二十周年的喜悦，香港特区政府以“同心创前路，掌握新机遇”为主题，与社会各界携手举办一连串丰富、精彩的庆祝活动。

——摘自潘子荻、刘笑冬、马俊卿《习近平主席视察香港特别行政区纪实》，新华网，2017 年 7 月

·案例说明·

回归以来，“一国两制”，“港人治港”，高度自治在香港成功落实。有赖国家大力支持，香港社会各界同心协力以及内地省市配合，香港的社会和经济发展取得一定的成绩。回归二十周年是一个重要的里程碑，总结香港在“一国”和“两制”下的独特双重优势，继往开来，为香港谋划更大的发展，为国家作更大的贡献。

【思考】

1. “一国两制”的提出有何历史意义？
2. 为什么说“一国两制”是根据中国国情制定的政策？
3. 从香港回归二十周年取得的成绩谈谈“一国两制”的特点。

52　党在组织战线和思想战线上的迫切任务

【摘录】

党内还存在着不少没有来得及清理和解决的严重问题。这里有十年内乱遗留下来的消极东西，也有在新的历史条件下产生和发展起来的消极东西。决定列举了“三种人”，严重的经济犯罪和其他刑事犯罪分子，以权谋私、严重损害党和群众的关系的人，长期在政治上不同中央保持一致、或者表面上保持一致实际上另搞一套的人，等等。所有这些，都是党内的危险因素，腐败因素，是党内思想不纯、作风不纯、组织不纯的严重表现。

……

整党中需要作组织处理的，在全党，只是很少数。对大多数党员来说，是通过思想教育，增强党性。要使全党在思想上政治上和精神状态上

有显著的进步，党员为人民服务而不谋私利的觉悟有显著的提高，党和群众的关系有显著的改善。要通过整党，使党内的批评和自我批评能经常开展。党内不论什么人，不论职务高低，都要能接受批评和进行自我批评。要通过整党，加强党的建设，实现党风的根本好转。每个党员、每个党员干部、每个党组织，都要对照党章进行检查，根据各自的具体情况，作出达到和坚持党章规定的合格标准的努力计划，并保证其实现。

——摘自《邓小平文选》第3卷，人民出版社，1993，第36~38页

【导读】

党的十一届三中全会后，我们党重新确立了马克思主义的思想路线、政治路线和组织路线。制定了一系列符合实际情况的政策，收到了显著成效，得到了广大人民群众的热烈拥护。但是，在当时实现伟大历史转折过程中，由于受“十年内乱”和一些历史遗留问题的影响，加上新的形势下西方资产阶级和其他剥削阶级腐朽思想的侵蚀，党内还存在着思想不纯、作风不纯、组织不纯的问题，思想战线特别是理论界、文艺界还存在不少问题。邓小平这篇讲话就是根据当时的社会情况做出的明确论断，对当时的组织战线和思想战线有着拨乱反正的重要作用。

1983年10月，邓小平在中国共产党第十二届中央委员会第二次全体会议上，发表了题为《党在组织战线和思想战线上的迫切任务》的重要讲话。在这一讲话中，邓小平同志坚决反对“一窝蜂地盲目推崇”西方社会思潮，充分认识到这一现象的严重危害，深刻剖析了出现这一现象的原因，系统提出了解决这一问题的措施。这些思想，对于我们正确对待当代西方社会思潮，具有重要的指导意义。

《党在组织战线和思想战线上的迫切任务》主要阐述了两个重要命题，其一在组织战线要实现整党，其二在思想战线严厉批评西方思潮的污染，尤其对于后者，邓小平做了十分详尽的论述。

（1）坚决反对“一窝蜂地盲目推崇”西方社会思潮。改革开放后，一些人对于渗入我国的种种西方社会思潮不能加以正确的分析、鉴别和批判，起初感到新鲜、新奇，继而“一窝蜂地盲目推崇”。对于这种现象，邓小平感到“不能容忍”，表示坚决反对，他指出：“用西方资产阶级没落

文化来腐蚀青年的状况，再也不能容忍了。”

（2）充分揭示“一窝蜂地盲目推崇”西方社会思潮的严重危害。邓小平认为，“一窝蜂地盲目推崇”西方社会思潮，不仅会削弱马克思主义的指导地位，而且会引起人们的思想混乱、动摇人们的理想信念、危及青年的健康成长，乃至危及党和国家的命运与前途。

（3）深刻剖析“一窝蜂地盲目推崇”西方社会思潮现象的成因。邓小平立足于国内、党内，深刻剖析了“一窝蜂地盲目推崇”西方社会思潮现象的成因。

【案例】

网络主播禁播事件

·案例简介·

2018 年 2 月 15 日消息，近年来，网络直播市场大热，仅 2017 年，全国网络直播用户就高达 4.22 亿，大家有事没事就拿出手机观看直播。直播的内容也五花八门，市面上的直播平台也多达数百家，市场营收超过 300 亿元。观众享受观看直播的乐趣，主播和直播平台享受赚钱的喜悦。然而，这看似双赢的局面却问题重重。央视在《重拳打击网络乱象》的节目中揭露了网络直播中存在大量的诸如语言挑逗，表演低俗、恶俗的现象，并点名批评了网络主播天佑，其不但张嘴就谈色情，而且还用说唱的形式描述吸毒感受，给受众群体带来极坏的影响。而这也是其遭到封禁的主要原因。日前，天佑已被全网封禁，同样有违规行为的卢本伟（55 开）也被实施了跨平台封禁。

——摘自《MC 天佑等主播被全网禁播，本台〈焦点访谈〉明确提及被封禁原因》，新浪网，2018 年 2 月

·案例说明·

2016 年 4 月 13 日，百度、新浪、搜狐等 20 余家直播平台共同发布《北京网络直播行业自律公约》，承诺网络直播房间必须标识水印；内容存储时间不少于 15 天备查；所有主播必须实名认证；对于播出涉政、涉枪、

涉毒、涉暴、涉黄内容的主播，情节严重的将列入黑名单；审核人员对平台上的直播内容进行24小时实时监管。

《互联网直播服务管理规定》是为加强对互联网直播服务的管理，保护公民、法人和其他组织的合法权益，维护国家安全和公共利益而制定的法规，2016年11月4日，《互联网直播服务管理规定》由国家互联网信息办公室发布，自2016年12月1日起施行。《互联网直播服务管理规定》明确禁止互联网直播服务提供者和使用者利用互联网直播服务从事危害国家安全、破坏社会稳定、扰乱社会秩序、侵犯他人合法权益、传播淫秽色情等活动。

【思考】

1. 党在组织战线和思想战线上的迫切任务是什么？
2. 作为一个当代人如何理解思想政治教育？
3. 对于网络主播禁播事件你有什么看法？

53 保持艰苦奋斗的传统

【摘录】

我们最近十年的发展是很好的。我们最大的失误是在教育方面，思想政治工作薄弱了，教育发展不够。我们经过冷静考虑，认为这方面的失误比通货膨胀等问题更大。最重要的一条是，在经济得到可喜发展、人民生活水平得到改善的情况下，没有告诉人民，包括共产党员在内，应该保持艰苦奋斗的传统。坚持这个传统，才能抗住腐败现象。所以要加强对人民进行思想政治工作，提倡艰苦奋斗。这是中国从几十年的建设中得出的经验。

——摘自《邓小平文选》第3卷，人民出版社，1993，第290页

【导读】

在拨乱反正、推进改革开放、确立社会主义初级阶段基本路线和战略目标、治理整顿的过程中，邓小平强调要恢复和阐扬勤俭节约、艰苦创业

的精神来进行现代化建设。1980 年，邓小平在中共中央召集的干部会议上，在政治、经济、外交三个方面回顾了粉碎“四人帮”以后的三年多，尤其是三中全会以后的一年多，励精图治、解放思想、奋发进取取得的成绩。在此基础上，他强调实现“四个现代化”离不开“艰苦奋斗的创业精神。”他提出要重视党的作风建设，采取宣传教育手段“保持艰苦奋斗的传统”，这篇文章，就是邓小平针对当时的党风和社会风气的重要讲话。这些内容虽然是在他会见乌干达共和国总统穆塞韦尼时提到的，但对于当时扭转社会风气有着重要的作用。

邓小平艰苦奋斗思想虽然是在中国的革命、建设、改革的实践过程中逐步形成和发展而成，有着重要的历史价值，但在当代中国同样具有重要价值。这是因为，第一，历史不能割断，当代中国相比较过去虽然发生了很大变化，但建设和发展中国特色社会主义的时代主题、基本国情、社会主要矛盾、中心任务、奋斗目标并没改变；第二，艰苦奋斗是中国共产党的优良传统和政治本色，要保持其先进性和纯洁性，必须坚持其领导和执政地位，必须坚持邓小平艰苦奋斗思想；第三，邓小平艰苦奋斗思想所针对的“问题群”和“思想域”，在 21 世纪的今天仍然存在，尽管其表现形式上有所变化；第四，从江泽民到胡锦涛再到习近平，每一代领导集体在坚持邓小平艰苦奋斗思想的同时，结合新的实践做了进一步丰富和发展，同样与时俱进的艰苦奋斗思想不会过时，并且必定会在全面建成小康社会的新时期得到更好的坚持和发展。

《保持艰苦奋斗的传统》主要阐述了“共产党员应该保持艰苦奋斗的传统”这一重要命题。这其实是对于邓小平艰苦奋斗思想的高度总结，也是对于当时党风和社会风气问题的重要指示。其核心内容归纳起来主要有三个方面。

（1）干部坚持艰苦奋斗是保持党在群众中至高威信的重要保证。党的威信的真假、大小，是衡量党在群众中间政治认同感高低的重要标志，关系到党践行群众路线广度和深度的重要因素，是影响党能否化解困难阻碍的无形资产。

（2）干部坚持艰苦奋斗是防止出现脱离人民群众特殊阶层的恒久要求。党的性质和宗旨决定了中国共产党是为人民服务的先锋队，不能变质为高居人民之上、压迫剥削人民的特殊阶层。

（3）干部坚持艰苦奋斗是端正党风、引领社风，建设社会主义精神文明的鲜明旗帜。中国的社会主义现代化建设，不仅要有高度的物质文明，而且要有高度的精神文明。邓小平认为，建设社会主义精神文明，“首先必须搞好党风，特别是要求党的各级领导同志以身作则”。

【案例】

十九大后“首虎”鲁炜被双开

·案例简介·

2017 年 11 月 21 日晚，中央纪委监察部网站发布消息，“中共中央宣传部原副部长鲁炜涉嫌严重违纪，目前正接受组织审查”。经查，鲁炜严重违反政治纪律和政治规矩，阳奉阴违、欺骗中央，目无规矩、肆意妄为，妄议中央，干扰中央巡视，野心膨胀，公器私用，不择手段为个人造势，品行恶劣、匿名诬告他人，拉帮结派、搞“小圈子”；严重违反中央八项规定精神和群众纪律，频繁出入私人会所，大搞特权，作风粗暴、专横跋扈；违反组织纪律，组织谈话函询时不如实说明问题；违反廉洁纪律，以权谋私，收钱敛财；违反工作纪律，对中央关于网信工作的战略部署搞选择性执行；以权谋色、毫无廉耻。利用职务上的便利为他人谋取利益并收受巨额财物，涉嫌受贿犯罪。2018 年 2 月 13 日，十九大后首虎鲁炜因严重违纪被双开。

——摘自张勤《十九大后“首虎”落马　为什么是鲁炜?》，中国新闻网，2017 年 11 月

·案例说明·

全面从严治党，习近平总书记在十九大报告中作了重要论述和战略安排，反腐败斗争是其重要内容。习近平总书记严肃指出：“反腐败斗争形势依然严峻复杂，巩固压倒性态势、夺取压倒性胜利的决心必须坚如磐石。”十九届一中全会闭幕后，习近平总书记在率新一届中央政治局常委同中外记者见面时强调，“全面从严治党永远在路上，不能有任何喘口气、歇歇脚的念头。”2018 年 1 月 11 日，习近平总书记在十九届中央纪委二次

全会上发表重要讲话，深刻分析反腐败斗争形势，提出当前和今后一个时期的任务目标，“要深化标本兼治，夺取反腐败斗争压倒性胜利”。

【思考】

1. 新时期保持艰苦奋斗作风的意义是什么？
2. 为什么说领导干部要保持艰苦奋斗的作风？
3. 在新时期，必须保持和发扬艰苦奋斗的作风，请结合实际进行阐述。

54　在武昌、深圳、珠海、上海等地的谈话要点

【摘录】

社会主义基本制度确立以后，还要从根本上改变束缚生产力发展的经济体制，建立起充满生机和活力的社会主义经济体制，促进生产力的发展，这是改革，所以改革也是解放生产力。

……

改革开放迈不开步子，不敢闯，说来说去就是怕资本主义的东西多了，走了资本主义道路。要害是姓“资”还是姓“社”的问题。判断的标准，应该主要看是否有利于发展社会主义社会的生产力，是否有利于增强社会主义国家的综合国力，是否有利于提高人民的生活水平……社会主义的本质，是解放生产力，发展生产力，消灭剥削，消除两极分化，最终达到共同富裕。

……

走社会主义道路，就是要逐步实现共同富裕。共同富裕的构想是这样提出的：一部分地区有条件先发展起来，一部分地区发展慢点，先发展起来的地区带动后发展的地区，最终达到共同富裕。如果富的愈来愈富，穷的愈来愈穷，两极分化就会产生，而社会主义制度就应该而且能够避免两极分化。

……

经济发展得快一点，必须依靠科技和教育。我说科学技术是第一生产力。近一二十年来，世界科学技术发展得多快啊！高科技领域的一个突

破，带动一批产业的发展。我们自己这几年，离开科学技术能增长得这么快吗？要提倡科学，靠科学才有希望。

……

在整个改革开放过程中都要反对腐败。对干部和共产党员来说，廉政建设要作为大事来抓。还是要靠法制，搞法制靠得住些。总之，只要我们的生产力发展，保持一定的经济增长速度，坚持两手抓，社会主义精神文明建设就可以搞上去。

——摘自《邓小平文选》第3卷，人民出版社，1993，第327～377页

【导读】

1989年春天，立陶宛宣布独立；1991年6月，格鲁吉亚、亚美尼亚、爱沙尼亚等相继独立；1991年12月，建国70年之久的超级大国苏维埃政权轰然解体。与此同时，以美国为首的主要西方国家采取“和平演变”的政策对当时的中国实行经济上的制裁，企图阻碍中国进行社会主义经济的发展建设。

面对苏联解体、东欧剧变、国内政治风波等事件，国内出现了不同的声音。面对国际、国内事件的影响，我们国家是走社会主义还是资本主义？我们是姓“社”还是姓“资”？我们是否还坚持走党的基本路线不动摇？我们的社会主义未来能发展起来吗……一系列的问题、疑问，等着去解答，等着去见证。

面对以上复杂多变的国际国内局势，为继续推进我国社会主义现代化建设，继续加强改革开放，创建一个关键时期，为树立对发展社会主义的信心，邓小平同志视察武昌、深圳等地发表的重要谈话，为我国的改革开放注入了新的生机与活力，为我国社会主义现代化建设指明了航向。

《在武昌、深圳、珠海、上海等地的谈话要点》，又称“南方谈话”，它系统总结了改革开放10多年的经验教训，回答了实践中的一系列重大问题，为中国特色社会主义的进一步发展开拓了巨大空间，形成了中国特色社会主义发展史上一座具有标志性意义的里程碑；成功回答了社会主义本质问题，系统论述了一系列重大理论问题，标志着邓小平理论的体系化系

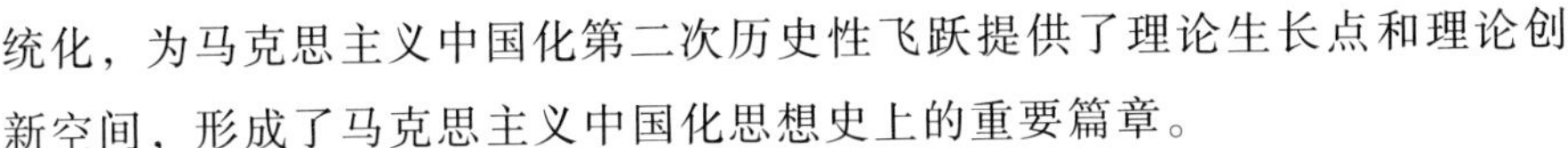

统化，为马克思主义中国化第二次历史性飞跃提供了理论生长点和理论创新空间，形成了马克思主义中国化思想史上的重要篇章。

《在武昌、深圳、珠海、上海等地的谈话要点》虽然仅有一万字，但涉及的思想内容很丰富，总结起来主要有以下几点。

（1）系统总结了改革开放以来的经验教训。第一，毫不动摇地坚持党的基本路线，即“一个中心、两个基本点”。第二，抓住时机，发展自己，关键是发展经济。第三，科学技术是第一生产力，经济发展必须依靠科技和教育。第四，坚持两手抓，两手都要硬，一手抓改革开放，一手抓打击各种犯罪活动。第五，社会主义要在对外开放中吸收和借鉴一切有利因素。第六，整个改革开放过程中，都要坚持四项基本原则，反对资产阶级自由化。第七，正确的政治路线要靠正确的组织路线来保证。第八，必须反对形式主义、官僚主义、本本主义。

（2）科学回答了中国特色社会主义发展的重大问题。第一，在改革与革命的关系问题上，对改革的革命性意义做出明确回答。认为革命是解放生产力，改革也是解放生产力，二者在解放生产力这个问题上具有同样的意义。第二，在关于发展的重要性问题上，提出了“发展才是硬道理”重要论断。第三，在判断各方面工作是非得失的标准问题上，提出“三个有利于”标准。第四，在计划与市场的关系问题上，提出计划和市场都是经济手段，不是两种社会制度的本质区别。第五，在先富和共富的关系问题上，提出共同富裕是社会主义的本质要求，先富是实现共同富裕的手段。第六，在“左”和右的问题上，阐明二者的含义，提出要警惕右但主要是防止“左”。第七，在社会主义发展阶段问题上，强调我们正处于社会主义初级阶段，需要长期不懈奋斗。

（3）为中国特色社会主义的进一步发展指明了前进的方向和拓展的空间。第一，在经济体制改革目标方面，提出要建立充满生机和活力的社会主义经济体制。第二，在制度建设方面，提出要形成一整套更加成熟和定型的制度。第三，在社会主义建设内容方面，提出两个文明都搞好才是有中国特色的社会主义。第四，在未来发展道路方面，提出要沿着中国特色社会主义的道路前进。

【案例】

“启帆远航，教育精准扶贫”

· 案例简介 ·

胡绍娇是四川省万源市白羊乡建档立卡精准扶贫家庭子女。她2012年8月受惠于中国工商银行“启航工程”步入大学校园，2016年7月毕业，并于8月通过贫困大学生定向招聘进入工商银行工作。

工商银行在教育领域始终重点投入：连续12年开展“启航工程——优秀贫困大学生资助”活动，累积资助2100多名家庭困难的大学生踏入大学校门；连续13年开展“烛光计划——优秀山村教师表彰”活动，共表彰教师1610人次；开展了“烛光计划——优秀山村教师培训”活动，目前已培训500人；连续7年开展“新长城——工行自强班”项目，对一批刚考入高中的贫困学生资助到大学毕业；定向招聘贫困大学生进行工作，2016年共计9名建档立卡贫困应届大学毕业生与四川工行签约，在2017年度校园招聘工作中，四川工行将再次招录15名贫困大学生。

——摘自《四川银行业十大扶贫典型案例》，网易，2016年12月

· 案例说明 ·

“精准扶贫”的重要思想在2013年11月，习近平到湖南湘西考察时首次做出了“实事求是、因地制宜、分类指导、精准扶贫”的重要指示。2014年1月，中办详细规制了精准扶贫工作模式的顶层设计，推动了“精准扶贫”思想落地。2014年3月，习近平参加两会代表团审议时强调，要实施精准扶贫，瞄准扶贫对象，进行重点施策。进一步阐释了精准扶贫理念。2015年1月，习近平总书记新年首个调研地点选择了云南，总书记强调坚决打好扶贫开发攻坚战，加快民族地区经济社会发展。

【思考】

1. 为什么说邓小平南方谈话是对邓小平理论的高度总结？

2. 社会主义的本质是什么？

3. 结合案例，谈谈精准扶贫如何体现“三个有利于”？

55　在毛泽东同志诞辰一百周年纪念大会上的讲话

【摘录】

今天，我们在这里隆重集会，纪念中国共产党、中国人民解放军、中华人民共和国的主要缔造者，中国各族人民的伟大领袖毛泽东同志诞辰一百周年。

……

在党和毛泽东同志的领导下，中国社会发生了天翻地覆的变化。中国从一个半殖民地半封建社会，进入到社会主义新时代。一个受帝国主义掠夺和奴役的国家，变成一个享有主权的独立的国家。一个四分五裂的国家，变成一个除台湾等岛屿外实现统一的国家。一个人民备受欺凌压迫的国家，变成一个人民当家做主、享有民主权利的国家。一个经济文化落后的国家，变成一个走向经济繁荣、全面进步的国家。一个在世界上被人们看不起的国家，变成一个受到国际社会普遍尊重的国家……

——摘自《在毛泽东同志诞辰一百周年纪念大会上的讲话》，北京民族出版社，1994

【导读】

1840 年，成为头号资本主义强国的英国发动了侵略中国的鸦片战争，清政府被迫签订了中国近代史上的第一个不平等条约，从此，中国开始沦为半殖民地半封建社会，一系列的侵华战争和大批的不平等条约，把中国推向灾难屈辱的深渊，造成了近代中国的贫穷和落后，加重了人民的负担，严重地破坏了中国的主权完整和领土完整，中国近代史是灾难深重的历史，是中华民族的屈辱的历史，中国人民饱尝了帝国主义的侵略和欺凌。

在这个四分五裂、内乱不已、民不聊生，同时饱受列强欺凌和宰割，由地主、官僚、买办乃至洋人主宰的旧中国大环境下，毛泽东同志等中国共产党的缔造者们登上了政治舞台，领导中国共产党和全中国人民，经过二十八年艰苦卓绝的斗争，终于推翻了压在中国人民头上的“三座大山”，在1949年建立了新中国。中国人民从此站起来了。

毛泽东同志是一位伟大的马克思主义革命家、战略家、理论家。他把自己的一生都奉献给了中国革命和建设事业，为中国人民和中华民族做出了巨大贡献。他带领人民群众一同创建了一个新中国——中华人民共和国，建设了一个先进的党——中国共产党，缔造了一支人民的军队——中国人民解放军，创立了一个科学理论——毛泽东思想。1993月12月26日在北京人民大会堂，江泽民在毛泽东同志诞辰一百周年纪念大会上发表了重要讲话。

在纪念毛泽东同志诞辰一百周年纪念大会上的讲话中，江泽民回顾了毛泽东一生的丰功伟绩，总结了以毛泽东为主要代表的中国共产党人对中国革命和建设所做出的卓越贡献，阐述了邓小平继承、丰富和发展毛泽东思想，创立建设有中国特色社会主义理论的重大意义。

江泽民在讲话中进一步指出，处于社会主义现代化建设中的中国，既要继承发扬毛泽东思想，也要形成建设有中国特色社会主义的理论——邓小平理论，坚持实事求是，是建设有中国特色社会主义理论的精髓，进一步解放和发展社会生产力，是建设有中国特色社会主义的根本出发点，实行改革开放，是建设有中国特色社会主义最鲜明的特点，坚持独立自主地发展中国，是建设有中国特色社会主义的立足点。

【案例】

人民日报社论：书写中华民族伟大复兴的“三农”新篇章

·案例简介·

新春伊始，中共中央、国务院公开发布《关于实施乡村振兴战略的意见》。这是新世纪以来，党中央连续发出的第十五个指导“三农”工作的“一号文件”。今年一号文件立足新时代“三农”发展新的历史方位，对实施乡村振兴战略做出顶层设计，把农业农村优先发展作为现代化建设的一个重大原则，把振兴乡村作为实现中华民族伟大复兴的一个重大任务，对新时代做好“三农”工作具有十分重要的指导意义。

党的十八大以来，以习近平同志为核心的党中央坚持把解决好“三农”问题作为全党工作重中之重，持续加大强农惠农富农政策力度，扎实推进农业现代化和新农村建设，全面深化农村改革，农业农村发展取得了历史性成就、发生了历史性变革，为党和国家事业全面开创新局面提供了重要支撑，也为实施乡村振兴战略奠定了良好基础。

——摘自《人民日报》，袁勃、黄策舆，2018 年 2 月 5 日

·案例说明·

党的十九大将习近平新时代中国特色社会主义思想确立为我们党的行动指南，习近平新时代中国特色社会主义思想内涵十分丰富，涵盖了经济、政治、法治、科技、文化、教育、民生、民族、宗教、社会、生态文明、国家安全、国防和军队、“一国两制”和祖国统一、统一战线、外交、党的建设等各方面。在习近平新时代中国特色社会主义思想指引下，我们党提出一系列新理念新思想新战略，出台一系列重大方针政策，推出一系列重大举措，推进一系列重大工作，解决了许多长期想解决而没有解决的难题，办成了许多过去想办而没有办成的大事，推动党和国家事业发生历史性变革。

“三农”问题属于民生范畴，农业农村农民问题是关系国计民生的根本性问题。我国社会主要矛盾已经转化为人民日益增长的美好生活需要和不平衡不充分的发展之间的矛盾，解决好发展不平衡不充分问题，要求我们更加重视“三农”工作，更加重视乡村。没有农业农村的现代化，就没有国家的现代化。没有乡村的振兴，就没有中华民族伟大复兴。实施乡村振兴战略，是我们党“三农”工作一系列方针政策的继承和发展，是中国特色社会主义进入新时代做好“三农”工作的新旗帜和总抓手。实施乡村振兴战略，是解决人民日益增长的美好生活需要和不平衡不充分的发展之间矛盾的必然要求，是实现“两个一百年”奋斗目标的必然要求，是实现全体人民共同富裕的必然要求。

【思考】

1. 请分析叙述毛泽东同志的历史功绩具体体现

2. 实现中华民族伟大复兴中国梦的行动指南及奋斗方向是什么？

56 关于讲政治

【摘录】

政治包括政治方向、政治立场、政治观点、政治纪律、政治鉴别力、政治敏锐性。政治是经济的集中表现，是为经济服务的，这是马克思主义的基本原理。没有离开政治的经济，也没有离开经济的政治。没有强有力的政治保证，经济建设是搞不好的……总之，坚持讲政治，是党的基本理论、基本路线的必然要求，是建设有中国特色社会主义伟大事业的必然要求。

——摘自《十四大以来重要文献选编》中册，人民出版社，1997，第 1747～1748 页

【导读】

1978 年改革开放以来，到中国共产党第十五次全国代表大会召开之前，我国经济建设取得了重大成就，但与此相反，党的思想政治建设未得以加强，一些地方和部门的领导干部开始出现思想政治素质下滑，不注意政治和忽视政治问题的现象，这种现象着重体现在：部分领导干部欠缺从政治上观察形势、考虑问题，缺乏应有的政治辨别力和政治敏锐性，对党的方针政策和决策执行力不足，地方保护主义严重，只考虑局部利益或者个人利益，违背马克思主义、违背党的基本路线和政策，搞形式主义，甚至弄虚作假，群众观点淡薄，以权谋私，严重损害国家和人民的利益，以及损害国家和民族利益等。基于此，江泽民同志在 1996 年 3 月发表了《关于讲政治》，以此防范同党纪国法不相容的歪风邪气滋生。

《关于讲政治》一文是《十四大以来重要文献选编》系列的重要组成部分，其中阐述的“社会主义现代化是我们当前最大的政治，因为它代表着人民的最大的利益，最根本的利益”可以看作江泽民同志提出的“三个代表”的重要论述中关于中国共产党代表最广大人民的根本利益的思想雏形，同时，《关于讲政治》一文的发表对于提高广大党员及领导干部思想

政治水平、维护最广大人民群众的根本利益、积极贯彻党的基本路线、保证中国特色社会主义事业的健康发展起到了非常重要的作用。

《关于讲政治》一文摘自《十四大以来重要文献选编》（中册），是江泽民同志在参加第八届全国人大四次会议、全国政协八届四次会议的党员负责同志会议上讲话的一部分。

《关于讲政治》一文主要阐述了三个部分内容。

首先，集中力量把经济搞上去，实现中国的现代化，本身就是最大的政治。党的十一届三中全会确定以经济建设为中心，这是我党在社会主义初级阶段基本路线的中心，是党的基本路线的基石，是我国经济社会发展的一条主线。

其次，社会主义现代化是我们当前最大的政治，它代表着人民的最大的利益，最根本的利益。我们国家的根本任务是沿着中国特色社会主义道路，集中力量进行社会主义现代化建设，中国各族人民将继续在中国共产党领导下，在马克思列宁主义、毛泽东思想、邓小平理论的指引下，坚持人民民主专政，坚持社会主义道路，坚持改革开放，不断完善社会主义的各项制度，发展社会主义市场经济，发展社会主义民主，健全社会主义法制，自力更生，艰苦奋斗，逐步实现工业、农业、国防和科学技术的现代化，推动物质文明、政治文明和精神文明协调发展，把我国建设成为富强、民主、文明、和谐的社会主义国家。

最后，领导干部一定要讲政治，如果党的思想政治工作、组织工作、宣传工作、群众工作跟不上新的形势，适应不了社会生活的新变化，就不可能加强和改善党的领导。如果放任自流、不闻不问，实际上就是放弃党的领导。如果简单地重复过去的老办法、老方式、老调调，脱离实际地去宣传马克思主义，宣传党的方针政策，就不可能收到好的效果，甚至适得其反。如果党的思想政治工作、组织工作、宣传工作、群众工作处于软弱涣散状态，各种唯心论、有神论、非马克思主义的甚至反马克思主义的东西就有了可乘之机，以至于形成一种倾向、一种思潮，占领我们的思想政治阵地、群众阵地，泛滥成灾。

【案例】

山西吕梁原副市长张中生受贿、巨额财产来源不明案一审宣判

·案例简介·

据山西省临汾市中级人民法院网站消息，2018 年 3 月 28 日，山西省临汾市中级人民法院依法对山西省吕梁市人民政府原副市长张中生受贿、巨额财产来源不明案一审公开宣判，对被告人张中生以受贿罪判处死刑，剥夺政治权利终身，并处没收个人全部财产，以巨额财产来源不明罪，判处有期徒刑八年，决定执行死刑，剥夺政治权利终身，并处没收个人全部财产。

——摘自王珂园《山西吕梁原副市长张中生受贿、巨额财产来源不明案一审宣判》，中国共产党新闻网，2018 年 3 月 28 日

·案例说明·

张中生案件引人深思，其行径影响了党在人民心中的形象，破坏了党的优良传统和规矩，揭示了少数党员腐败变质，是自身放松学习、淡化党性修养，放松了对世界观、人生观的改造，导致理想信念动摇，丧失党性原则，贪得无厌，腐化堕落，践踏道德，目无党纪国法，最终走上了不归路。我们每一个党员都应该充分认识腐败问题的严重性、危害性，坚决抵制腐败现象，增强拒腐防变、廉洁自律的自觉性和坚定性，永葆党员干部的纯洁公仆本色，才能保证我们党的事业走向胜利，保证经济社会快速健康和谐发展。

【思考】

1. “三个代表”重要思想的内涵及其形成的时代背景和实践基础是什么？

2. 全面贯彻“三个代表”重要思想的根本要求是什么？

57　实施科教兴国战略

【摘录】

党中央、国务院决定在全国实施科教兴国战略，是总结历史经验和根据我国现实情况作出的重大部署。没有强大的科技实力，就没有社会主义现代化。科教兴国，是指全面落实科学技术是第一生产力的思想，坚持教育为本，把科技和教育摆在经济社会发展的重要位置，增强国家的科技实力及向现实生产力转化的能力，提高全民族的科技文化素质，把经济建设转到依靠科技进步和提高劳动者素质的轨道上来，加速实现国家繁荣强盛。

——摘自《江泽民文选》第1卷，人民出版社，2006，第428页

【导读】

20世纪六七十年代以来，和平与发展是当今世界的主流，以信息科学、信息技术为主要标志的世界科技革命正在形成新的高潮，"知识经济"已经进入人类文明发展的历史进程，科学包括社会科学给社会生产和生活方式带来深刻变化，世界许多国家特别是大国，都在加紧调整科技和经济战略，增强以经济和科技实力为基础的综合国力，国际竞争越来越激烈，而科技进步已成为国与国之间竞争胜败和经济发展的决定性因素，科学技术实力成为衡量国家综合国力强弱的重要标志，世界各国特别是大国都在制定和实施面向21世纪的发展战略，抢占科技和产业的制高点。

1979年以来，我国经济增长速度举世瞩目，但其增长点主要依靠资源、资金和廉价劳动力推动的外延式、粗放式的经济。而到21世纪中叶这段时期是实现我国现代化建设三步走战略目标的关键历史时期，但实现国民经济持续、快速、健康发展，必须依靠科技进步，以解决好产业结构不合理、技术水平落后、劳动生产率低、经济增长质量不高等问题，从而加速国民经济增长从外延型向效益型的战略转变。基于此，江泽民

同志在 1995 年 5 月全国科技大会上的讲话中提出了实施科教兴国的战略。

江泽民同志在全国科技大会上的讲话中提出的实施科教兴国的战略，确立了以科技和教育为兴国的手段和基础的方针，大大提高了各级干部对科技和教育重要性的认识，增强了对科学技术是第一生产力的理解。实施科教兴国战略，有助于实现两个根本性转变，调整、优化产业结构，培育新的经济增长点，提高企业经济效益，开拓新的市场空间，极大地促进生产力的发展，更有利于巩固和发展社会主义制度，实现国家和社会的稳定；有利于增强我国的综合国力，提高我国的国际地位，为国家的近期发展和长期稳定发展打好基础。

《江泽民文选》共 3 卷，第 1 卷收入的是江泽民同志在 1980 年 8 月 21 日至 1997 年 8 月 5 日这段时间内的重要著作，共有报告、讲话、谈话、文章、信件、批示、命令、题词等 81 篇，相当一部分是第一次公开发表。

《实施科教兴国战略》经典摘读摘自《江泽民文选》第 1 卷，是江泽民同志在 1995 年 5 月 26 日全国科学技术大会上的讲话。文中紧紧围绕实施科教兴国战略这一主题，并分成四个部分作了论述：全面落实科学技术是第一生产力的思想；加速科技进步需要把握的几个重要问题；培养造就大批德才兼备的科技人才；加强党对科技工作的领导。

文中指出：创新是一个民族进步的灵魂，是一个国家兴旺发达的不竭动力；如果自主创新能力上不去，一味靠技术引进，就永远难以摆脱技术落后的局面；要把建立技术创新机制作为建立社会主义市场经济体制的一个重要目标，特别要把建立健全企业的技术创新体系作为建立现代企业制度的重要内容和搞好国有大中型企业的关键环节；科学技术人员是新的生产力的重要开拓者和科技知识的重要传播者，是社会主义现代化建设的骨干力量；实施科教兴国战略，关键是人才。

【案例】

“人工智能 +”时代来了吗？

·案例简介·

“人类终将使电脑智能化且使其远胜人脑。”这是 1987 年复旦大学计算机科学系毕业生陆奇给同学的临别赠言。如今，身为百度集团总裁兼首席运营官的陆奇，正和万千程序员与亿万公众一起，经历着人工智能的跌宕起伏和带来的巨大改变。从可以跟你聊天的“小冰”到能帮你开电视的智能音箱，从机器翻译到智能教育，从刷脸支付到无人驾驶，从可穿戴设备到智能医疗……人工智能已经全面走入人类的生活，广泛渗透到生产和生活的各个领域，并不断刷新人们的想象力。在新闻领域，基于大数据和人工智能的个性化推荐已成为不少新闻APP的标配，写稿机器人、智能视频剪刀手等生产工具也在不断涌现；在教育领域，人工智能已经被应用在批改作业、教英文等教学项目，探索“私人订制”“千人千面”的个性化学习模式。

——摘自张意轩、尚丹《“人工智能+”时代来了吗?》，《人民日报》2018年1月29日

·案例说明·

人工智能将开始大规模应用。据IDC预测，到2020年，全球人工智能收入将超过460亿美元。到2021年，人工智能在亚太地区的投资预计将达到69亿美元，增长73%。人工智能将成为无所不在的虚拟助手，到2020年，超过85%的客户服务将在没有人工客服的情况下由机器完成。未来，不论是在政府层面还是在产业层面，人们将会针对人工智能中出现的管理和制度问题展开越来越多的讨论，就像电子商务兴起和云技术出现的时候一样。企业与政府之间的公开对话将有利于我们以更公平、透明和可信的方式利用人工智能，促进经济发展，造福社会。

【思考】

1. 科教兴国战略的时代背景、内涵及意义是什么？

2. 实施科教兴国战略与建设创新型国家和发展高等教育事业有没有必然联系？

58 始终做到“三个代表”是我们党的立党之本、执政之基、力量之源

【摘录】

始终做到“三个代表”，是我们党的立党之本、执政之基、力量之源。按照“三个代表”要求抓党的建设，同新时期党的建设新的伟大工程的总目标、总要求是一致的。推进党的思想建设、政治建设、组织建设、作风建设，都应该贯穿“三个代表”要求。各级党委要全面贯彻党的十五大关于加强党的建设的总体部署，抓住用邓小平理论武装全党这个根本，围绕不断提高领导水平和执政水平、提高拒腐防变和抵御风险的能力这两大历史性课题，全面推进党建工作

——摘自《江泽民文选》第3卷，人民出版社，2006，第15页

【导读】

20世纪末，国际风云变幻，东欧剧变、苏联解体等世界政治发生了一系列重大变化，进入21世纪，国际局势正在发生冷战结束以来最为深刻的变化。但国际形势走向并未发生根本性变化，总体和平、局部战乱，总体缓和、局部紧张，总体稳定、局部动荡，传统安全威胁和非传统安全威胁的因素相互交织，恐怖主义危害上升。民族、宗教矛盾和边界、领土争端导致的局部冲突时起时伏，西方大国的世界战略，国际敌对势力西化、分化我国的政治图谋是绝对不会改变的。

改革开放以来，以马克思列宁主义、毛泽东思想、邓小平理论和党的基本路线为指导，坚定地推进社会主义改革开放和现代化建设，使社会主义在中国的发展充满了新的活力，大大改善了全国人民的物质文化生活，与此同时，一部分党员干部存在着思想僵化、信念动摇、组织涣散、作风浮漂，特别是腐败问题。人民群众的拥护和支持，是我们党执政的坚实基础，也是党和国家事业不断发展的强大动力，如何进一步提高领导水平和执政水平这个极其重大的问题已经紧迫地提到了全党面前。

21 世纪前后，国内外经济政治形势错综复杂，江泽民同志适时提出要始终做到“三个代表”是我们党的立党之本、执政之基、力量之源，坚定了党要管党的原则和从严治党的方针，大大加强了党的思想建设、政治建设、组织建设、作风建设，全党、各级党委、政府警钟长鸣，党内消极腐败滋生弥漫现象得到遏制，赢得了广大人民群众的拥护。

《始终做到“三个代表”是我们党的立党之本、执政之基、力量之源》摘自《江泽民文选》第 3 卷，是江泽民同志在 2000 年 5 月 14 日上海主持召开江苏、浙江、上海党建工作座谈会时的讲话。江泽民同志从全面总结党的历史经验和如何适应新形势新任务的要求出发，首次对“三个代表”重要思想进行了比较全面的阐述。他提出：我们党所以赢得人民的拥护，是因为我们党在革命、建设、改革的各个历史时期，总是代表着中国先进生产力的发展要求，代表着中国先进文化的前进方向，代表着中国最广大人民的根本利益的“三个代表”的重要思想。

《始终做到“三个代表”是我们党的立党之本、执政之基、力量之源》一文中联系古今中外的历史经验教训，论述了三个问题：关于加强新时期党的建设的重要性和紧迫性；关于按照“三个代表”要求切实加强党的建设；关于把“三个代表”要求贯彻落实到党的全部工作中去。文中指出：我们党要带领全国各族人民实现跨世纪发展的宏伟目标，战胜前进道路上可能出现的各种困难和风险，必须进一步增强凝聚力和战斗力，必须抓紧解决党内存在的突出问题，必须适应新情况不断提高领导水平和执政能力；推进党的思想建设、政治建设、组织建设、作风建设，都应该贯穿“三个代表”要求；要坚持把“三个代表”要求落实到坚定正确地执行党的路线方针政策中去，落实到党的各项工作中去，落实到建设一支高素质的干部队伍中去，落实到从严治党中去。

【案例】

习近平送给基层干部的新春“大礼包”

·案例简介·

党的执政基础在基层，工作重心在基层，基层干部身处执政一线，他们是国情党情民情的“亲历者”。习近平指出：“基层干部离群众最近，群众看我们党，首先就看基层干部。基层是加强党的执政能力建设的基础，基础不牢，地动山摇。提高党的执政能力，关键在于提高包括基层干部在内的各级干部的能力，广大基层干部的工作能力如何，对加强党的执政能力建设具有基础性作用。”

而“小官频贪”“小官大贪”曾是群众反映最强烈的问题之一，也是对党和政府公信力杀伤最重的恶力之一。据媒体统计，2015 年 7 月至 12 月，在中纪委六次月度通报的“四风”和腐败的 860 起问题中，村干部涉事的超过 630 人。群众身边的“蝇贪”“蚊贪”，98% 都是乡科级和更为基层的干部。

——摘自刘军涛《习近平送给基层干部的新春“大礼包”》，《学习中国》2016 年 2 月 10 日

·案例说明·

随着我国经济的快速发展，社会主义新农村建设的步伐日益加快，与此同时，农村基层干部的贪腐问题，加剧了社会矛盾，严重影响了党群关系和农村发展，严重削弱了基层干部的工作积极性和主动性。

农村基层干部的贪腐问题日趋严重，必须尽快完善惩治和预防腐败体制，深入推进基层党风廉政建设和反腐败斗争，才能为构建和谐社会造就良好的氛围，推动社会经济的稳步发展。

【思考】

1. 谈谈对“三个代表”重要思想是我们党的立党之本、执政之基、力量之源这句话的理解。
2. 浅谈坚持“三个代表”重要思想与实现伟大中国复兴梦的关系。

59 在中央思想政治工作会议上的讲话

【摘录】

党的思想政治工作，是经济工作和其他一切工作的生命线，是团结全

党全国各族人民实现党和国家各项任务的中心环节，是我们党和社会主义国家的重要政治优势。思想政治工作的这种重要地位，是由我们党的性质和宗旨决定的，已被党的全部历史和全部经验所证明。我们的改革开放和现代化建设，是亿万人民群众自己的事业。人民群众的理想信念、精神状态和人心所向，最终决定建设有中国特色社会主义事业的成败。这些年，中央反复强调，越是发展经济，越是改革开放，越要重视思想政治工作，根本道理就在这里。新形势新任务，以及思想政治工作的现实状况，要求我们必须大力加强和改进党的思想政治工作。这是保证我们党始终做到代表中国先进生产力的发展要求、代表中国先进文化的前进方向、代表中国最广大人民的根本利益的必然要求。加强和改进党的思想政治工作，必须全面贯彻落实“三个代表”要求。这是党团结和带领人民建设有中国特色社会主义的长期战略方针。

——摘自《江泽民文选》第3卷，人民出版社，2006，第74～75页

【导读】

改革开放以来，党的思想政治工作联系贯彻落实党的基本理论和基本路线、推进建设有中国特色社会主义的实践，取得了新的成绩，积累了新的经验，但经受了新的考验，出现了抓经济建设一手比较硬，而在思想政治工作方面，抓思想政治建设一手比较软的现象。面对国际国内的新情况新问题，干部群众思想活跃，党的思想政治工作就必须正确审视和解决影响干部群众思想活动的重大理论问题和实际问题。

面对当时国际国内千变万化、错综复杂的经济政治形势，江泽民适时发表《在中央思想政治工作会议上的讲话》起到了巩固党的思想阵地、统一12亿中国人民思想的作用，江泽民同志的这篇讲话更是对马克思主义思想政治工作理论的丰富和发展，是开创思想政治工作新局面的纲领性文件，对加强和改进新时期的党的思想政治工作、党的建设，做好以经济建设为中心的各方面的工作，具有全面而长远的指导意义，是全面推进建设有中国特色社会主义伟大事业的重要思想理论武器。

《在中央思想政治工作会议上的讲话》一文摘自《江泽民文选》第3

卷，是江泽民同志在2000年6月28日至29日参加中央思想政治工作会上的讲话。

该篇文章论述了三个问题：关于思想政治工作面临的新形势新情况；关于加强和改进党的思想政治工作；关于加强党对思想政治工作的领导。

文中从国际与国内、历史和现实的角度，提出了四个影响干部群众思想活动的重大理论问题和实际问题，即如何认识社会主义发展的历史进程、如何认识资本主义发展的历史进程、如何认识我国社会主义改革实践过程对人们思想的影响、如何认识当今的国际环境和国际政治斗争带来的影响，并运用辩证唯物主义和历史唯物主义的观点和方法，对这些问题做出了科学的、有说服力的回答。文中强调，面对新形势新情况，我们的思想政治工作在继承和发扬优良传统的基础上，必须在内容、形式、方式、方法、手段、机制等方面努力进行创新和改进，特别要在增强时代感和加强针对性、实效性、主动性上下功夫。

【案例】

加强党的领导　切实做好高校意识形态工作

·案例简介·

当前，网络已经成为大学生生活不可或缺的一部分，加强网络阵地的社会主义意识形态建设对树立大学生正确的意识形态观具有重要意义。运用新媒体新技术使工作活起来，熟练掌握互联网传播模式和特点，充分把握互联网未来发展前沿动态，推动意识形态工作传统优势同信息技术高度融合，是统领高校意识形态工作的应有之义。因此，要实现传统媒体与新媒体的有机结合，推进校园传统媒体与微博、微信、新闻客户端等新媒体的融合发展，提高校园媒体的舆论引导力。要完善校园网络监管机制，积极运用“互联网＋”思维，构建畅通沟通渠道，增强舆情信息监测深度和广度。

——摘自安仲文《加强党的领导　切实做好高校意识形态工作》，《光明日报》2018年3月28日

· 案例说明 ·

习近平总书记在十九大报告中强调："社会主义核心价值观是当代中国精神的集中体现，凝结着全体人民共同的价值追求。要以培养担当民族复兴大任的时代新人为着眼点，强化教育引导、实践养成、制度保障，发挥社会主义核心价值观对国民教育、精神文明创建、精神文化产品创作生产传播的引领作用，把社会主义核心价值观融入社会发展各方面，转化为人们的情感认同和行为习惯。"新时代加强高校意识形态工作，要充分发挥思想政治理论课的主渠道作用和网络宣传文化的主阵地功能。坚持不懈抓好马克思主义理论教育，牢固掌握高校思想政治工作的话语权和主导权，培育和践行社会主义核心价值观。

【思考】

1. 为什么说党的建设是中国革命成功的三大法宝之一？
2. 论当前党的思想政治工作的重要性。

60　教育必须以提高国民素质为根本宗旨

【摘录】

必须看到，面对当前国际国内的新形势，我们的教育思想、教育体制和结构、教育内容和方法，同社会主义现代化建设发展的需要不相适应的矛盾已经和正在日益显露出来……我们必须全面贯彻党的教育方针，坚持教育为社会主义现代化建设服务、为人民服务，坚持教育与社会实践相结合，以提高国民素质为根本宗旨，以培养学生的创新精神和实践能力为重点，努力造就有理想、有道德、有文化、有纪律的，德育、智育、体育、美育等全面发展的社会主义事业建设者和接班人。

——摘自《江泽民文选》第 2 卷，人民出版社，2006，第 332 页

【导读】

教育最基本的功能是育人，提高国民素质，通过提高人的素质为一定的政治、经济、文化服务。我国的教育方针，以往缺乏对根本宗旨的规定。而江泽民关于教育根本宗旨的概括则弥补了这一不足。世界范围内的教育改革重点、热点逐渐转向基础教育和国民素质教育，江泽民正是以此来观察和思考我国教育的现状和问题，并明确指出："我们的劳动力素质和科技创新能力不高，已经成为制约我国经济发展和国际竞争能力增强的一个重要因素。"美国哈佛大学教授罗伯特·巴罗等人对生产四要素进行了调查，结果是：妨碍和延缓穷国赶上富国的因素，是人力资本的缺乏而不是有形的物质资本。加拿大的奥培切在《人的素质》一书中强调：国家的发展，不仅取决于一些杰出人物，更主要的取决于亿万高素质的国民。教育以提高国民素质为宗旨，已成为21世纪世界各国迎接新挑战的战略选择。江泽民正是看到了这一点，所以才提出了提高国民素质的根本宗旨。

江泽民对教育方针的新表述，是对原有教育方针的继承、丰富和发展，是中国教育改革与发展的纲领和指南。学习和研究江泽民关于教育方针的精辟论述，对于我们更新观念、提高认识、深化教育改革、提高教育质量具有重要指导意义。江泽民同志的教育思想体现了科学的教育发展观，反映了当前科技进步、社会经济发展和日益激烈的国际竞争对教育事业提出的新要求，是马克思主义教育思想在中国的新发展，是"三个代表"重要思想在教育领域的具体体现，具有重要的理论价值和实践意义，是指导新时期我国教育改革事业的行动指南。

这是江泽民同志在第三次全国教育工作会议上讲话的主要部分。文中指出：教育在增强综合国力中具有基础性地位；当今的国际经济、科技竞争，越来越围绕人才和知识的竞争展开；劳动力素质和科技创新能力不高，已经成为制约我国经济发展和国际竞争能力增强的一个主要因素；各级各类教育都要把全面推进素质教育、提高受教育者的全面素质，作为教育工作的战略重点；各级党委和政府要切实把教育作为先导性、全局性、基础性的知识产业和关键的基础设施，摆到优先发展的战略重点地位。

【案例】

女博士在飞机场掌掴工作人员

·案例简介·

2017 年 6 月 1 日上午 9 时 35 分，由武汉飞往巴黎 AF139 次航班已停止办理登机。5 分钟后，张丹（女，36 岁，武汉某名牌大学在读博士）一家三口抵达机场，并要求办理乘机手续，柜台值机员解释过了值机时间，并建议其改签或退票，但张丹执意要乘坐这趟航班。多次沟通无果后，张丹突然冲进柜台，朝着值机员的脸狠狠地打了两巴掌，周围工作人员和旅客闻讯赶来，但旅客仍拿手指着值班员辱骂，后被警察带走。法航宣布，将此女子加入法航黑名单，国内航空公司也提交了关于张丹的黑名单申请。

——摘自《机场打人女博士可能要上的“黑名单”，有啥来头?》，《人民日报》2017 年 6 月 4 日

·案例说明·

事件中的女博士学历很高，可是素质却不高。此次事件也让我们更加认识到学历的高低与素质高低不成正比，在教育中对于提高国民素质还有待加强。在今后的教育中，我国的教育要注重国民的素质教育，不断增强学生和群众的爱国主义、集体主义、社会主义思想，重视思想政治教育、历史知识教育和人格培养，以提高国民素质为根本宗旨，以培养学生的创新精神和实践能力为重点，努力造就有理想、有道德、有文化、有纪律的，德育、智育、体育、美育等全面发展的社会主义事业建设者和接班人。

【思考】

1. 国民的素质教育应该包含哪些方面?

2. 作为受教育者，你认为目前的教育在素质教育方面最需要完善的是什么?

61　创新的关键在人才

【摘录】

我国要跟上世界科技进步的步伐，必须千方百计加快知识创新，加快高新技术产业化。而创新的关键在人才，必须有一批又一批优秀年轻人才脱颖而出，必须大量培养年轻的科学家和工程师。我国许多重大科技成果的取得，同老一辈科学家一生的辛勤耕耘是分不开的。同时，在老一辈科学家帮助和带动下，许多年轻科技人才不断成长和成熟起来，并已担当重任，成为推动我国科技进步的中坚力量。这是非常可喜的现象。

——摘自《江泽民文选》第2卷，人民出版社，2006，第133页

【导读】

20世纪80年代末以来，世界形势发生着深刻而巨大的变化。以信息技术为核心的新科技革命在世界范围内迅猛发展并带来经济全球化和知识经济的兴起，世界各国以经济和科技为基础的综合国力竞争日趋激烈。和平与发展依然是这个时代的主题，国际政治和军事斗争依然存在，国际政治、经济、军事竞争直接取决于科技实力的竞争，并归根结底取决于人才的竞争。

我国要跟上世界科技进步的步伐，必须千方百计加快知识创新，加快高新技术产业化。我们党和国家事业的兴旺发达和长治久安，需要一大批各行各业的优秀人才。我国科技事业的发展，也需要培养和造就一代年轻科技人才。而创新的关键在人才，必须有一批又一批优秀年轻人才脱颖而出，必须大量培养年轻的科学家和工程师。

江泽民教育论述的主线和灵魂，认真学习和贯彻落实其精神实质对于我国当前的教育教学改革和发展具有极其重要的理论和现实意义。江泽民创新教育观本身具有理论的科学性，是理论思维的结晶。江泽民的创新教育观有利于建立有中国特色的社会主义教育理论体系。江泽民关于教育领域里的创新体系是他集中党和人民的智慧，充分估计了未来经济建设和社会发展的总体局势，高度概括了国内外教育改革和发展的基本规律和经验而

总结出的，无论指导思想还是具体的措施，既具有丰富的时代内涵又反映了我国当前教育教学改革和发展的需要，所以，它为我国建设有中国特色的社会主义教育理论体系指明了方向，是对科教兴国战略思想的重大发展。

这是江泽民同志会见出席中国科学院第九次院士大会、中国工程院第四次院士大会的部分院士和外籍院士时讲话的主要部分，强调迎接未来科学技术的挑战，最重要的是要坚持创新，勇于创新。文中指出：科技创新已越来越成为当今社会生产力解放和发展的重要基础和标志；要加快建立当代中国的科技创新体系，全面增强我们的科技创新能力，这对于实现中华民族的伟大复兴是至关重要的；科学技术的发展，社会各项事业的进步，都要靠不断创新，而创新就要靠人才，特别要靠年轻英才不断涌现出来；大力培养任用年轻人，这应该成为我们推动科技创新、知识创新和其他各个方面创新工作的重要指导思想。

【案例】

“两弹一星”的研制

·案例简介·

20 世纪 50 年代、60 年代是极不寻常的时期，当时面对严峻的国际形势，为抵制帝国主义的武力威胁和核讹诈，50 年代中期，以毛泽东同志为核心的第一代党中央领导集体，根据当时的国际形势，为了保卫国家安全、维护世界和平，高瞻远瞩，果断地做出了独立自主研制“两弹一星”的战略决策。大批优秀的科技工作者，包括许多在国外已经有杰出成就的科学家，以身许国，怀着对新中国的满腔热爱，响应党和国家的召唤，义无反顾地投身到这一神圣而伟大的事业中来。他们和参与“两弹一星”研制工作的广大干部、工人、解放军指战员一起，在当时国家经济、技术基础薄弱和工作条件十分艰苦的情况下，自力更生，发愤图强，完全依靠自己的力量，用较少的投入和较短的时间，突破了原子弹、导弹和人造地球卫星等尖端技术，取得了举世瞩目的辉煌成就。

——摘自《“两弹一星”精神》，《现代国企研究》2016 年第 23 期，第 86～89 页

·案例说明·

我们要学习“两弹一星”功臣们勇于探索、勇于创新的精神。在“两弹一星”的研制过程中，我们看到了高水平的技术跨越。从原子弹到氢弹，我们仅用两年零八个月的时间，比美国、俄罗斯、法国所用的时间要短得多。在导弹和卫星的研制中所采用的新技术、新材料、新工艺、新方案，在许多方面跨越了传统的技术阶段。“两弹一星”是中国人民创造活力的产物。

21 世纪的国际科技和经济的竞争，从根本上讲是高科技、高素质人才的竞争，是知识创新、技术创新的竞争。要把建设有中国特色社会主义事业推向前进，要在激烈的国际竞争中得到发展，就要努力学习和发扬功臣们的爱国主义精神、无私奉献精神和勇于创新的精神，团结一心，励精图治，不畏艰险，勇往直前！

【思考】

1. 为什么说创新的关键在人才？
2. 你所认为的创新是什么？人才是什么？

62　论加强和改进学习

【摘录】

一百年来，中国的命运所以发生这样大的变化，很重要的一个原因就是中国人民从失败的逆境中奋起抗争，睁开眼睛看世界，寻求科学的理论、先进的知识和救国救民的道路。中国共产党人学习和掌握了马克思主义基本原理，并把它同中国具体实际相结合，领导人民实现了革命、建设、改革的伟大变革。历史给我们揭示了一条千真万确的真理：我们党要领导全国人民实现中华民族的伟大复兴，必须始终坚持学习，并把学到的科学理论和先进知识用于中国实际，不断推动经济持续发展和社会全面进步。

……

科学技术是第一生产力。当今时代，科技进步对一个国家的经济社会发展越来越具有决定性作用。我们必须坚定不移地实施科教兴国战略，真正把加快科技进步放在经济社会发展的关键地位，尽快形成自己的科技创新体系，着力促进科技成果切实转化为现实生产力。这是一项十分紧迫的工作。如果我们不努力提高自己的科技知识素养，不充分了解当今世界科技进步的趋势，要做好这方面的领导工作是很困难的。

——摘自《江泽民文选》第 2 卷，人民出版社，2006，第 283 ~297 页

【导读】

20 世纪 80 年代末 90 年代初以苏联解体和东欧剧变为标志，世界格局发生了自“二战”以来最为剧烈的变化，知识经济兴起、经济全球化、政治多极化、不同文化的相互激荡和渗透、科技革命的迅猛发展、综合国力竞争日趋激烈，是这一时期国际局势的显著特征。江泽民同志面对这种复杂的国际形势的变化，站在时代进步和世界发展的高度，以改革创新的精神，把学习这个看似个人的行为提升到组织和社会行为，成为全党的共识和自觉行动。

经济方面，我国是个经济大国，却不是经济强国，仍处于并将长期处于社会主义初级阶段，生产力总体水平不高，自主创新能力不强；政治方面，我国政治体制改革的步子不大，还有不少亟须完善和发展的环节。这些不完善的方面是和扩大人民民主的要求、经济社会发展的要求不相适应的，需要通过继续深化政治体制改革加以解决；文化方面，随着人民物质生活水平的提高和对外开放的扩大，人们精神文化需求日趋旺盛，人们思想活动的选择性、易变性、差异性明显增强，人们对提高社会道德水平和丰富精神文化产品也有了新的愿望和要求。而我国文化建设的总体水平还远远不能适应经济发展水平和时代发展的要求，不能满足人民群众的需要。我们比以往任何时候都更加需要学习。面对这些新考验，如果不通过新的学习不断提高自己，就不能有效地应对严峻挑战，因此需要不断加强和改善自己的学习，积极借鉴其他政党领导的好经验好方法，坚定不移地走中国特色社会主义发展道路。

江泽民同志关于学习的观点是对毛泽东、邓小平注重全党学习思想的

继承和发展，并成为党的建设思想理论体系中的重要组成部分。今天在全党和全国上下高举中国特色社会主义伟大旗帜、全面建设小康社会的重要时期，研究江泽民同志的学习观，对我们继承和发扬党的学习优良传统和作风、加强当前的学习、建设学习型政党有着深远历史影响和重大现实意义。

这是江泽民同志在中共中央举办的省部级主要领导干部金融研究班上的讲话，全面论述了加强和改进全党同志特别是各级领导干部的学习问题。文中分三个部分进行阐述：加强学习是实现党的十五大确定的跨世纪发展目标的必然要求，分别从国际形势、国内形势、党内情况三个方面分析了加强学习的必要性；坚持用马克思主义理论指导实践和用各种知识来丰富提高自己，学习理论、学习现代经济知识、学习科技知识、学习历史；进一步端正学风，努力把全党的学习提高到一个新的水平，一是要坚持以研究中国的实际问题为中心，二是要坚持理论联系实际，三是要坚持在改造客观世界的同时努力改造我们的主观世界，四是要坚持学习一般知识和学习专门知识的统一，五是要坚持在研究中国特点的基础上借鉴外国的有益知识和经验。

【案例】

洋务运动

·案例简介·

洋务运动，又称晚清自救运动。该运动是19世纪60~90年代地主阶级洋务派所进行的一场引进西方军事装备、机器生产和科学技术以维护封建统治的“自强”、“求富”运动（前期口号为“自强”，后期口号为“求富”）。经过两次鸦片战争的失败，以及太平天国运动的沉重打击，清朝的一部分官僚开始认识到西方坚船利炮的威力。为了解除内忧外患，实现富国强兵，以维护清朝统治，开始学习西方文化及先进的技术，这样一部分人被称为洋务派。

——摘自徐泰来《也评洋务运动》，《历史研究》1980年第4期，第19~36页

· 案例说明 ·

洋务运动进行30多年，虽然没有使中国富强起来，但这一运动是符合历史潮流的。并且在客观上推动了中国生产力的发展，促使中国民族资本主义产生与发展，在一定程度上抵制了外国资本主义的经济输入，促进了中国教育的近代化和国防的近代化。洋务运动引进了西方先进的科学技术，使中国出现了第一批近代企业，在客观上为中国民族资本主义的产生和发展起到了促进作用。

【思考】

1. 中国共产党是如何把马克思主义基本原理同中国具体实际相结合的？

2. 结合学校的教育教学实际，谈谈你今后将加强哪些方面的学习？如何加强？

63　在全党大力弘扬求真务实精神，大兴求真务实之风

【摘录】

求真务实，是辩证唯物主义和历史唯物主义一以贯之的科学精神，是我们党的思想路线的核心内涵，也是党的优良传统和共产党人应该具备的政治品格。

……

在全党大力弘扬求真务实精神、大兴求真务实之风，关键是要引导全党同志不断求我国社会主义初级阶段基本国情之真，务坚持长期艰苦奋斗之实；求社会主义建设规律和人类社会发展规律之真，务抓好发展这个党执政兴国的第一要务之实；求人民群众的历史地位和作用之真，务发展最广大人民根本利益之实；求共产党执政规律之真，务全面加强和改进党的建设之实。要采取综合措施，从加强思想教育、促进工作落实、推动制度建设等方面进行努力，使全党同志特别是各级领导干部都坚持做到求真务

实、与时俱进、团结一心、踏实苦干。

……

要引导广大党员干部特别是各级领导干部，紧密联系全面建设小康社会的实践，坚持讲实话、出实招、办实事、务实效，把工作的着力点真正放到研究解决改革发展稳定中的重大问题上，放到研究解决群众生产生活中的紧迫问题上，放到研究解决党的建设中的突出问题上，坚持以求真务实精神去抓落实，并在抓落实的实践中不断提高坚持求真务实的自觉性和坚定性。

——摘自《胡锦涛文选》第2卷，人民出版社，2016，第151～159页

【导读】

《在全党大力弘扬求真务实精神，大兴求真务实之风》这篇文献是胡锦涛同志在十六届中央纪律检查委员会第三次全体会议上发表的重要讲话。早在党的十五届六中全会时，在以胡锦涛同志为总书记的党中央领导群体就提出要大力弘扬求真务实精神，并对这一精神的实质、内涵和基本要求做了阐释。它表明中央领导集体对我国国情：党所肩负的使命、党的自身现状、党所面临的挑战以及我国社会发展的基本情况有着清醒而成熟的认识。

首先，“求真务实”精神是着眼于开创中国特色社会主义事业而提出的。

其次，“求真务实”精神是基于全面建设小康社会的宏伟目标而提出的。

最后，“求真务实”精神是针对当前党的工作作风中存在的问题而提出的。

从以上分析可以看出党的领导集体是基于中国特色社会主义、全面建设小康社会和党的自身建设这三位一体的战略格局而提出的。

“求真务实”就是要求人们在实践中努力获取真实情况，把握事物运动的客观规律，使自己的言行符合客观实际，从而获得实际效果。胡锦涛同志指出：求真务实，是辩证唯物主义和历史唯物主义一以贯之的科学精

神，是我们党的思想路线的核心内容，也是党的优良传统和共产党人应该具备的政治品格。

第一，当前国际国内形势总的对我们全面建设小康社会是有利的，比如20多年经济持续快速增长、国际地位上升等；同时，我们还必须清醒地看到前进道路上存在的困难和挑战。世界仍很不太平，不稳定、不确定、不安全因素有所增加。比如美国单边主义倾向突出、霸权主义和强权政治等。近期党内出现的一些不良风气，胡锦涛将其概况成十类，一是不思进取、得过且过，二是作风漂浮、工作不实，三是好大喜功、急功近利，四是随心所欲、自搞一套，五是心态浮躁、追名逐利，六是弄虚作假、欺上瞒下，七是明哲保身、患得患失，八是贪图享受、奢侈浪费，九是以权谋私、与民争利，十是高高在上、脱离群众。

第二，遇到这些陋习，我们应该贯彻落实好“三个代表”重要思想和十六大精神，抓好发展这个党执政兴国的第一要务，落实全面、协调、可持续的发展观，实现经济持续快速协调健康发展和社会全面进步，必须大力弘扬求真务实精神、大兴求真务实之风；要坚持立党为公、执政为民，保持党同人民群众的血肉联系，切实把最广大人民的根本利益维护好、实现好、发展好，必须大力弘扬求真务实精神、大兴求真务实之风；要全面推进党的建设新的伟大工程，加强党员干部队伍建设，提高党的执政能力，也必须大力弘扬求真务实精神、大兴求真务实之风。

第三，要在全党大力弘扬求真务实精神、大兴求真务实之风，关键是要引导全党同志不断求我国社会主义初级阶段基本国情之真，务坚持长期艰苦奋斗之实；求社会主义建设规律和人类社会发展规律之真，务抓好发展这个党执政兴国的第一要务之实；求人民群众的历史地位和作用之真，务发展最广大人民群众根本利益之实；求共产党执政规律之真，务全面加强和改进党的建设之实。

第四，要切实加强思想教育，不断提高党员干部求真务实的自觉性；要切实抓好工作落实，把求真务实体现到各项工作中去；要切实健全制度，为坚持求真务实提供体制保证；要大力培养德才兼备的干部，为坚持求真务实提供组织保障；要弘扬求真务实之“勇”，讲究求真务实之“法”。

【案例】

大学毕业生曾聪华田园创业实干为民，带领村民共同致富

家住江西定南县天九镇天花村的曾聪华2003年从江西农业大学园艺专业毕业后，先后辗转于上海、广东等地的园艺公司打工。2009年冬，积累了一定的园艺管理经验和技术的他放弃了某园艺公司的高薪聘请，回乡创业，在家乡创办了黄石岗果蔬基地。3年多来，曾聪华每天起早贪黑在田间劳作，精心耕耘自己的梦想，还远赴山东、广东等地的蔬菜基地参观学习。目前，他的40余亩种植基地经营着西葫芦、龙须豆、西红柿等10多个果蔬品种，2012年实现纯收入近20万元。曾聪华的“果蔬致富梦”改变了当地村民上大学就要走出深山、脱离农业生产的想法，从最初对曾聪华的不理解到现在的纷纷效仿。目前，天花村已有20余户村民开荒地，种植蔬菜近80亩，户均增收约2万元。曾聪华介绍，上个月自己获得了政府提供的15万元无息贷款和其他扶持，打算进一步扩大果蔬种植规模，与父老乡亲一道致富。

——摘自《江西大学毕业生田园创业带领村民共同致富》，中国江西网，2013年5月17日

【思考】

1. 如何培养求真务实作风？
2. 如何在实际工作中弘扬求真务实作风？

64　树立和落实科学发展观

【摘录】

科学发展观，是对党的三代中央领导集体关于发展的重要思想的继承和发展，是马克思主义关于发展的世界观和方法论的集中体现，是同马克思列宁主义、毛泽东思想、邓小平理论和“三个代表”重要思想既一脉相

承又与时俱进的科学理论，是我国经济社会发展的重要指导方针，是发展中国特色社会主义必须坚持和贯彻的重大战略思想。

科学发展观，是立足社会主义初级阶段基本国情，总结我国发展实践，借鉴国外发展经验，适应新的发展要求提出来的。

……

科学发展观，第一要义是发展，核心是以人为本，基本要求是全面协调可持续，根本方法是统筹兼顾。

——摘自《胡锦涛文选》第2卷，人民出版社，2016，第622~623页

【导读】

自从胡锦涛同志2003年8月28日至9月1日在江西考察工作时，提出“科学发展观”的概念，2003年10月14日在党的第十六届三中全会第二次全体会议上提出要树立和落实科学发展观以后，在全党和全国人民中迅速形成了广泛的共识，几年来的实践更证明，这种科学发展观是指引中国的经济、政治、文化、社会沿着以人为本，全面协调可持续的科学发展，实现各方面事业有机统一、社会成员团结和睦的和谐发展，实现既通过维护世界和平发展自己、又通过自身发展维护世界和平的和平发展的道路向前迈进的重要指导思想，是中国特色社会主义必须坚持和贯彻的重大战略思想。

科学发展观是党的三代中央领导集体关于发展的重要思想，与马克思列宁主义、毛泽东思想、邓小平理论、“三个代表”重要思想一脉相承，又在进入新世纪新阶段，随着工业化、信息化、城镇化、市场化、国际化的不断发展，我国发展呈现出一系列新的阶段性特征、提出新的发展要求的情况下，与时俱进地推进了中国共产党的发展观：一是进一步回答了实现什么样的发展、怎样发展等重大问题，反映和体现了我们党对共产党执政规律、社会主义建设规律、人类社会发展规律的最新认识；二是针对我国发展过程中出现的一些领域和方面发展不够平衡的问题，着眼于实现经济社会又好又快的发展，提出了统筹城乡发展、区域发展、经济社会发展、人与自然的和谐发展、国内发展与对外开放，促进协调发展的新思路

和正确道路；三是着眼于建设富强民主文明和谐的社会主义现代化国家，要求我们全面推进经济、政治、文化和社会建设，这就完善了中国特色社会主义发展道路、发展模式、发展战略，对于发展中国特色社会主义具有长远的指导意义。

科学发展观，第一要义是发展，核心是以人为本，基本要求是全面协调可持续，根本方法是统筹兼顾。

——必须坚持把发展作为党执政兴国的第一要务。发展，对于全面建设小康社会、加快推进社会主义现代化，具有决定性意义。要牢牢扭住经济建设这个中心，坚持聚精会神搞建设、一心一意谋发展，不断解放和发展社会生产力。更好实施科教兴国战略、人才强国战略、可持续发展战略，着力把握发展规律、创新发展理念、转变发展方式、破解发展难题，提高发展质量和效益，实现又好又快发展，为发展中国特色社会主义打下坚实基础。努力实现以人为本、全面协调可持续的科学发展，实现各方面事业有机统一、社会成员团结和睦的和谐发展，实现既通过维护世界和平发展自己、又通过自身发展维护世界和平的和平发展。

——必须坚持以人为本。全心全意为人民服务是党的根本宗旨，党的一切奋斗和工作都是为了造福人民。要始终把实现好、维护好、发展好最广大人民的根本利益作为党和国家一切工作的出发点和落脚点，尊重人民主体地位，发挥人民首创精神，保障人民各项权益，走共同富裕道路，促进人的全面发展，做到发展为了人民、发展依靠人民、发展成果由人民共享。

——必须坚持全面协调可持续发展。要按照中国特色社会主义事业总体布局，全面推进经济建设、政治建设、文化建设、社会建设，促进现代化建设各个环节、各个方面相协调，促进生产关系与生产力、上层建筑与经济基础相协调。坚持生产发展、生活富裕、生态良好的文明发展道路，建设资源节约型、环境友好型社会，实现速度和结构质量效益相统一、经济发展与人口资源环境相协调，使人民在良好生态环境中生产生活，实现经济社会永续发展。

——必须坚持统筹兼顾。要正确认识和妥善处理中国特色社会主义事业中的重大关系，统筹城乡发展、区域发展、经济社会发展、人与自然和谐发展、国内发展和对外开放，统筹中央和地方关系，统筹个人利益和集体利益、局部利益和整体利益、当前利益和长远利益，充分调动各方面积极性。统筹国内国际两个大局，树立世界眼光，加强战略思维，善于从国际形势发展变化中把握发展机遇、应对风险挑战，营造良好国际环境。既要总揽全局、统筹规划，又要抓住牵动全局的主要工作、事关群众利益的突出问题，着力推进、重点突破。

【案例】

拆迁

江苏省南通市委、市政府将城市建设作为发展城市经济、提高城市内涵、营造和谐环境，全面贯彻落实科学发展观的一项重点工作和民心工程，积极实施了主城区的拆迁改造。为进一步加强对主城区拆迁工作的组织领导，有效调和、解决拆迁中遇到的各种矛盾和问题，市委、市政府成立了城市拆迁指挥部。在指挥部成立的短短5个月内，指挥部对城市拆迁的组织领导作用充分凸显，成效显著。在深入调研、征求意见、走访群众、召开座谈会等一系列大量工作之后，指挥部会同相关部门随即打响了34号地、1号E地、1号A地、4号地等老地块的扫尾攻坚战，拉开城市拆迁的序幕，启动了怡园景点、红十四军纪念馆、置颐路、桃源路等新开地块拆迁工作，掀起整个城市拆迁工作的新高潮。在接下来的一年多时间里整个主城区共评估575户，交房1200户，拆卸1607户，34号地、怡园景点、1号A地、1号E地全面完成拆迁任务，4号地、红十四军纪念馆、置颐路、桃源路等地块均进入扫尾阶段，确保了一批重点建设工程顺利实施，民生工程显著改善，城市面貌焕然一新。城市拆迁是被人们称为“天下第一难”的工作，城市拆迁指挥部成立后，指挥部一班人创新思维，迎难而上，敢于作为，勇于奉献，探索出一套高效的运作机制和模式，从而保证了城市拆迁健康、有序，快速地向前推进。

——摘自《科学发展观案例》

【思考】

1. 为什么要深入贯彻落实科学发展观？

2. 如何正确把握科学发展观的精神实质？

3. 为什么要把科学发展观纳入中国特色社会主义理论体系？

65 站稳群众立场，做好群众工作

【摘录】

群众观点是历史唯物主义的基本观点，也是我们做好群众工作的思想基础……群众立场是决定我们党的性质的根本政治问题……正确方式方法是做好群众工作的重要保障。面对新形势新任务，我们必须深入研究和把握新形势下群众工作的新特点新要求，在总结运用成功经验和有效做法的基础上不断创新。

……

群众立场是决定我们党的性质的根本政治问题。我们党之所以得到广大人民群众拥护和支持，首先是因为我们党始终站在最广大人民的立场上说话办事，始终代表最广大人民根本利益。始终站在人民立场上而不是站在个人、少数人立场上说话办事，始终代表最广大人民根本利益而不是代表某一个人、某一部分人利益，是决定人心向背、事业成败的关键。

……

站稳群众立场必须体现到实现好、维护好、发展好最广大人民根本利益上来。全党同志要坚持一切为了群众、一切依靠群众，坚持从群众中来、到群众中去，想问题、作决策、做工作都要从群众利益出发，坚持问政于民、问需于民、问计于民。

——摘自《胡锦涛文选》第 3 卷，人民出版社，2016，第 444～446 页

【导读】

这是胡锦涛同志在中共十七届五中全会第二次全体会议上讲话的一部分。胡锦涛同志在党的十八大报告中强调，围绕保持党的先进性和纯洁性，在全党深入开展以为民务实清廉为主要内容的党的群众路线教育实践

活动，着力解决人民群众反映强烈的突出问题，提高做好新形势下群众工作的能力。

群众工作是我们党的政治优势和优良传统，群众工作水平是党员干部能力素质的重要体现。面对新的形势和任务，广大党员干部应站稳群众立场，坚持从群众中来、到群众中去，进一步提高群众工作能力和水平，更好地推动科学发展、促进社会和谐，更好地服务群众、造福群众。

善于深入群众。只有带着深厚的感情走到群众中去做工作，才能有效组织群众、发动群众、服务群众。广大党员干部应自觉深入群众、与群众打成一片，体察民情民意，真心帮助群众，切实解决群众最关心、最直接、最现实的利益问题；心里装着人民、遇事想着群众，把群众当家人，把信访当家访，把群众反映的事当家事，把群众来信当家书，认真解决群众反映的各种矛盾和问题；用群众眼光看待问题、从群众立场处理问题，想群众所想、急群众所急、帮群众所需，努力取得群众的理解和支持。

善于沟通交流。不断提高与群众沟通交流的水平，是做好群众工作的重要环节。广大党员干部应放低姿态，把自己和群众放在平等的位置上，做到“朋友式交往接近、平等式相互交流、协商式化解矛盾、亲人式关心照顾”，避免自以为是、高高在上、摆官架子、戴着有色眼镜看群众；在了解民情时多说家常话，在化解矛盾时多说体谅话，与群众良性互动和真诚沟通，特别是多关注群众关心的事情，多说说“钱袋子”、“菜篮子”等与群众生活密切相关的问题，把话说到群众心坎上；坚持晓之以理、动之以情，把大道理讲清、小道理讲透，引导群众合理合法地表达利益诉求。

善于化解矛盾。及时有效化解矛盾，是做好群众工作的重要内容。化解群众工作生活中的矛盾，不仅要有热情，而且要有智慧，注重策略、讲究方法。广大党员干部应认真学习和准确掌握党和国家的有关政策，坚持用政策教育群众，在政策范围内解决问题；坚持耐心说服、积极调解，对群众正当的诉求及时认真按规定程序处理落实，对一时难以解决的问题耐心向群众做好解释工作，让群众知道党和政府解决这些问题的态度和决心；妥善应对复杂情况，对一些群众不理解、不配合的问题不急于求成，耐心寻找合适时机；坚持“一把钥匙开一把锁”，因地制宜、因人而异，抓住主要矛盾和矛盾的主要方面，根据矛盾成因、问题焦点等有针对性地采取解决措施。

善于赢得信任。努力赢得群众的信任，是做好群众工作的重要基础。广大党员干部要赢得群众的信任，就要做到以下几点。一是以诚待人、言而有信。答应群众的事情一定要办，承诺早办的一定不拖拉，不该办的要做出合理解释，暂时办不到的要积极创造条件。二是把好事办好、实事办实。所谓好事实事，就是对群众有益的事、能为群众带来实惠的事、事关经济社会发展大局的事，就是群众关心的事、群众亟待解决的事、群众有困难的事。对于好事实事，必须一件一件地办好办实，让群众真正受益。三是以身作则、公道正派。党员干部的形象代表着党和政府的形象。党员干部的一言一行，群众都看在眼里、记在心里。为群众办事情，一定要秉公用权、不谋私利；与群众打交道，一定要改进作风、注意形象。党员干部只有做人正、能力强、为政廉、作风好，才能在人民群众中树立良好形象，说的话群众才爱听，做的事群众才支持。

【案例】

站稳群众立场才能做好群众工作

——大学生村官努尔加那提·卡里木

2013 年，走出大学校门的努尔加那提·卡里木满怀对基层的美好憧憬，作为自治区统一选聘的大学生村官，来到吐尔洪乡拜依格托别村，开始了挥洒汗水、放飞理想的人生旅程。

拜依格托别村是一个牧业村，“如何让牧民定居下来，实现由牧民向农民的转型”是脱贫攻坚、全面建成小康社会最大的难题。努尔加那提·卡里木通过挨家挨户走访了解到，农牧民普遍担心定居后因为缺资金、少门路、没技术，会导致收入减少，所以对搬迁定居有畏难情绪。了解掌握定居牧民所期所盼后，努尔加那提·卡里木认真思考，从农牧民的站位出发，提出了“先组建、后规范，先定责、后延伸，先带头、后带动，先培训、后转型”的牧民定居村“四步工作法”，得到了乡党委的认可。按照农牧民缺什么就帮助补什么的工作原则，努尔加那提·卡里木和其他村干部一起帮助农牧民学技能、转方式、拓门路，让 67 户牧民从毡房走进了砖房、从草场走向了农场，过上了有家业、能就业的定居生活。同时，努尔加那提·卡里木也获得了组织的认可和农牧民的信任。

2016年，在组织的培养和乡亲们的支持下，努尔加那提·卡里木从普通村官到村党支部书记，又被组织选拔进乡镇领导班子。身份的转变，让努尔加那提·卡里木感到身上的担子更重。作为镇干部，铁斯甫阿坎村是努尔加那提·卡里木包联的行政村，对低保评定意见较大是铁斯甫阿坎村村民长期反映的问题，努尔加那提·卡里木利用半个月时间，走访了56户贫困户，组织召开3次村民座谈会、党员大会，查"病因"、配"良药"、祛"病根"，建立和完善低保动态管理相关制度，进一步细化评定标准、规范评定程序，通过召开村民大会公开投票的方式，让群众广泛参与低保评定，谁享受低保由村民说了算。经过重新评定，使6户符合低保条件的村民享受到了国家的惠民政策，14户不符合低保条件的村民主动申请了退保，实现了群众"自己的事情自己议"。

看到村民脸上洋溢着满意的笑容，努尔加那提·卡里木也深刻地感受到，站在群众立场才能做好群众工作。只有知道群众想什么、要什么，从群众最急最难最盼的事情做起，服务群众才能事半功倍、货真价实。

——摘自《新疆日报》2016年6月27日

【思考】

1. 为什么站稳群众立场是做好一切工作的出发点？
2. 如何站稳群众立场，做好群众工作？

66　在纪念党的十一届三中全会召开三十周年大会上的讲话

【摘录】

今天，我们在这里集会，纪念党的十一届三中全会召开三十周年，就是要充分认识改革开放的重大意义和伟大成就，深刻总结改革开放的伟大历程和宝贵经验，坚持党的十一届三中全会精神，高举中国特色社会主义伟大旗帜，以马克思列宁主义、毛泽东思想、邓小平理论和"三个代表"重要思想为指导，深入贯彻落实科学发展观，在中国特色社会主义道路上，继续把改革开放伟大事业推向前进。

……

我们的伟大目标是，到我们党成立一百年时建成惠及十几亿人口的更高水平的小康社会，到新中国成立一百年时基本实现现代化，建成富强民主文明和谐的社会主义现代化国家。只要我们不动摇、不懈怠、不折腾，坚定不移推进改革开放，坚定不移走中国特色社会主义道路，就一定能够胜利实现这一宏伟蓝图和奋斗目标。

——摘自《胡锦涛文选》第 3 卷，人民出版社，2016，第 148、171 页。

【导读】

《在纪念党的十一届三中全会召开三十周年大会上的讲话》（以下简称《讲话》）是 2008 年 12 月 18 日胡锦涛同志在纪念中国共产党的第十一届三中全会召开 30 周年的大会上发表的重要讲话。

《讲话》高度概括了 30 年来取得的十一个方面的伟大成就：我们全面地推进各方面体制改革，使我国成功实现了从高度集中的计划经济体制到充满活力的社会主义市场经济体制的伟大历史转折；我们不断扩大对外开放，使我国成功实现了从封闭、半封闭到全方位开放的伟大历史转折；我们坚持以经济建设为中心，我国综合国力迈上新台阶；我们着力保障和改善民生，人民生活水平总体上达到小康水平；我们大力发展社会主义民主政治，人民当家做主权利得到更好保障；我们大力发展社会主义先进文化，人民日益增长的精神文化需求得到更好满足；我们大力发展社会事业，社会和谐稳定得到巩固和发展；我们坚持党对军队绝对领导，国防和军队建设取得重大成就；我们成功实施“一国两制”基本方针，祖国和平统一大业迈出重大步伐；我们坚持奉行独立自主的和平外交政策，全方位外交取得重大成就；我们坚持党要管党、从严治党，党的领导水平和执政水平、拒腐防变和抵御风险能力明显提高。

《讲话》阐述了十七大提出的“十个结合”：第一，必须把坚持马克思主义基本原理同推进马克思主义中国化结合起来，解放思想、实事求是、与时俱进，以实践基础上的理论创新为改革开放提供理论指导；第二，必须把坚持四项基本原则同坚持改革开放结合起来，牢牢扭住经济建设这个中心，始终保持改革开放的正确方向；第三，必须把尊重人民首创精神同加强和改善党的领导结合起来，坚持执政为民、紧紧依靠人民、切实造福人民，在充分发挥人民创造历史作用中体现党的领导核心作用；第四，必须把社会主义基本制度同发展市场经济结合起来，发挥社会主义制度的优越性和市场配置的有效性，使全社会充满改革发展的创造活力；第五，必须把推动经济基础变革同推动上层建筑改革结合起来，不断推进政治体制改革，为改革开放和社会主义现代化建设提供制度保证和法制保障；第六，必须把发展社会生产力同提高全民族文明素质结合起来，推动物质文明和精神文明协调发展，更加自觉、更加主动地推动文化大发展大繁荣；第七，必须把提高效率同促进社会公平结合起来，实现在经济发展的基础上由广大人民共享改革发展的成果，推动社会主义和谐社会建设；第八，必须把坚持独立自主同参与经济全球化结合起来，统筹好国内国际两个大局，为促进人类和平与发展的崇高事业做出贡献；第九，必须把促进改革发展同保持社会稳定结合起来，坚持改革力度、发展速度和社会承受程度的统一，确保社会安定团结、和谐稳定；第十，必须把推进中国特色社会主义伟大事业同推进党的建设的伟大工程结合起来，加强党的执政能力建设和先进性建设，提高党的领导水平和执政水平、拒腐防变和抵御风险能力。这“十个结合”是极其宝贵的经验，闪耀着马克思主义的真理光辉，是辩证唯物主义和历史唯物主义的胜利。这些经验归结到一点，就是把马克思主义基本原理同中国具体实际相结合，走自己的路，建设中国特色社会主义。

【案例】

十八大新华时评：服务——执政为民的鲜明标志

·案例简介·

新华网北京 11 月 10 日电（记者季明）党的十八大报告提出，建设学习型、服务型、创新型的马克思主义执政党，确保党始终成为中国特色社会主义事业的坚强领导核心。这一要求，对新时期加强党的建设意义重大而深远。

服务型执政党的定位，是由我们党的宗旨决定的。作为以全心全意为人民服务为根本宗旨的政党，“服务”是本质属性，也是最重要的执政方式。十八大报告强调，“以人为本、执政为民是检验党一切执政活动的最高标准”。这说明，服务人民群众，是我们党执政为民的鲜明标志。

——摘自《十八大新华时评：服务——执政为民的鲜明标志》，新华网，2012年11月10日。

·案例说明·

密切联系群众是我们党的一大法宝。密切联系群众不是停留在联系上，而是为了更好地谋民生之利、解民生之忧。这就要求广大党员和党的各级组织深入群众体察民情、掌握民意，问政于民、问计于民、问需于民。尤其是在物质生活不断丰富、工作条件不断改善的情况下，必须对脱离群众、消极腐败的危险保持高度警醒。要自觉发扬艰苦奋斗、勤俭节约的优良作风，坚决克服形式主义、官僚主义，把为人民服务落实到每一项工作中。

建设服务型执政党，需要不断探索加强党的建设之路，构建更多行之有效的服务群众的渠道、方式和机制。十八大报告提出的“完善党员干部直接联系群众制度”，对解决当前少数党员干部在联系群众方面存在的形式主义、官僚主义作风十分重要。

建设服务型执政党，需要全党上下进一步坚定理想信念，坚守共产党人的精神追求。服务群众的工作也许不如抓项目、搞标志性建筑那样引人注目，但建立在人民心中的丰碑，永远都比有形的高楼、亮丽的数字更为持久辉煌。

【思考】

1. 结合实例，分析马克思主义在当代中国的创造性运用和发展的具体体现。

2. 为什么说“十个结合”是开创中国特色社会主义事业新局面的宝贵财富？

67　庆祝清华大学校庆 100 周年讲话

【摘录】

清华百年历史又一次表明，坚持解放思想、实事求是、与时俱进，坚持以实现国家富强、民族振兴、人类进步为己任，坚持正确办学方向，坚持以人为本，遵循高等教育规律，全面实施素质教育，不断推进改革创新，我们的大学就能获得事业发展的强大动力，就能源源不断培养出德才兼备的优秀人才。

……

推动经济社会又好又快发展，实现中华民族伟大复兴，科技是关键，人才是核心，教育是基础。我们必须深入实施科教兴国战略和人才强国战略，全面贯彻落实国家中长期教育改革和发展规划纲要，加快从教育大国向教育强国迈进。高等教育作为科技第一生产力和人才第一资源的重要结合点，在国家发展中具有十分重要的地位和作用。

——摘自《庆祝清华大学校庆 100 周年讲话》

【导读】

2011 年 4 月 24 日，在庆祝清华大学建校 100 周年大会上，胡锦涛同志发表了《庆祝清华大学校庆 100 周年讲话》。这一重要讲话在对当时国际国内形势和高等教育时代使命深刻分析基础上，对我国高等教育发展所处方位做出了科学判断。一是我国已经建成了世界上规模最大的高等教育体系，成为名副其实的高等教育大国，但还不是一个高等教育强国；二是我国高等教育进入大众化阶段，并向普及化阶段逐渐迈进；三是国家深入实施科教兴国和人才强国战略，提出建立创新型国家战略，以及建设世界一流大学和高水平大学战略。

（1）回顾总结清华大学百年史以及中国革命、建设、改革历史。

（2）论述实施科教兴国战略和人才强国战略的重要意义。

推动经济社会又好又快发展，实现中华民族伟大复兴，科技是关键，人才是核心，教育是基础。我们必须深入实施科教兴国战略和人才强国战略，全面贯彻落实国家中长期教育改革和发展规划纲要，加快从教育大国向教育强国迈进。

（3）论述教育特别是高等教育在国家发展中的重要地位和作用。

全面提高高等教育质量，必须大力提升人才培养水平。全面提高高等教育质量，必须大力增强科学研究能力。全面提高高等教育质量，必须大力服务经济社会发展。全面提高高等教育质量，必须大力推进文化传承创新。

（4）给清华大学的同学们和全国青年学生提出的希望。

第一，希望同学们把文化知识学习和思想品德修养紧密结合起来。第二，希望同学们把创新思维和社会实践紧密结合起来。第三，希望同学们把全面发展和个性发展紧密结合起来。

【思考】

1. 如何结合《讲话》中三点希望做好新时期高等教育工作？
2. 如何通过协同创新推进地方大学内涵发展？

68　实施人才强国战略

【摘录】

人才问题是关系党和国家事业发展的关键问题……实施人才强国战略，就是要努力造就数以亿计的高素质劳动者、数以千万计的专门人才、一大批拔尖创新人才，建设规模宏大、结构合理、素质较高的人才队伍，充分发挥各类人才的积极性、主动性和创造性，开创人才辈出、人尽其才的新局面，大力提升国家核心竞争力和综合国力……实施人才强国战略，是抓住和用好重要战略机遇期、应对日益激烈的国际竞争的必然要求……是全面建设小康社会、开创中国特色社会主义事业新局面的必然要求……是增强党的执政能力、巩固党的执政地位的必然要求。

……

做好人才工作，落实好人才强国战略，必须以马克思主义为指导，从当代世界和中国深刻变化着的实际出发，根据党和国家事业发展的迫切需要，解放思想、实事求是、与时俱进，树立适应新形势新任务要求的科学人才观。

——摘自《胡锦涛文选》第2卷，人民出版社，2016，第123～129页。

【导读】

胡锦涛提出人才强国战略是基于对国内国际形势的分析判断，就国内形势而言，中国进入全面建设小康社会、加快推进社会主义现代化的关键时期，经济社会发展要求与人才资源不足的矛盾日益突出，高层次和高技能人才严重短缺，人才结构不合理，人才管理体制、运行机制与市场经济体制不相适应等问题现实地提到党和国家的议事日程。就国际形势看，经济全球化深入发展，科技进步突飞猛进，知识创新、科技创新、产业创新不断加速，以经济为基础、科技为先导的综合国力竞争日趋激烈，人才资源成为关系国家竞争力强弱的基础性、核心性、战略性资源。

1. 关系党和国家事业发展的关键问题

人才问题是关系党和国家事业发展的关键问题。全党同志必须从全局和战略的高度，以高度的政治责任感和历史使命感，把实施人才强国战略作为党和国家一项重大而紧迫的任务抓紧抓好。

2. 做好人才工作，落实好人才强国战略的出发点

做好人才工作，落实好人才强国战略，必须以马克思主义为指导，从当代世界和中国深刻变化着的实际出发，根据党和国家事业发展的迫切需要，解放思想、实事求是、与时俱进，树立适应新形势新任务要求的科学人才观。

3. 加强和改进人才工作的重点

第一，着眼于人才总量的增长和人才素质的提高，大力加强人才资源能力建设。第二，坚持改革创新，完善人才工作的体制和机制。第三，以培养造就高层次人才带动整个人才队伍建设，促进各级各类人才协调发展。第四，紧密配合国家重大发展战略的实施开发和配置人才资源，促进人才资源和经济社会发展相协调。

4. 坚持党管人才原则，切实加强实施人才强国战略的组织领导

坚持党管人才原则，就是要充分发挥我们党的领导核心作用，充分发挥党的思想政治优势、组织优势和密切联系群众的优势，为做好人才工作提供坚强的政治保证，更好地统筹人才工作，更好地组织起全面建设小康社会的浩浩荡荡的人才大军。

【案例】

秦昭王五跪得范雎，开放型引进人才

要实现党管人才，最根本的是要走创新之路，全面推进人才引进、培养、使用等环节的改革，真正使党管人才的要求在各个领域、各项工作中得到落实。

秦昭王雄心勃勃，欲一统天下，在引才纳贤方面显示了非凡的气度。范雎原为一隐士，熟知兵法，颇有远略。秦昭王驱车前往拜访范雎，见到他便屏退左右，跪而请教："请先生教我?"但范雎支支吾吾，欲言又止。于是，秦昭王"第二次跪地请教"，且态度上更加恭敬，可范雎仍不语。秦昭王三次跪请打动了范雎，他道出自己不愿进言的重重顾虑。秦昭王听后，第四次下跪，说道："先生不要有什么顾虑，更不要对我怀有疑虑，我是真心向您请教。"范雎还是不放心，就试探道："大王的用计也有失败的时候。"秦昭王对此责并没有发怒，并领悟到范雎可能要进言了，于是，第五次跪下，说："我愿意听先生说其详"。言辞更加恳切，态度更加恭敬。这一次范雎也觉得时机成熟，便答应辅佐秦昭王，帮他统一六国。后来，范雎鞠躬尽瘁地辅佐秦昭王成就霸业，而秦昭王五跪得范雎的典故，千百年来被人们所称誉，成为引才纳贤的楷模。

当今，世界综合国力的竞争，各个地方的竞争，说到底是人才的竞争。所以，"广开进贤之路，广纳天下英才"是党的人才工作"不走封闭僵化的老路"的根本要求，人才不分中外，只要为我所用，为国效力，皆是良才。

【思考】

1. 中国人才资源结构存在严重的不合理现象，具体表现在哪些方面?
2. 如何建立科学的人才选拔任用机制和监督管理机制?

69　建设创新型国家

【摘录】

建设创新型国家，核心就是把增强自主创新能力作为发展科学技术的战略基点，走出中国特色自主创新道路，推动科学技术跨越式发展；就是把增强自主创新能力作为调整产业结构、转变增长方式的中心环节，建设资源节约型、环境友好型社会，推动国民经济又快又好发展；就是把增强自主创新能力作为国家战略，贯穿到现代化建设各个方面，激发全民族创新精神，培养高水平创新人才，形成有利于自主创新的体制机制，大力推进理论创新、制度创新、科技创新，不断巩固和发展中国特色社会主义伟大事业。

……

走中国特色自主创新道路，核心就是要坚持自主创新、重点跨越、支撑发展、引领未来的指导方针。自主创新，就是从增强国家创新能力出发，加强原始创新、集成创新和引进消化吸收再创新。重点跨越，就是坚持有所为、有所不为，选择具有一定基础和优势、关系国计民生和国家安全的关键领域，集中力量、重点突破，实现跨越式发展。支撑发展，就是从现实的紧迫需求出发，着力突破重大关键技术和共性技术，支撑经济社会持续协调发展。引领未来，就是着眼长远，超前部署前沿技术和基础研究，创造新的市场需求，培育新兴产业，引领未来经济社会发展。这一方针，是我国半个多世纪科技事业发展实践经验的概括总结，是面向未来、实现中华民族伟大复兴的重要抉择，必须贯穿于我国科技事业发展的全过程。①

——摘自《胡锦涛：走中国特色自主创新道路，为建设创新型国家而奋斗》

① 《胡锦涛文选》第2卷，人民出版社，2016，第402~404页。

【导读】

进入21世纪，世界新科技革命发展的势头更加迅猛，正孕育着新的重大突破。信息科技将进一步成为推动经济增长和知识传播应用进程的重要引擎，生命科学和生物技术将进一步对改善和提高人类生活质量发挥关键作用，能源科技将进一步为化解世界性能源和环境问题开辟途径，纳米科技将进一步带来深刻的技术变革，空间科技将进一步促进人类对太空资源的开发和利用，基础研究的重大突破将进一步为人类认知客观规律、推动技术和经济发展展现新的前景。

在世界新科技革命推动下，知识在经济社会发展中的作用日益突出，国民财富的增长和人类生活的改善越来越有赖于知识的积累和创新。科技竞争成为国际综合国力竞争的焦点。当今时代，谁在知识和科技创新方面占据优势，谁就能够在发展上掌握主动。世界各国尤其是发达国家纷纷把推动科技进步和创新作为国家战略，大幅度提高科技投入，加快科技事业发展，重视基础研究，重点发展战略高技术及其产业，加快科技成果向现实生产力转化，以利于为经济社会发展提供持久动力，在国际经济、科技竞争中争取主动权。

面对世界科技发展的大势，面对日趋激烈的国际竞争，我们只有把科学技术真正置于优先发展的战略地位，真抓实干，急起直追，才能把握先机，赢得发展的主动权。

我国正处于社会主义初级阶段，经济社会发展水平不高，人均资源相对不足，进一步发展还面临着一些突出的问题和矛盾。从我国发展的战略全局看，走新型工业化道路，调整经济结构，转变经济增长方式，缓解能源资源和环境的瓶颈制约，加快产业优化升级，促进人口健康和保障公共安全，维护国家安全和战略利益，我们比以往任何时候都更加迫切地需要坚实的科学基础和有力的技术支撑来推动经济社会全面、协调、可持续发展。建设创新型国家成了我国有效应对未来国际竞争的重大战略选择。

全国科技大会的胜利落幕和我国21世纪第一个中长期科技发展规划的正式实施，标志着全党全社会对科技进步和创新重要性的认识达到了一个新的高度，这将对我国未来科学技术的发展产生持续而深远的影响。而

《国家中长期科学和技术发展规划纲要（2006—2020）》（以下简称《纲要》）制定过程中所形成的一系列共识，也为突出自主创新、建设创新型国家的宏观战略决策奠定了坚实基础。从“十一五”时期的规划纲要实施效果来看，我国的创新体系建设，特别是产学研结合的技术创新体系取得了显著的成效，在振兴装备制造业、探月工程、三峡工程、青藏铁路等重大项目中，科技创新、科技应用、创新环境和科技基础设施等建设都取得了较大进展。整体而言，我国正在按照《纲要》确定的方向，大踏步地向创新型国家的行列迈进。

2006 年，全国科技大会提出自主创新、建设创新型国家战略，颁布了《国家中长期科学和技术发展规划纲要（2006—2020）》。

2006 年伊始，胡锦涛总书记提出扎实完成建设创新型国家的重大战略任务，2006—2020 年，将是中国通过不断的努力进入创新型国家的战略机遇期，由此为全面建设小康社会提供强有力的支撑。这 15 年，将横跨三个“五年规划期”，真正通过转型与创新发展，从初步纳入科学发展的轨道到全面纳入科学发展的轨道。

《纲要》确定今后 15 年科技工作的方针是“自主创新、重点跨越、支撑发展、引领未来”，提出了我国科学技术发展的总体目标，并提出了比较具体的 8 个定性目标和 4 个定量目标。在此基础上，重点确立了能源、水和矿产资源、环境、农业、制造业、交通运输业、信息产业及现代服务业、人口与健康、城镇化与城市发展、公共安全、国防等 11 个国民经济和社会发展的重点领域和 68 项优先主题；瞄准国家目标安排了核心电子器件、高端通用芯片及基础软件等 16 个重大专项；针对未来挑战重点安排了生物技术、信息、新材料、先进制造、先进能源、海洋、激光和空天等 8 个技术领域的 27 项前沿技术、18 个基础科学问题，以及蛋白质研究、量子调控研究、纳米研究和发育与生殖研究等 4 个重大科学研究计划。为保证创新型国家建设目标的顺利实现，《纲要》从支持企业成为创新主体、大幅度增加科技投入、推进国家创新体系建设、加强创新人才队伍建设等五个方面提出了一系列具体政策措施。同时要求在财税、金融、政府采购、知识产权保护、人才队伍建设等方面，加强经济政策和科技政策的相互协调，形成激励自主创新的政策体系。

1. **深刻认识世界新科技革命带来的机遇和挑战**

我们一定要有高度的历史责任感、强烈的忧患意识和宽广的世界眼光，紧紧抓住机遇，应对各种挑战，奋力把中国特色社会主义事业推向前进。科学技术是第一生产力，是推动人类文明进步的革命力量。要实现党的十六届五中全会确定的发展目标，必须坚持以邓小平理论和“三个代表”重要思想为指导，全面贯彻落实科学发展观，大力实施科教兴国战略和人才强国战略，进一步发挥科技进步和创新的重大作用，切实把经济社会发展转入以人为本、全面协调可持续发展的轨道。

2. **扎实完成建设创新型国家的重大战略任务**

21 世纪头 20 年，是我国经济社会发展的重要战略机遇期，也是我国科技事业发展的重要战略机遇期。面对汹涌澎湃的世界新科技革命浪潮，我们必须认清形势、坚定信心、抢抓机遇、奋起直追。总体目标是：到 2020 年，使我国的自主创新能力显著增强，科技促进经济社会发展和保障国家安全的能力显著增强，基础科学和前沿技术研究综合实力显著增强，取得一批在世界具有重大影响的科学技术成果，进入创新型国家行列，为全面建设小康社会提供强有力的支撑。党中央、国务院做出的建设创新型国家的决策，是事关社会主义现代化建设全局的重大战略决策。

为了实现进入创新型国家行列的奋斗目标，我们要突出抓好以下几个方面的工作：实施正确的指导方针，努力走中国特色自主创新道路；坚持把提高自主创新能力摆在突出位置，大幅度提高国家竞争力；深化体制改革，加快推进国家创新体系建设；创造良好环境，培养造就富有创新精神的人才队伍；发展创新文化，努力培育全社会的创新精神。

3. **动员全党全社会力量，为建设创新型国家而奋斗**

用 15 年的时间使我国进入创新型国家行列，是一项极其繁重而艰巨的任务，也是一场极其广泛而深刻的社会变革。全党同志特别是各级领导干部务必深刻认识完成这项任务的极端重要性和紧迫性，加强领导、狠抓落实。第一，加强组织领导，切实把提高自主创新能力作为关系全局的大事抓紧抓好。第二，加强协调配合，加大对自主创新的支持力度。第三，坚持以人为本，让科技发展成果惠及全体人民。

建设创新型国家是时代赋予我们的光荣使命，是我们这一代人必须承担的历史责任。几千年来，中华民族创造了灿烂辉煌的优秀文化，以众多的创新成就为人类文明进步做出了巨大贡献。回顾历史，展望未来，我们完全有信心、有能力为人类文明进步做出新的更大的贡献。全党全国各族人民要统一思想、坚定信心、奋发努力、扎实苦干，坚持走中国特色自主创新道路，以只争朝夕的精神为建设创新型国家而努力奋斗！

【案例】

屠呦呦获诺贝尔医学奖

2015 年 10 月 5 日，瑞典卡罗琳医学院在斯德哥尔摩宣布，中国女科学家屠呦呦获得 2015 年诺贝尔生理学或医学奖。

这是中国科学家因为在中国本土进行的科学研究而首次获诺贝尔科学奖，是中国医学界迄今为止获得的最高奖项，也是中医药成果获得的最高奖项。

屠呦呦从中医古籍里得到启发，通过对提取方法的改进，首先发现中药青蒿的提取物有高效抑制疟原虫的成分，她的发现，在抗疟疾新药青蒿素的开发过程中起到关键性的作用。屠呦呦的这一发现在全球范围内挽救了数百万人的生命。

每年 10 月，随着诺贝尔各种奖项公布，中国人特别关注诺贝尔奖的获得者。这是因为在百年诺贝尔奖评选之中，绝大多数获得者为西方人。虽然近些年也有黄皮肤的中国人走上诺奖领奖台，但他们多为华裔外国人，2012 年莫言获得诺贝尔文学奖之后，国人更期待能有一位本土科学家摘得诺贝尔奖科学类奖项，83 岁的“三无”科学家屠呦呦终于众望所归，成为国内第一位获得诺贝尔科学类奖项获得者，同时也是第一个获得诺贝尔奖的中国籍女性。

【思考】

1. 建设创新型国家的关键、核心和基础是什么？

2. 创新型国家应具备哪四个基本特征？

3.《国家中长期科学和技术发展规划纲要（2006—2020）》中提到的确定优先主题的原则是什么？

70　树立社会主义荣辱观

【摘录】

全面建设小康社会、加快推进社会主义现代化，要求我们必须把发展社会主义先进文化放到十分突出的位置，着眼于提高人的素质、促进人的全面发展，加强思想道德建设，发展教育科学文化，培育有理想、有道德、有文化、有纪律的社会主义公民。①

……

社会风气是社会文明程度的重要标志，是社会价值导向的集中体现。树立良好的社会风气是广大人民群众的强烈愿望，也是经济社会顺利发展的必然要求。在我们的社会主义社会里，是非、善恶、美丑的界限绝对不能混淆，坚持什么、反对什么，倡导什么、抵制什么，都必须旗帜鲜明。要在全社会大力弘扬爱国主义、集体主义、社会主义思想，倡导社会主义基本道德规范，扶正祛邪，扬善惩恶，促进良好社会风气的形成和发展。要教育广大干部群众特别是广大青少年树立社会主义荣辱观，坚持以热爱祖国为荣、以危害祖国为耻，以服务人民为荣、以背离人民为耻，以崇尚科学为荣、以愚昧无知为耻，以辛勤劳动为荣、以好逸恶劳为耻，以团结互助为荣、以损人利己为耻，以诚实守信为荣、以见利忘义为耻，以遵纪守法为荣、以违法乱纪为耻，以艰苦奋斗为荣、以骄奢淫逸为耻。②

——摘自《胡锦涛：牢固树立社会主义荣辱观》

【导读】

社会主义荣辱观直接关涉国家软实力的强弱，评价一个国家，不能光看其经济总量、军事力量等硬实力，还要看这个国家的思想文化、民族精神、道德情操等软实力因素。毫无疑问，树立社会主义荣辱观必将进一步

① 《改革开放三十年重要文献选编》下卷，人民出版社，2008，第1575页。

② 《胡锦涛文选》第2卷，人民出版社，2016，第430页。

提升全民族的精神状态和道德情操的境界，进一步增强我们党和国家的凝聚力、感召力、影响力、战斗力。

改革开放以来，我国经济社会进入了快速发展时期，社会的深刻变革，经济的快速发展，文化的相互激荡，对人们的思想观念、生活方式和价值取向直至社会主义道德建设都产生了很大的冲击和挑战。虽然当前热爱祖国、积极向上、科学文明、尚勤倡廉、团结友爱一直是我们社会精神风貌的主流，但毋庸讳言，在现实生活中，社会道德风气也还有许多不尽如人意之处，一些人的羞耻感下降，不明是非、不知荣辱、不辨善恶、不分美丑的现象在多个领域都不同程度地存在。这种道德的缺失，破坏了社会道德规则的效力，破坏了正常的社会秩序，腐化了社会风气。若任其发展到了严重的程度，结果必然是有纪不守，有规不循，正事邪办，直事歪办，是非颠倒，以丑为美，以耻为荣，长此以往必将影响经济和社会的健康发展，损害广大人民群众的根本利益。提出在全社会树立社会主义荣辱观，是很有现实针对性的，是我们克服发展中的不足，解决前进中存在的问题，推动社会经济政治文化全面协调发展的必然需要。

胡锦涛同志关于社会主义荣辱观的重要论述，精辟地阐明了社会主义荣辱观的深刻内涵，代表了先进文化的前进方向，体现了社会主义基本道德规范的本质要求，体现了依法治国与以德治国相结合的治国方略，是我们党关于社会主义道德建设思想的继承和发展，是进一步推进精神文明建设的重要指导方针。“八荣八耻”囊括了爱国主义、集体主义思想，以及社会主义基本道德规范和社会风尚的本质要求，是中华民族传统美德和时代精神的完美结合，是社会主义世界观、人生观和价值观的生动体现，为促进良好社会风气的形成指明了方向，集中表达了人民群众的共同心愿。

《牢固树立社会主义荣辱观》思想深邃、意义深远，内涵十分丰富。它不仅提出了社会主义荣辱观的主要内容，回答了什么是社会主义荣辱观，强调了树立社会主义荣辱观的重大意义，回答了为什么要树立社会主义荣辱观，而且明确了树立社会主义荣辱观的方法，回答了怎样树立社会主义荣辱观。

1. 提高全民族素质

当今世界的综合国力竞争，说到底是民族素质竞争。要充分发挥教育对提高人的素质的基础性作用，坚持教育优先发展，全面推进素质教育，加大统筹城乡教育发展的力度，加大对义务教育尤其是农村义务教育的投入，使每一个适龄青少年都能接受良好教育。要努力建设学习型社会，在全社会树立全民学习、终身学习的理念，通过多种形式和渠道的学习培训，使每个人都不断获得新知、增长才干，跟上时代前进步伐。要在全体人民中大力弘扬科学精神、普及科学知识、树立科学观念、提倡科学方法，努力在全社会形成学习科学、相信科学、依靠科学的良好氛围，促进全民族科学素质的提高。要牢牢把握文化发展的正确方向，积极推动文化创新，大力发展文化事业和文化产业，为广大人民群众提供更多更好的精神文化产品，充分发挥文化启迪思想、陶冶情操、传授知识、鼓舞人心的积极作用。

2. 培养大批优秀人才

国家兴盛，人才为本。要全面实施人才强国战略，大力加强人力资源能力建设，加大投入力度，完善工作措施，重点培养人的学习能力、实践能力，着力提高人的创新能力，努力造就大批优秀人才。要进一步优化人才发展的环境，不拘一格选人才，建立健全育才、引才、聚才、用才的体制机制，形成鼓励人才干事业、支持人才干成事业、帮助人才干好事业的社会氛围，开创人尽其才、才尽其用、用当其时、人才辈出的局面。

3. 树立良好的社会风气

社会风气是社会文明程度的重要标志，是社会价值导向的集中体现。树立良好的社会风气是广大人民群众的强烈愿望，也是经济社会顺利发展的必然要求。在我们的社会主义社会里，是非、善恶、美丑的界限绝对不能混淆，坚持什么、反对什么，倡导什么、抵制什么，都必须旗帜鲜明。要在全社会大力弘扬爱国主义、集体主义、社会主义思想，倡导社会主义基本道德规范，扶正祛邪，扬善惩恶，促进良好社会风气的形成和发展。要教育广大干部群众特别是广大青少年树立社会主义荣辱观，坚持以热爱祖国为荣、以危害祖国为耻，以服务人民为荣、以背离人民为耻，以崇尚科学为荣、以愚昧无知为耻，以辛勤劳动为荣、以好逸恶劳为耻，以团结互助为荣、以损人利己为耻，以诚实守信为荣、以见利忘义为耻，以遵纪守法为荣、以违法乱纪为耻，以艰苦奋斗为荣、以骄奢淫逸为耻。

【案例】

周永康贪污案

周永康，原十七届中共中央政治局常委、中共政法委书记，严重违反党的政治纪律、组织纪律、保密纪律，利用职务上的便利，滥用职权，利用职务便利为多人谋取非法利益，直接或通过家人收受巨额贿赂；滥用职权帮助亲属、情妇、朋友从事经营活动获取巨额利益，造成国有资产重大损失；泄露党和国家机密；严重违反廉洁自律规定，本人及亲属收受他人大量财物；与多名女性通奸并进行权色、钱色交易。调查中还发现周永康其他涉嫌犯罪线索。周永康的所作所为完全背离党的性质和宗旨，严重违反党的纪律，极大损害党的形象，给党和人民事业造成重大损失，影响极其恶劣。

周永康案警醒我们，要以周永康案件为反面教材，深刻总结反思，汲取教训、引以为戒，要深入剖析反面典型严重违纪违法的思想根源，针对这些反面典型政治上变质、经济上贪婪、道德上堕落、生活上腐化的严重违纪违法行为，从理想信念这个“总开关”上、从党性原则上、从权力观地位观利益观上、从道德品行上剖析根源，弄清实质。要以反面典型为镜，把自己摆进去，深入查找执行政治纪律和政治规矩、组织纪律和廉政纪律等方面存在的突出问题，有什么问题就解决什么问题，什么问题突出就重点解决什么问题。

【思考】

1. 社会主义荣辱观的主要内容是什么？

2. 大力提倡社会主义荣辱观有何重大意义？

第三编

习近平新时代中国特色社会主义思想

71　创新推动发展　科技引领未来

【摘录】

纵观人类发展历史，创新始终是一个国家、一个民族发展的重要力量，也始终是推动人类社会进步的重要力量。不创新不行，创新慢了也不行。如果我们不识变、不应变、不求变，就可能陷入战略被动，错失发展机遇，甚至错过整整一个时代。实施创新驱动发展战略，是应对发展环境变化、把握发展自主权、提高核心竞争力的必然选择，是加快转变经济发展方式、破解经济发展深层次矛盾和问题的必然选择，是更好引领我国经济发展新常态、保持我国经济持续健康发展的必然选择。

科技是国之利器，国家赖之以强，企业赖之以赢，人民生活赖之以好。中国要强，中国人民生活要好，必须有强大科技。新时期、新形势、新任务，要求我们在科技创新方面有新理念、新设计、新战略。我们要深入贯彻新发展理念，深入实施科教兴国战略和人才强国战略，深入实施创新驱动发展战略，统筹谋划，加强组织，优化我国科技事业发展总体布局。

第一，夯实科技基础，在重要科技领域跻身世界领先行列。推动科技发展，必须准确判断科技突破方向。判断准了就能抓住先机。“虽有智慧，不如乘势。”① 历史经验表明，那些抓住科技革命机遇走向现代化的国家，都是科学基础雄厚的国家；那些抓住科技革命机遇成为世界强国的国家，都是在重要科技领域处于领先行列的国家。

……

第二，强化战略导向，破解创新发展科技难题。科技创新的战略导向十分紧要，必须抓准，以此带动科技难题的突破。当前，国家对战略科技支撑的需求比以往任何时期都更加迫切……党中央已经确定了我国科技面向2030年的长远战略，决定实施一批重大科技项目和工程，要加快推进，围绕国家重大战略需求，着力攻破关键核心技术，抢占事关长远和全局的科技战略制高点。

---

① 见《孟子·公孙丑上》。

……

第三，加强科技供给，服务经济社会发展主战场。“穷理以致其知，反躬以践其实。”① 科学研究既要追求知识和真理，也要服务于经济社会发展和广大人民群众。广大科技工作者要把论文写在祖国的大地上，把科技成果应用在实现现代化的伟大事业中。

……

第四，深化改革创新，形成充满活力的科技管理和运行机制。创新是一个系统工程，创新链、产业链、资金链、政策链相互交织、相互支撑，改革只在一个环节或几个环节搞是不够的，必须全面部署，并坚定不移推进。科技创新、制度创新要协同发挥作用，两个轮子一起转。

我们最大的优势是我国社会主义制度能够集中力量办大事，这是我们成就事业的重要法宝。过去我们取得重大科技突破依靠这一法宝，今天我们推进科技创新跨越也要依靠这一法宝，形成社会主义市场经济条件下集中力量办大事的新机制。

……

第五，弘扬创新精神，培育符合创新发展要求的人才队伍。“功以才成，业由才广。”② 科学技术是人类的伟大创造性活动。一切科技创新活动都是人做出来的。我国要建设世界科技强国，关键是要建设一支规模宏大、结构合理、素质优良的创新人才队伍，激发各类人才创新活力和潜力。要极大调动和充分尊重广大科技人员的创造精神，激励他们争当创新的推动者和实践者，使谋划创新、推动创新、落实创新成为自觉行动。③

——2016 年 5 月 30 日，习近平在全国科技创新大会、两院院士大会、中国科协第九次全国代表大会上发表讲话

面对科技创新发展新趋势，世界主要国家都在寻找科技创新的突破口，抢占未来经济科技发展的先机。我们不能在这场科技创新的大赛场上

① 见元代脱脱等《宋史·朱熹传》。

② 见西晋陈寿《三国志·蜀书·董允传》裴松之注引《襄阳记》。

③ 《为建设世界科技强国而奋斗：在全国科技创新大会、两院院士大会、中国科协第九次全国代表大会上的讲话》，人民出版社，2016，第 6 ~ 16 页。

落伍，必须迎头赶上、奋起直追、力争超越。

……

只有把核心技术掌握在自己手中，才能真正掌握竞争和发展的主动权，才能从根本上保障国家经济安全、国防安全和其他安全。不能总是用别人的昨天来装扮自己的明天。不能总是指望依赖他人的科技成果来提高自己的科技水平，更不能做其他国家的技术附庸，永远跟在别人的后面亦步亦趋。我们没有别的选择，非走自主创新道路不可。①

——2014 年 6 月 9 日，习近平在中国科学院第十七次院士大会、中国工程院第十二次院士大会上发表讲话

【导读】

新时代，经济社会发展对科技创新的需求日益迫切。党的十九大报告提出“加快建设创新型国家”。由此，强化创新第一动力的地位和作用，突出以科技创新引领全面创新，尤为重要。新一轮科技革命及由此带来的产业变革，正在引发国际产业分工重大调整，进而重塑世界竞争格局、改变国家力量对比。面向未来，谁能在创新中取胜、抢得先机，谁就能赢得未来全球竞争的主动权。

新时代要有新作为，坚定不移深化科技体制改革，发挥改革“点火系”的关键作用，激发创新科技所蕴藏的巨大潜能，强化知识产权创造、保护、运用，深化科技成果权益管理改革，完善科技成果转化激励评价制度，破解产学研深度融合的制度樊篱，构建良好的创新生态系统，凝聚起更为强大、更为持久的科技创新力量，不断实现建成创新型国家和世界科技强国的目标。

【案例】

首都机场迎来“航空大脑”

2017 年 12 月 20 日，阿里云和首都机场联合在云栖大会·北京峰会上

① 《在中国科学院第十七次院士大会、中国工程院第十二次院士大会上的讲话》，人民出版社，2014，第 6、10 页。

发布ET航空大脑，首都机场将用运筹优化、机器学习等人工智能方法分配停机位，预计每天调度1700架次航班，帮助乘客节省5000个小时，大大提高航班中转效率，从而降低延误率。据悉，为机场提供停机位的智能调度只是ET航空大脑的功能之一，航空大脑还希望深入航空的其他场景，例如为机场的地勤人员调度、航空公司的航线规划等提供人工智能解决方案，打造智慧航空。

【思考】

1. 在学习专业知识的同时，大学生如何培养自身的创新意识？
2. 谈谈十八大以来我国在科技创新方面取得了哪些成就。

72　保障网络安全　建设网络强国

【摘录】

第一个问题，讲讲推动我国网信事业发展，让互联网更好造福人民……网信事业要发展，必须贯彻以人民为中心的发展思想。这是党的十八届五中全会提出的一个重要观点。要适应人民期待和需求，加快信息化服务普及，降低应用成本，为老百姓提供用得上、用得起、用得好的信息服务，让亿万人民在共享互联网发展成果上有更多获得感。相比城市，农村互联网基础设施建设是我们的短板。要加大投入力度，加快农村互联网建设步伐，扩大光纤网、宽带网在农村的有效覆盖。可以做好信息化和工业化深度融合这篇大文章，发展智能制造，带动更多人创新创业；可以瞄准农业现代化主攻方向，提高农业生产智能化、经营网络化水平，帮助广大农民增加收入；可以发挥互联网优势，实施“互联网＋教育”、“互联网＋医疗”、“互联网＋文化”等，促进基本公共服务均等化；可以发挥互联网在助推脱贫攻坚中的作用，推进精准扶贫、精准脱贫，让更多困难群众用上互联网，让农产品通过互联网走出乡村，让山沟里的孩子也能接受优质教育；可以加快推进电子政务，鼓励各级政府部门打破信息壁垒、提升服务效率，让百姓少跑腿、信息多跑路，解决办事难、办事慢、办事繁的问题，等等。这些方面有很多事情可做，一些互联网企业已经做了尝试，取得了较好的经济效益和社会效益……

第二个问题，讲讲建设网络良好生态，发挥网络引导舆论、反映民意的作用……

网络空间是亿万民众共同的精神家园。网络空间天朗气清、生态良好，符合人民利益。网络空间乌烟瘴气、生态恶化，不符合人民利益。谁都不愿生活在一个充斥着虚假、诈骗、攻击、谩骂、恐怖、色情、暴力的空间。互联网不是法外之地。利用网络鼓吹推翻国家政权，煽动宗教极端主义，宣扬民族分裂思想，教唆暴力恐怖活动，等等，这样的行为要坚决制止和打击，决不能任其大行其道。利用网络进行欺诈活动，散布色情材料，进行人身攻击，兜售非法物品，等等，这样的言行也要坚决管控，决不能任其大行其道。没有哪个国家会允许这样的行为泛滥开来。我们要本着对社会负责、对人民负责的态度，依法加强网络空间治理，加强网络内容建设，做强网上正面宣传，培育积极健康、向上向善的网络文化，用社会主义核心价值观和人类优秀文明成果滋养人心、滋养社会，做到正能量充沛、主旋律高昂，为广大网民特别是青少年营造一个风清气正的网络空间。

……

第三个问题，讲讲尽快在核心技术上取得突破……

互联网核心技术是我们最大的“命门”，核心技术受制于人是我们最大的隐患。一个互联网企业即便规模再大、市值再高，如果核心元器件严重依赖外国，供应链的“命门”掌握在别人手里，那就好比在别人的墙基上砌房子，再大再漂亮也可能经不起风雨，甚至会不堪一击。我们要掌握我国互联网发展主动权，保障互联网安全、国家安全，就必须突破核心技术这个难题，争取在某些领域、某些方面实现“弯道超车”。

……

第四个问题，讲讲正确处理安全和发展的关系……

网络安全和信息化是相辅相成的。安全是发展的前提，发展是安全的保障，安全和发展要同步推进。我们一定要认识到，古往今来，很多技术都是“双刃剑”，一方面可以造福社会、造福人民，另一方面也可以被一些人用来损害社会公共利益和民众利益。从世界范围看，网络安全威胁和风险日益突出，并日益向政治、经济、文化、社会、生态、国防等领域传导渗透。特别是国家关键信息基础设施面临较大风险隐患，网络安全防控能力薄弱，难以有效应对国家级、有组织的高强度网络攻击。

……

第五个问题，讲讲增强互联网企业使命感、责任感，共同促进互联网持续健康发展。……

我国互联网企业由小到大、由弱变强，在稳增长、促就业、惠民生等方面发挥了重要作用。让企业持续健康发展，既是企业家奋斗的目标，也是国家发展的需要。企业命运与国家发展息息相关。脱离了国家支持、脱离了群众支持，脱离了为国家服务、为人民服务，企业难以做强做大。①

——2016 年 4 月 19 日，习近平在网络安全和信息化工作座谈会上发表讲话

【导读】

互联网是人类的新空间、新家园，我们用它来了解世界，用它来沟通感情，用它来满足生活，而这一切都需要新规则、新秩序。随着网络的作用越来越大，保障网络安全、建设网络强国也越来越重要。习总书记指出，网络空间同现实社会一样，既要提倡自由，也要保持秩序。要加强网络伦理、网络文明建设，发挥道德教化引导作用，不断建设网络强国。

建设网络强国的战略部署，要与“两个一百年”奋斗目标同步推进，向着网络基础设施基本普及、自主创新能力显著增强、信息经济全面发展、网络安全保障有力的目标不断前进。同时网络空间是人类共同的活动空间，网络空间前途命运应由世界各国共同掌握。各国应该加强沟通、扩大共识、深化合作，共同构建网络空间命运共同体。

【思考】

1. 为保障大学生的网络信息安全，大学生应如何加强网络安全意识？

---

① 见习近平《在网络安全和信息化工作座谈会上的讲话》,《习近平谈治国理政》第 2 卷，外文出版社，2017，第 335 ~ 337 页。

2. 谈谈如何加强网络文明建设，发挥道德教化引导作用？

73　精准扶贫　打赢脱贫攻坚战

【摘录】

要充分认识打赢脱贫攻坚战的艰巨性。今后几年，我国脱贫攻坚面临着十分艰巨的任务。越往后脱贫难度越大，因为剩下的大都是条件较差、基础较弱、贫困程度较深的地区和群众。要把深度贫困地区作为区域攻坚重点，确保在既定时间节点完成脱贫攻坚任务。

要坚持精准扶贫、精准脱贫。要打牢精准扶贫基础，通过建档立卡，摸清贫困人口底数，做实做细，实现动态调整。要提高扶贫措施有效性，核心是因地制宜、因人因户因村施策，突出产业扶贫，提高组织化程度，培育带动贫困人口脱贫的经济实体。要组织好易地扶贫搬迁，坚持群众自愿原则，合理控制建设规模和成本，发展后续产业，确保搬得出、稳得住、逐步能致富。要加大扶贫劳务协作，提高培训针对性和劳务输出组织化程度，促进转移就业，鼓励就地就近就业。要落实教育扶贫和健康扶贫政策，突出解决贫困家庭大病、慢性病和学生上学等问题。要加大政策落实力度，加大财政、土地等政策支持力度，加强交通扶贫、水利扶贫、金融扶贫、教育扶贫、健康扶贫等扶贫行动，扶贫小额信贷、扶贫再贷款等政策要突出精准。

要加强基层基础工作。要加强贫困村两委建设，深入推进抓党建促脱贫攻坚工作，选好配强村两委班子，培养农村致富带头人，促进乡村本土人才回流，打造一支“不走的扶贫工作队”。要充实一线扶贫工作队伍，发挥贫困村第一书记和驻村工作队作用，在实战中培养锻炼干部，打造一支能征善战的干部队伍。农村干部在村里，工作很辛苦，对他们要加倍关心。

要把握好脱贫攻坚正确方向。要防止层层加码，要量力而行、真实可靠、保证质量。要防止形式主义，扶真贫、真扶贫，扶贫工作必须务实，脱贫过程必须扎实，脱贫结果必须真实，让脱贫成效真正获得群众认可、经得起实践和历史检验。要实施最严格的考核评估，开展督查巡查，对不严不实、弄虚作假的，要严肃问责。要加强扶贫资金管理使用，对挪用乃至贪污扶贫款项的行为必须坚决纠正、严肃处理。①

——2017 年 6 月 23 日，习近平在深度贫困地区脱贫攻坚座谈会上发表讲话

脱贫攻坚已经到了啃硬骨头、攻坚拔寨的冲刺阶段，必须以更大的决心、更明确的思路、更精准的举措、超常规的力度，众志成城实现脱贫攻坚目标，决不能落下一个贫困地区、一个贫困群众。

要坚持精准扶贫、精准脱贫，重在提高脱贫攻坚成效。关键是要找准路子、构建好的体制机制，在精准施策上出实招、在精准推进上下实功、在精准落地上见实效。要解决好“扶持谁”的问题，确保把真正的贫困人口弄清楚，把贫困人口、贫困程度、致贫原因等搞清楚，以便做到因户施策、因人施策。要解决好“谁来扶”的问题，加快形成中央统筹、省（自治区、直辖市）负总责、市（地）县抓落实的扶贫开发工作机制，做到分工明确、责任清晰、任务到人、考核到位。

越是进行脱贫攻坚战，越是要加强和改善党的领导。脱贫攻坚任务重的地区党委和政府要把脱贫攻坚作为“十三五”期间头等大事和第一民生工程来抓，坚持以脱贫攻坚统揽经济社会发展全局。要层层签订脱贫攻坚责任书、立下军令状。要建立年度脱贫攻坚报告和督察制度，加强督察问责。要把脱贫攻坚实绩作为选拔任用干部的重要依据，在脱贫攻坚第一线考察识别干部，激励各级干部到脱贫攻坚战场上大显身手。要把夯实农村基层党组织同脱贫攻坚有机结合起来，选好一把手、配强领导班子。

脱贫致富终究要靠贫困群众用自己的辛勤劳动来实现。没有比人更高的山，没有比脚更长的路。要重视发挥广大基层干部群众的首创精神，让他们的心热起来、行动起来，靠辛勤劳动改变贫困落后面貌。要动员全社

① 见习近平《在深度贫困地区脱贫攻坚座谈会上的讲话》,《习近平谈治国理政》第 2 卷，外文出版社，2017，第 87 ~ 90 页。

会力量广泛参与扶贫事业。①

——2015 年 11 月 27 日，习近平在中央扶贫开发工作会议上发表的讲话

【导读】

“在小康的路上一个都不能掉队！”让贫困人口和贫困地区同全国一道进入全面小康社会，是中国共产党的庄严承诺。党的十八大以来，在以习近平同志为核心的党中央的坚强领导下，一场前所未有的脱贫攻坚战在全国范围全面打响。

打赢脱贫攻坚战是实现全面建成小康社会目标的重大任务，唯有迎难而上、一鼓作气，举全党全国之力，撸起袖子加油干，落实好精准扶贫、精准脱贫，才能做到脱真贫、真脱贫，使全面建成小康社会得到人民认可、经得起历史检验，为实现第一个百年奋斗目标奠定坚实基础。

【案例】

天梯上的村庄

坐落于雅安市、乐山市、凉山彝族自治州交界处的古路村，平均海拔 2000 多米，至今不通公路，是一座名副其实的“天梯村”，这里的人们进出大山，必须靠 17 段用藤条和木棍编织的藤梯。在精准扶贫工作的推动下，县政府出资 300 多万元，一条跨度 750 米的索道建成了。几千斤物资通过索道，从对面通公路的山头运到斑鸠嘴只用了 3 分钟。依托索道和大渡河国家地质公园，古路村逐渐完全走出一条有特色的乡村旅游新路。

【思考】

1. 打好脱贫攻坚战是党的十九大提出的三大攻坚战之一，它的历史意义是什么？

2. 结合实际，谈谈当前地方政府在精准扶贫时可能遇到的问题及对策。

---

① 见习近平《习近平在中央扶贫开发工作会议的讲话》,《习近平谈治国理政》第 2 卷，外文出版社，2017，第 84、85 页。

74　铭记历史　开创未来

【摘录】

中国人民抗日战争和世界反法西斯战争，是正义和邪恶、光明和黑暗、进步和反动的大决战。在那场惨烈的战争中，中国人民抗日战争开始时间最早、持续时间最长。面对侵略者，中华儿女不屈不挠、浴血奋战，彻底打败了日本军国主义侵略者，捍卫了中华民族5000多年发展的文明成果，捍卫了人类和平事业，铸就了战争史上的奇观、中华民族的壮举。

中国人民抗日战争胜利，是近代以来中国抗击外敌入侵的第一次完全胜利。这一伟大胜利，彻底粉碎了日本军国主义殖民奴役中国的图谋，洗刷了近代以来中国抗击外来侵略屡战屡败的民族耻辱。这一伟大胜利，重新确立了中国在世界上的大国地位，使中国人民赢得了世界爱好和平人民的尊敬。这一伟大胜利，开辟了中华民族伟大复兴的光明前景，开启了古老中国凤凰涅槃、浴火重生的新征程。

在那场战争中，中国人民以巨大民族牺牲支撑起了世界反法西斯战争的东方主战场，为世界反法西斯战争胜利作出了重大贡献。中国人民抗日战争也得到了国际社会广泛支持，中国人民将永远铭记各国人民为中国抗战胜利作出的贡献！

……

经历了战争的人们，更加懂得和平的宝贵。我们纪念中国人民抗日战争暨世界反法西斯战争胜利70周年，就是要铭记历史、缅怀先烈、珍爱和平、开创未来。

那场战争的战火遍及亚洲、欧洲、非洲、大洋洲，军队和民众伤亡超过1亿人，其中中国伤亡人数超过3500万，苏联死亡人数超过2700万。绝不让历史悲剧重演，是我们对当年为维护人类自由、正义、和平而牺牲的英灵、对惨遭屠杀的无辜亡灵的最好纪念。

战争是一面镜子，能够让人更好认识和平的珍贵。今天，和平与发展已经成为时代主题，但世界仍很不太平，战争的达摩克利斯之剑依然悬在人类头上。我们要以史为鉴，坚定维护和平的决心。

为了和平，我们要牢固树立人类命运共同体意识。偏见和歧视、仇恨和战争，只会带来灾难和痛苦。相互尊重、平等相处、和平发展、共同繁荣，才是人间正道。世界各国应该共同维护以联合国宪章宗旨和原则为核心的国际秩序和国际体系，积极构建以合作共赢为核心的新型国际关系，共同推进世界和平与发展的崇高事业。

为了和平，中国将始终坚持走和平发展道路。中华民族历来爱好和平。无论发展到哪一步，中国都永远不称霸、永远不搞扩张，永远不会把自身曾经经历过的悲惨遭遇强加给其他民族。中国人民将坚持同世界各国人民友好相处，坚决捍卫中国人民抗日战争和世界反法西斯战争胜利成果，努力为人类作出新的更大的贡献。

中国人民解放军是人民的子弟兵，全军将士要牢记全心全意为人民服务的根本宗旨，忠实履行保卫祖国安全和人民和平生活的神圣职责，忠实执行维护世界和平的神圣使命。我宣布，中国将裁减军队员额30万。

……

“靡不有初，鲜克有终。”① 实现中华民族伟大复兴，需要一代又一代人为之努力。中华民族创造了具有5000多年历史的灿烂文明，也一定能够创造出更加灿烂的明天。

前进道路上，全国各族人民要在中国共产党领导下，坚持以马克思列宁主义、毛泽东思想、邓小平理论、“三个代表”重要思想、科学发展观为指导，沿着中国特色社会主义道路，按照“四个全面”战略布局，弘扬伟大的爱国主义精神，弘扬伟大的抗战精神，万众一心，风雨无阻，向着我们既定的目标继续奋勇前进！②

——2015年9月3日，习近平在纪念中国人民抗日战争暨世界反法西斯战争胜利70周年大会上发表讲话

在抗战英雄身上，充分展现了天下兴亡、匹夫有责的爱国情怀。以身

① 见《诗经·大雅·荡》。

② 见习近平《在纪念中国人民抗日战争暨世界反法西斯战争胜利70周年大会上的讲话》，《习近平谈治国理政》第2卷，外文出版社，2017，第445、446页。

许国、精忠报国是抗战英雄最鲜明的品质。面对民族生死存亡，全体同胞以“誓死不当亡国奴”的民族自尊，挺身而出，共赴国难。在中国共产党倡导建立的抗日民族统一战线旗帜下，海内外中华儿女以强烈的家国情怀，空前团结起来，争先投入保家卫国的伟大斗争之中，形成了人民战争的汪洋大海，谱写下惊天地、泣鬼神的爱国主义篇章。[①]

——2015 年 9 月 2 日，习近平在颁发“中国人民抗日战争胜利 70 周年”纪念章仪式上发表讲话

【导读】

伟大的中国人民抗日战争，是中国人民近代以来争取独立自由史册上可歌可泣的一页，开辟了世界反法西斯战争的东方主战场，为挽救民族危亡、实现民族独立和人民解放，为争取世界和平的伟大事业，做出了彪炳史册的贡献。

殷忧启圣，多难兴邦。[②] 在民族危亡之际，涌现了一大批的抗日英雄。他们视死如归、宁死不屈。面对侵略者的屠刀，中国人民用血肉之躯筑起新的长城，人人抱定必死之心；他们不畏强暴、血战到底。面对强敌的一次次入侵，不断集结起队伍，前仆后继，顽强抗争，誓与侵略者血战到底，奏响了无数气壮山河的英雄凯歌；他们百折不挠、坚忍不拔。无论条件多么艰苦，无论战争多么残酷，无论牺牲多么巨大，抱定了抗战到底的信念，坚持抗战，持久抗战，最终赢得了战争的最后胜利。

【案例】

狼牙山五壮士

“狼牙山五壮士”是在抗日战争时期，在河北省保定市易县狼牙山战斗中英勇抗击日军和伪满洲国军的八路军 5 位英雄，在战斗中他们临危不惧，英勇阻击，子弹打光后，用石块还击，面对步步逼近的敌人，他们宁

① 《“中国人民抗日战争胜利 70 周年”纪念章颁发仪式在京隆重举行》，《人民日报》2015 年 9 月 2 日，第 1 版。

② 见东晋刘琨《劝进表》，原文是“或多难以固邦国，或殷忧以启圣明”。

死不屈，毁掉枪支，义无反顾地纵身跳下数十丈深的悬崖。5 位战士的壮举，表现了崇高的爱国主义、革命英雄主义精神和坚贞不屈的民族气节，被人民群众誉为“狼牙山五壮士”。

【思考】

1. 结合家乡实际，谈谈你身边有哪些可歌可泣的抗日英雄。
2. 以爱国主义为核心的民族精神有哪些内容？

75　中国梦　祖国统一梦

【摘录】

推进祖国和平统一进程、完成祖国统一大业，是实现中华民族伟大复兴的必然要求。“一国两制”在实践中已经取得举世公认的成功，具有强大生命力。无论遇到什么样的困难和挑战，我们对“一国两制”的信心和决心都绝不会动摇。我们将全面贯彻“一国两制”、“港人治港”、“澳人治澳”、高度自治的方针，严格按照宪法和基本法办事，支持行政长官和特别行政区政府依法施政、履行职责，支持香港、澳门发展经济、改善民生、推进民主、促进和谐。

两岸关系和平发展是维护两岸和平、促进共同发展、造福两岸同胞的正确道路，也是通向和平统一的光明大道。坚持“九二共识”、反对“台独”是两岸关系和平发展的政治基础。我们坚决反对“台独”分裂势力。对任何人、任何时候、以任何形式进行的分裂国家活动，13 亿多中国人民、整个中华民族都决不会答应！两岸同胞是命运与共的骨肉兄弟，是血浓于水的一家人。民族强盛，是同胞共同之福；民族弱乱，是同胞共同之祸。两岸双方应该胸怀民族整体利益，携手为实现中华民族伟大复兴的中国梦共同打拼。①

——2016 年 7 月 1 日，习近平在庆祝中国共产党成立 95 周年大会上发表讲话

① 见习近平《在庆祝中国共产党成立 95 周年大会上的讲话》，《习近平谈治国理政》第 2 卷，外文出版社，2017，第 44 页。

第一，坚持体现一个中国原则的“九二共识”。① “九二共识”的核心是一个中国原则，承认不承认体现一个中国原则的“九二共识”，关系认定两岸是一个国家还是两个国家的根本问题。在这个大是大非问题上，我们的立场不可能有丝毫模糊和松动。在一个中国原则的基础上，协商正式结束两岸敌对状态，达成和平协议，也是我们的一贯主张。国共两党可以就此进行探讨。

第二，坚决反对“台独”分裂势力及其活动。确保国家主权和领土完整是国家核心利益，是一条不可逾越的红线。“台独”损害国家主权和领土完整，煽动两岸同胞敌意和对立，是台海和平稳定的最大威胁，只会给台湾同胞带来深重祸害。任何政党、任何人、任何时候、以任何形式进行分裂国家活动，都将遭到全体中国人民坚决反对。

第三，推进两岸经济社会融合发展。两岸开展经济合作具有得天独厚的优势。秉持互利双赢，促进两岸经济社会融合发展，符合两岸同胞共同利益。国共两党要积极发挥交流管道作用，顺应经济发展规律，创新方式，推动扩大两岸经贸往来，加强两岸产业合作，支持两岸企业合作创新、共创品牌、共拓市场，扩大两岸中小企业和农渔业合作，扩大基层民众参与面和获益面。

第四，共同弘扬中华文化。中华传统优秀文化植根在两岸同胞内心深处，是两岸同胞的“根”和“魂”。两岸同胞是中华文化的传人。国共两党要推进两岸文化交流，弘扬中华文化优秀传统，阐发中华文化的时代内涵，厚植两岸同胞的精神纽带，促进心灵契合，增强中华文化自信、中华民族自信。两岸教育各具特色，要加强交流合作，尤其要加强学校、教育工作者之间的交流。

第五，增进两岸同胞福祉。我们为推动两岸关系所做的一切，就是为了实现两岸同胞对美好生活的向往。两岸关系形势越是复杂严峻，国共两党越是要为民谋利，准确把握两岸社情民意脉动，开好解决两岸同胞尤其

---

① “九二共识”，指 1992 年 11 月海峡两岸关系协会与台湾海峡交流基金会，就解决两岸事务性商谈中如何表述坚持一个中国原则的问题，达成的各自以口头方式表述“海峡两岸均坚持一个中国原则”的共识。

是基层民众需求的方子，创新方式，深入基层，带动更多民众参与到两岸交流中来。

第六，共同致力于实现中华民族伟大复兴。今年是孙中山先生诞辰150周年。中山先生是伟大的爱国者，他第一个响亮喊出了“振兴中华”的口号。现在，孙中山先生振兴中华的理想展现出前所未有的光明前景。两岸关系发展、台湾同胞前途系于中华民族伟大复兴。两岸同胞都是民族复兴的参与者、推动者、获益者。我相信，两岸同胞愿望不可违，民族复兴大势不可挡。只要国共两党胸怀民族复兴理想，广泛团结两岸同胞，就一定能维护两岸关系和平发展和台海和平稳定，开创中华民族伟大复兴更加光明的前景。①

——2015 年 11 月 7 日，习近平在新加坡同台湾方面领导人马英九会面时发表讲话

【导读】

自古以来，台湾就是中国不可分割的一部分，两岸同胞血浓于水，是密不可分的命运共同体，都怀有“振兴中华”的梦想和追求。我们要坚决反对各种形式的“台独”分裂活动，促进两岸经济社会融合，共同创造所有中国人的幸福生活和美好未来。

实现国家统一是不可阻挡的历史潮流。站在历史的高度、着眼民族复兴的大局，我们要坚决反对“台独”等任何分裂国家的言行，共同促进两岸交流合作，携手致力实现祖国完全统一和中华民族伟大复兴。

【案例】

团团和圆圆抵达台湾

2008 年 12 月 23 日上午八时二十分，国家林业局宣布两只赠台大熊猫“团团”、“圆圆”坐着大卡车，在家乡人不舍的目光和深情的祝福中，由武警战士护送，从雅安碧峰峡基地启程向成都双流国际机场进发。台湾人民期盼已久的

① 见习近平《在新加坡同台湾方面领导人马英九会面时的谈话》，《习近平谈治国理政》第 2 卷，外文出版社，2017，第 429 ~ 431 页。

“团团”“圆圆”，终于踏上了赴“宝岛”台湾之路。下午5时10分，“团团”“圆圆”抵达台湾桃园国际机场。“团团”和“圆圆”是大陆人民送给台湾同胞的珍贵礼物，表达了大陆人民盼望早日实现和平统一的良好愿望。

【思考】

1. 结合当前形势，谈谈如何解决台湾问题，实现祖国统一。
2. 结合历史，举例说说有哪些为维护祖国统一而做出贡献的人物。

76　聚天下英才而用之

【摘录】

发展是第一要务，人才是第一资源，创新是第一动力。中国如果不走创新驱动道路，新旧动能不能顺利转换，是不可能真正强大起来的，只能是大而不强。强起来靠创新，创新靠人才。人才政策、创新机制都是下一步改革的重点。总书记说，看到你们回来在这里健康地发展我很欣慰。现在有了天时地利人和，中国的向心力、吸引力更大了。本土人才、海归人才要并用并重，使他们在报效祖国中实现自己的人生梦想。①

——2018年3月7日，习近平在参加十三届全国人大一次会议广东代表团审议时发表讲话

办好中国的事情，关键在党，关键在人，关键在人才。综合国力竞争说到底是人才竞争。要加大改革落实工作力度，把《关于深化人才发展体制机制改革的意见》落到实处，加快构建具有全球竞争力的人才制度体系，聚天下英才而用之。要着力破除体制机制障碍，向用人主体放权，为人才松绑，让人才创新创造活力充分迸发，使各方面人才各得其所、尽展其长。要树立强烈的人才意识，做好团结、引领、服务工作，真诚关心人

① 见《习近平李克强栗战书汪洋王沪宁赵乐际韩正分别参加全国人大会议一些代表团审议》，《人民日报》2018年3月8日，第1版。

才、爱护人才、成就人才，激励广大人才为实现“两个一百年”奋斗目标、实现中华民族伟大复兴的中国梦贡献聪明才智。[①]

——2016年5月6日，习近平在学习贯彻《关于深化人才发展体制机制改革的意见》座谈会上就深化人才发展体制机制改革作出重要指示

全面建成小康社会，我国广大知识分子能够提供十分重要的人才支撑、智力支撑、创新支撑。希望我国广大知识分子充分发挥自身优势，勇于担当、敢于创新，服务社会、报效人民，努力作出新的更突出的贡献。

……

在全面建成小康社会进程中，广大知识分子要肩负起自己的使命，立足岗位、不断学习、学以致用，做好本职工作。当老师，就要心无旁骛，甘守三尺讲台，“春蚕到死丝方尽，蜡炬成灰泪始干”。[②] 做研究，就要甘于寂寞，或是皓首穷经，或是扎根实验室，“板凳要坐十年冷，文章不写一句空”。搞创作，就要坚持以人民为中心的创作思想，深入实践、深入群众、深入生活，努力创作出人民群众喜爱的精品力作。一个知识分子，不论在哪个行业、从事什么职业，也不论学历、职称、地位有多高，唯有秉持求真务实精神，才能探究更多未知，才能获得更多真理，也才能为社会作出更大贡献。……

各级党委和政府要切实尊重知识、尊重人才，充分信任知识分子，努力为广大知识分子工作学习生活创造更好条件。要深化科技、教育、文化体制改革，深化人才发展体制改革，加快形成有利于知识分子干事创业的体制机制，放手让广大知识分子把才华和能量充分释放出来。要遵循知识分子工作特点和规律，减少对知识分子创造性劳动的干扰，让他们把更多精力集中于本职工作。要善于运用沟通、协商、谈心等方式做好知识分子

---

① 见《加大改革落实工作力度　让人才创新创造活力充分迸发》，《人民日报》2016年5月7日，第1版。

② 见唐代李商隐《无题》。

思想工作，多了解他们工作学习生活中的困难，多同他们共同探讨一些问题，多鼓励他们取得的成绩和进步。

……

劳动模范是劳动群众的杰出代表，是最美的劳动者。劳动模范身上体现的“爱岗敬业、争创一流，艰苦奋斗、勇于创新，淡泊名利、甘于奉献”的劳模精神，是伟大时代精神的生动体现。我们要在全社会大力宣传劳动模范的先进事迹，号召全社会向他们学习、向他们致敬。要为劳动模范更好施展才华、展现精神品格提供全方位支持，使他们的劳动技能、创新方法、管理经验能广泛传播，充分发挥示范带动作用。劳动模范要珍惜荣誉、谦虚谨慎、再接再厉，不断在新的起点上为党和人民创造更大业绩。

……

“人才有高下，知物由学。”① 梦想从学习开始，事业靠本领成就。广大青年要自觉加强学习，不断增强本领。人生的黄金时期在青年。青年时期学识基础厚实不厚实，影响甚至决定自己的一生。广大青年要如饥似渴、孜孜不倦学习，既多读有字之书，也多读无字之书，注重学习人生经验和社会知识。“纸上得来终觉浅，绝知此事要躬行。”② 所有知识要转化为能力，都必须躬身实践。要坚持知行合一，注重在实践中学真知、悟真谛，加强磨练、增长本领。

广大青年要自觉奉献青春，为全面建成小康社会多作贡献。③

——2016年4月26日，习近平在知识分子、劳动模范、青年代表座谈会上发表讲话

【导读】

当今世界，综合国力竞争说到底是人才竞争。古人云：“致天下之治

① 见东汉王充《论衡·实知》。

② 见南宋陆游《冬夜读书示子聿》。

③ 见《在知识分子、劳动模范、青年代表座谈会上发表讲话》，《人民日报》2016年4月30日，第2版。

者在人才。”[①] 当代中国，经过40年的改革开放，我们比历史上任何时期都更接近实现中华民族伟大复兴的宏伟目标，我们也比历史上任何时期都更加渴求人才。

党中央大力实施科教兴国战略和人才强国战略，并发出了“广开进贤之路，广纳天下英才”的号召，为一切有志于创新创造、干一番事业的人们提供了广阔舞台，广大青年人才应积极投身祖国改革开放和社会主义现代化建设的火热进程，以敢为人先的锐气，有上下求索的执著，得风气之先、开风气之先，力争有所突破、有所发展、有所建树，为实现中华民族伟大复兴的中国梦贡献力量。

【案例】

“中国导弹之父”钱学森

钱学森从小就十分爱国，他为了报效祖国，努力学习，当他学有所成的时候，就义无反顾地要回国。钱学森曾对友人说过这样一句话：“我是中国人，我可以放弃这里的一切，但决不能放弃我的祖国。”

钱学森回国后学以致用，用他的知识研究出了中国第一颗人造卫星，近程导弹，中近程导弹，成为主持研制中国洲际导弹的智囊人物，被光荣的授予“小罗克伟尔奖章”，使这世界上仅有16个获奖者的名单上第一次出现了中国人的名字。

【思考】

1. 结合实际历史人物，谈谈如何理解“致天下之治者在人才”。
2. 自党中央实施人才强国战略以来，出台了哪些引进人才的措施？

77　听党指挥　能打胜仗　作风优良

【摘录】

党的十八大以来的五年，是党和国家发展进程中极不平凡的五年，也

① 见北宋胡瑗《松滋县学记》。

是我军发展进程中极不平凡的五年。中央军委坚决贯彻党中央决策部署，全面把握国际国内大势，紧紧围绕党和国家工作大局，扭住建设一支听党指挥、能打胜仗、作风优良的人民军队，贯彻新形势下军事战略方针，提出一系列重大方针原则，作出一系列重大决策部署，推进一系列重大工作，特别是贯彻落实新时代党的强军思想，带领全军在中国特色强军之路上迈出坚定步伐，开创了强军事业新局面。

党的十九大着眼于国家安全和发展战略全局，对国防和军队现代化作出战略安排，强调要确保到2020年基本实现机械化，信息化建设取得重大进展，战略能力有大的提升，力争到2035年基本实现国防和军队现代化，到本世纪中叶把人民军队全面建成世界一流军队。当前和今后一个时期，全党全国全军的首要政治任务就是学习贯彻党的十九大精神。全军要认真落实党中央和中央军委部署要求，迅速兴起学习贯彻党的十九大精神的热潮，努力走在前列。学习贯彻党的十九大精神，关键要实。要坚持理论联系实际，坚持学用一致，坚持领导带头，在武装头脑、指导实践、推动工作上下功夫，务求取得实实在在的效果。

要在统一思想、凝聚力量上取得实效。系统学习党的十九大报告和党章等重要文件，深入学习新时代中国特色社会主义思想和基本方略，突出学习新时代党的强军思想，引导官兵强化“四个意识”①、增强“四个自信”②，把思想和行动统一到党的十九大精神上来。要在认清使命、强化担当上取得实效。深刻领会党中央的战略考量，充分认清强军的光明前景，充分认清肩上沉甸甸的担子，只争朝夕，紧抓快干，确保完成党和人民赋予的新时代使命任务。要在推动工作、见诸行动上取得实效。把党的十九大的战略部署转化为工作思路、工作举措和具体行动，强化落实意识，坚持问题导向，以钉钉子精神做实做细做好各项工作，把国防和军队建设各项任务不折不扣落到实处。

新一届军委班子要牢记党和人民重托，牢记全军官兵期望，全力以赴做好军委工作。我军高级干部是强军事业的中坚力量，身上千钧重担，身后千军万马，必须对党忠诚、听党指挥，必须善谋打仗、能打胜仗，必须

---

① “四个意识”，指的是政治意识、大局意识、核心意识、看齐意识。

② “四个自信”，指的是道路自信、理论自信、制度自信、文化自信。

锐意改革、勇于创新，必须科学统筹、科学管理，必须厉行法治、从严治军，必须作风过硬、作出表率，以饱满的精神状态和奋斗姿态为党工作，忠实履行好职责。

中国特色社会主义进入了新时代，国防和军队建设也进入了新时代。人民军队要不忘初心、牢记使命，认真学习贯彻党的十九大精神，深入学习贯彻新时代党的强军思想，坚定不移走中国特色强军之路，全面推进国防和军队现代化，为实现党在新时代的强军目标、到本世纪中叶把人民军队全面建成世界一流军队、实现中华民族伟大复兴的中国梦而努力奋斗。①

——2017 年 10 月 26 日，习近平在军队领导干部会议上发表讲话

实现强军目标，建设世界一流军队，我军院校建设必须有一个大的加强。要紧紧围绕实现党在新形势下的强军目标，贯彻新形势下军事战略方针，解放思想、实事求是、与时俱进，积极推进院校改革创新，不断提高办学育人水平，为实现中国梦强军梦提供有力的人才和智力支持。

坚持为人才培养和战斗力建设服务，坚持教学和科研相结合，在战争和作战理论创新上求突破，为形成具有时代性、引领性、独特性的军事理论体系贡献力量。要密切跟踪世界新军事革命发展趋势，深入研究信息化战争制胜机理，研究高新技术发展运用及其对战争的影响，研究军事斗争准备重大现实问题，构建具有我军特色、符合现代战争规律的先进作战理论体系。要充分发挥高端智库作用，围绕党中央和中央军委决策需求，聚焦国家安全、国防和军队建设等重大问题，开展政策研究，提出对策建议。②

——2017 年 8 月 1 日，习近平在庆祝中国人民解放军建军 90 周年大会上发表讲话

---

① 见《为实现党在新时代的强军目标　把人民军队全面建成世界一流军队而奋斗》，《人民日报》2017 年 10 月 27 日，第 1 版。

② 见习近平《在庆祝中国人民解放军建军 90 周年大会上的讲话》，《习近平谈治国理政》第 2 卷，外文出版社，2017，第 417 ~ 418 页。

【导读】

历史经验证明，任何一个国家要真正强大起来，没有坚强的军事实力作后盾是决然不行的。富国与强军，是坚持和发展中国特色社会主义、实现中华民族伟大复兴中国梦的两大基石。建设与我国国际地位相称、与国家安全和发展利益相适应的巩固国防和强大军队，是我国社会主义现代化建设的战略任务，也是实现中华民族伟大复兴中国梦的必然要求，实现中国梦对军队来说就要实现强军梦。

党的十八大以来，习近平总书记鲜明提出党在新形势下的强军目标。他明确指出，建设一支听党指挥、能打胜仗、作风优良的人民军队，是党在新形势下的强军目标，并要求全军要准确把这一强军目标，用于统领军队建设、改革和军事斗争准备，努力把国防和军队建设提高到一个新水平，为实现中国梦提供坚强力量保证。

【案例】

电视纪录片《强军》

2017 年，中央军委政治工作部组织拍摄了八集大型纪录片《强军》，分别为《逐梦》《铸魂》《制胜》《重塑》《浴火》《跨越》《铁律》《伟力》。纪录片紧紧围绕建设一支听党指挥、能打胜仗、作风优良的人民军队这个主题，全景展现党的十八大以来以习近平同志为核心的党中央建军治军的伟大实践，充分反映全军官兵深入学习贯彻党在新时期的强军思想，践行强军目标、建设世界一流军队的昂扬风貌，热情讴歌我们党为建设强大人民军队的不懈奋斗。

【思考】

1. 新时代，习近平总书记对人民军队提出了“听党指挥　能打胜仗　作风优良”的要求，如何理解？

2. 谈谈你对党的十九大报告中“坚持走中国特色强军之路，全面推进国防和军队现代化”的认识。

78　中国形象　中国方案

【摘录】

人类正处在大发展大变革大调整时期。世界多极化、经济全球化深入发展，社会信息化、文化多样化持续推进，新一轮科技革命和产业革命正在孕育成长，各国相互联系、相互依存，全球命运与共、休戚相关，和平力量的上升远远超过战争因素的增长，和平、发展、合作、共赢的时代潮流更加强劲。

……

理念引领行动，方向决定出路。纵观近代以来的历史，建立公正合理的国际秩序是人类孜孜以求的目标。从360多年前《威斯特伐利亚和约》确立的平等和主权原则，到150多年前日内瓦公约确立的国际人道主义精神；从70多年前联合国宪章明确的四大宗旨和七项原则，到60多年前万隆会议倡导的和平共处五项原则，国际关系演变积累了一系列公认的原则。这些原则应该成为构建人类命运共同体的基本遵循。

主权平等，是数百年来国与国规范彼此关系最重要的准则，也是联合国及所有机构、组织共同遵循的首要原则。主权平等，真谛在于国家不分大小、强弱、贫富，主权和尊严必须得到尊重，内政不容干涉，都有权自主选择社会制度和发展道路。在联合国、世界贸易组织、世界卫生组织、世界知识产权组织、世界气象组织、国际电信联盟、万国邮政联盟、国际移民组织、国际劳工组织等机构，各国平等参与决策，构成了完善全球治理的重要力量。新形势下，我们要坚持主权平等，推动各国权利平等、机会平等、规则平等。

……

"海纳百川，有容乃大。"① 开放包容，筑就了日内瓦多边外交大舞台。

① "海纳百川"，参见东晋袁宏《三国名臣序赞》，原文是"形器不存，方寸海纳"；"有容乃大"参见《尚书·君陈》，原文是"必有忍，其乃有济。有容，德乃大"。后清代林则徐书写对联："海纳百川，有容乃大；壁立千仞，无欲则刚"。

我们要推进国际关系民主化，不能搞“一国独霸”或“几方共治”。世界命运应该由各国共同掌握，国际规则应该由各国共同书写，全球事务应该由各国共同治理，发展成果应该由各国共同分享。

……

——坚持对话协商，建设一个持久和平的世界。国家和，则世界安；国家斗，则世界乱。从公元前的伯罗奔尼撒战争到两次世界大战，再到延续40余年的冷战，教训惨痛而深刻。“前事不忘，后事之师。”[①] 我们的先辈建立了联合国，为世界赢得70余年相对和平。我们要完善机制和手段，更好化解纷争和矛盾、消弭战乱和冲突。

……

——坚持共建共享，建设一个普遍安全的世界。世上没有绝对安全的世外桃源，一国的安全不能建立在别国的动荡之上，他国的威胁也可能成为本国的挑战。邻居出了问题，不能光想着扎好自家篱笆，而应该去帮一把。“单则易折，众则难摧。”[②] 各方应该树立共同、综合、合作、可持续的安全观。

……

——坚持合作共赢，建设一个共同繁荣的世界。发展是第一要务，适用于各国。各国要同舟共济，而不是以邻为壑。各国特别是主要经济体要加强宏观政策协调，兼顾当前和长远，着力解决深层次问题。要抓住新一轮科技革命和产业变革的历史性机遇，转变经济发展方式，坚持创新驱动，进一步发展社会生产力、释放社会创造力。要维护世界贸易组织规则，支持开放、透明、包容、非歧视性的多边贸易体制，构建开放型世界经济。如果搞贸易保护主义、画地为牢，损人不利己。

……

——坚持交流互鉴，建设一个开放包容的世界。“和羹之美，在于合异。”[③] 人类文明多样性是世界的基本特征，也是人类进步的源泉。世界上有200多个国家和地区、2500多个民族、多种宗教。不同历史和国情，不

---

① 参见西汉刘向《战国策·赵策一》，原文是“前事之不忘，后事之师”。

② 见唐代李延寿《北史·吐谷浑传》。

③ 见西晋陈寿《三国志·魏书九·夏侯玄传》。

同民族和习俗，孕育了不同文明，使世界更加丰富多彩。文明没有高下、优劣之分，只有特色、地域之别。文明差异不应该成为世界冲突的根源，而应该成为人类文明进步的动力。

……

——坚持绿色低碳，建设一个清洁美丽的世界。人与自然共生共存，伤害自然最终将伤及人类。空气、水、土壤、蓝天等自然资源用之不觉、失之难续。工业化创造了前所未有的物质财富，也产生了难以弥补的生态创伤。我们不能吃祖宗饭、断子孙路，用破坏性方式搞发展。绿水青山就是金山银山。我们应该遵循天人合一、道法自然的理念，寻求永续发展之路。①

——2017 年 1 月 18 日，习近平主席在联合国日内瓦总部的演讲

【导读】

当今世界正在发生深刻复杂的变化。和平和发展仍是时代主题，合作、共赢成为不可阻挡的时代潮流。无论是“一带一路”还是构建人类命运共同体，中国为推动世界和平与发展提出了中国方案和行动路径，既有历史纵深感，又有现实针对性，充分展示了中国的主张和负责任大国形象。

中国大国形象战略，是以习近平同志为核心的党中央在深入研判世界发展态势、准确把握中国历史文化基因和实践特色的基础上，集中全党和全国人民智慧，不懈进行理论和实践探索的结晶。

【案例】

《红海行动》的票房逆袭

军事动作巨制《红海行动》凭借高水准制作水平和口口相传的观众口碑，在过去 2018 年的春节档上演了中国影史最精彩的逆袭之战，截至 3 月

① 摘自习近平《在联合国日内瓦总部的讲话》，《习近平谈治国理政》第 2 卷，外文出版社，2017，第 542 ~ 544 页。

18日，影片票房已突破34亿，成为2018年春节档票房冠军。

影片以2015年中国海军的“也门撤侨”行动为背景，讲述了“蛟龙突击队”在战乱国家营救中国公民的感人故事。许多青年人表示，影片展现了祖国的辉煌和国防的强大力量，看完后很感动，作为国人很自豪，很值得为祖国点赞。

【思考】

1. 中国实施“一带一路”倡议的重大意义是什么？

2. “构建人类命运共同体”这一理念，对于中国构建新型国际关系有何推动作用？

79 绿水青山就是金山银山

【摘录】

生态环境没有替代品，用之不觉，失之难存。……在生态环境保护上，一定要树立大局观、长远观、整体观，……我们要坚持节约资源和保护环境的基本国策，像保护眼睛一样保护生态环境，像对待生命一样对待生态环境，推动形成绿色发展方式和生活方式。……要搞好中国三江源国家公园体制试点，统筹推进生态工程、节能减排、环境整治、美丽城乡建设，筑牢国家生态安全屏障，使青海成为美丽中国的亮丽名片。

要加强生态文明建设，划定生态保护红线，为可持续发展留足空间，为子孙后代留下天蓝地绿水清的家园。绿水青山是金山银山，黑龙江的冰天雪地也是金山银山。[①]

——2016年3月10日，习近平在十二届全国人大四次会议青海代表团审议上发表讲话

① 见《习近平李克强张德江王岐山张高丽分别参加全国人大会议一些代表团审议》，《人民日报》2016年3月11日，第1版。

我们要建设的现代化是人与自然和谐共生的现代化，既要创造更多物质财富和精神财富以满足人民日益增长的美好生活需要，也要提供更多优质生态产品以满足人民日益增长的优美生态环境需要。必须坚持节约优先、保护优先、自然恢复为主的方针，形成节约资源和保护环境的空间格局、产业结构、生产方式、生活方式，还自然以宁静、和谐、美丽。

一是要推进绿色发展。加快建立绿色生产和消费的法律制度和政策导向，建立健全绿色低碳循环发展的经济体系。构建市场导向的绿色技术创新体系，发展绿色金融，壮大节能环保产业、清洁生产产业、清洁能源产业。推进能源生产和消费革命，构建清洁低碳、安全高效的能源体系。推进资源全面节约和循环利用，实施国家节水行动，降低能耗、物耗，实现生产系统和生活系统循环链接。倡导简约适度、绿色低碳的生活方式，反对奢侈浪费和不合理消费，开展创建节约型机关、绿色家庭、绿色学校、绿色社区和绿色出行等行动。

二是要着力解决突出环境问题。坚持全民共治、源头防治，持续实施大气污染防治行动，打赢蓝天保卫战。加快水污染防治，实施流域环境和近岸海域综合治理。强化土壤污染管控和修复，加强农业面源污染防治，开展农村人居环境整治行动。加强固体废弃物和垃圾处置。提高污染排放标准，强化排污者责任，健全环保信用评价、信息强制性披露、严惩重罚等制度。构建政府为主导、企业为主体、社会组织和公众共同参与的环境治理体系。积极参与全球环境治理，落实减排承诺。

三是要加大生态系统保护力度。实施重要生态系统保护和修复重大工程，优化生态安全屏障体系，构建生态廊道和生物多样性保护网络，提升生态系统质量和稳定性。完成生态保护红线、永久基本农田、城镇开发边界三条控制线划定工作。开展国土绿化行动，推进荒漠化、石漠化、水土流失综合治理，强化湿地保护和恢复，加强地质灾害防治。完善天然林保护制度，扩大退耕还林还草。严格保护耕地，扩大轮作休耕试点，健全耕地草原森林河流湖泊休养生息制度，建立市场化、多元化生态补偿机制。

四是要改革生态环境监管体制。加强对生态文明建设的总体设计和组织领导，设立国有自然资源资产管理和自然生态监管机构，完善生态环境管理制度，统一行使全民所有自然资源资产所有者职责，统一行使所有国土空间用途管制和生态保护修复职责，统一行使监管城乡各类污染排放和行政执法职责。构建国土空间开发保护制度，完善主体功能区配套政策，建立以国家公园为主体的自然保护地体系。坚决制止和惩处破坏生态环境行为。[①]

——2017年5月26日，习近平在中共十八届中央政治局第四十一次集体学习时发表讲话

【导读】

古人云："万物各得其和以生，各得其养以成。"[②] 人与自然的关系是人类社会最基本的关系。自然界是人类社会产生、存在和发展的基础和前提。人类在开发自然、利用自然的过程中，不能凌驾于自然之上，人类的行为方式必须符合自然规律。人与自然是相互依存、相互联系的整体，对自然界不能只讲索取不讲投入、只讲利用不讲建设。保护自然环境就是保护人类，建设生态文明就是造福人类。

生态兴则文明兴，生态衰则文明衰。保护生态环境，关系最广大人民的根本利益，关系中华民族发展的长远利益，是功在当代、利在千秋的事业，我们必须认识保护生态环境、治理环境污染的紧迫性和艰巨性，清醒认识加强生态文明建设的重要性和必要性，加大力度，攻坚克难，全面推进生态文明建设，实现中华民族永续发展。

【案例】

越来越严重的雾霾

雾霾是特定气候条件与人类活动相互作用的结果。雾气里面含有各种对人体有害的细颗粒、有毒物质达20多种，霾影响最大的就是人的呼吸系统，造成的疾病主要集中在呼吸道疾病、脑血管疾病、鼻腔炎症等病种上。

2013年，"雾霾"成为年度关键词。这一年的1月，4次雾霾过程笼

① 见习近平《决胜全面建成小康社会　夺取新时代中国特色社会主义伟大胜利——在中国共产党第十九次全国代表大会上的讲话》，人民出版社，2017，第50~52页。

② 见战国荀况《荀子·天论篇》。

罩30个省（区、市），在北京，仅有5天不是雾霾天。有报告显示，中国最大的500个城市中，只有不到1%的城市达到世界卫生组织推荐的空气质量标准，与此同时，世界上污染最严重的10个城市有7个在中国。

【思考】

1. 从十八大报告中的“美丽中国”到十九大报告中的“打赢蓝天保卫战”，我国在生态文明建设方面取得了哪些成就？

2. 如何正确处理城市建设与环境保护的关系？

80　实施国家大数据战略　加快建设数字中国

【摘录】

2017年12月8日下午，中共中央政治局就实施国家大数据战略进行第二次集体学习。中共中央总书记习近平在主持学习时强调，大数据发展日新月异，我们应该审时度势、精心谋划、超前布局、力争主动，深入了解大数据发展现状和趋势及其对经济社会发展的影响，分析我国大数据发展取得的成绩和存在的问题，推动实施国家大数据战略，加快完善数字基础设施，推进数据资源整合和开放共享，保障数据安全，加快建设数字中国，更好服务我国经济社会发展和人民生活改善。

习近平在主持学习时发表了讲话。他指出，大数据是信息化发展的新阶段。随着信息技术和人类生产生活交汇融合，互联网快速普及，全球数据呈现爆发增长、海量集聚的特点，对经济发展、社会治理、国家管理、人民生活都产生了重大影响。世界各国都把推进经济数字化作为实现创新发展的重要动能，在前沿技术研发、数据开放共享、隐私安全保护、人才培养等方面做了前瞻性布局。

习近平强调，要推动大数据技术产业创新发展。我国网络购物、移动支付、共享经济等数字经济新业态新模式蓬勃发展，走在了世界前列。我们要瞄准世界科技前沿，集中优势资源突破大数据核心技术，加快构建自主可控的大数据产业链、价值链和生态系统。要加快构建高速、移动、安全、泛在的新一代信息基础设施，统筹规划政务数据资源和社会数据资源，完善基础信息资源和重要领域信息资源建设，形成万物互联、人机交互、天地一体的网络空间。要发挥我国制度优势和市场优势，面向国家重大需求，面向国民经济发展主战场，全面实施促进大数据发展行动，完善大数据发展政策环境。要坚持数据开放、市场主导，以数据为纽带促进产学研深度融合，形成数据驱动型创新体系和发展模式，培育造就一批大数据领军企业，打造多层次、多类型的大数据人才队伍。

习近平指出，要构建以数据为关键要素的数字经济。建设现代化经济体系离不开大数据发展和应用。我们要坚持以供给侧结构性改革为主线，加快发展数字经济，推动实体经济和数字经济融合发展，推动互联网、大数据、人工智能同实体经济深度融合，继续做好信息化和工业化深度融合这篇大文章，推动制造业加速向数字化、网络化、智能化发展。要深入实施工业互联网创新发展战略，系统推进工业互联网基础设施和数据资源管理体系建设，发挥数据的基础资源作用和创新引擎作用，加快形成以创新为主要引领和支撑的数字经济。

习近平强调，要运用大数据提升国家治理现代化水平。要建立健全大数据辅助科学决策和社会治理的机制，推进政府管理和社会治理模式创新，实现政府决策科学化、社会治理精准化、公共服务高效化。要以推行电子政务、建设智慧城市等为抓手，以数据集中和共享为途径，推动技术融合、业务融合、数据融合，打通信息壁垒，形成覆盖全国、统筹利用、统一接入的数据共享大平台，构建全国信息资源共享体系，实现跨层级、跨地域、跨系统、跨部门、跨业务的协同管理和服务。要充分利用大数据平台，综合分析风险因素，提高对风险因素的感知、预测、防范能力。要加强政企合作、多方参与，加快公共服务领域数据集中和共享，推进同企业积累的社会数据进行平台对接，形成社会治理强大合力。要加强互联网内容建设，建立网络综合治理体系，营造清朗的网络空间。

习近平指出，要运用大数据促进保障和改善民生。大数据在保障和改善民生方面大有作为。要坚持以人民为中心的发展思想，推进“互联网+教育”、“互联网+医疗”、“互联网+文化”等，让百姓少跑腿、数据多跑路，不断提升公共服务均等化、普惠化、便捷化水平。要坚持问题导向，抓住民生领域的突出矛盾和问题，强化民生服务，弥补民生短板，推进教育、就业、社保、医药卫生、住房、交通等领域大数据普及应用，深度开发各类便民应用。要加强精准扶贫、生态环境领域的大数据运用，为打赢脱贫攻坚战助力，为加快改善生态环境助力。

习近平强调，要切实保障国家数据安全。要加强关键信息基础设施安全保护，强化国家关键数据资源保护能力，增强数据安全预警和溯源能力。要加强政策、监管、法律的统筹协调，加快法规制度建设。要制定数据资源确权、开放、流通、交易相关制度，完善数据产权保护制度。要加大对技术专利、数字版权、数字内容产品及个人隐私等的保护力度，维护广大人民群众利益、社会稳定、国家安全。要加强国际数据治理政策储备和治理规则研究，提出中国方案。

习近平指出，善于获取数据、分析数据、运用数据，是领导干部做好工作的基本功。各级领导干部要加强学习，懂得大数据，用好大数据，增强利用数据推进各项工作的本领，不断提高对大数据发展规律的把握能力，使大数据在各项工作中发挥更大作用。①

——2017 年 12 月 8 日，习近平在实施国家大数据战略进行第二次集体学习时的讲话

【导读】

当前，全球范围内，运用大数据推动经济发展、完善社会治理、提升政府服务和监管能力正成为趋势，有关发达国家相继制定实施大数据战略性文件，大力推动大数据发展和应用。目前，我国互联网、移动互联网用户规模居全球第一，拥有丰富的数据资源和应用市场优势，大数据部分关键技术研发取得突破，涌现出一批互联网创新企业和创新应用，一些地方政府已启动大数据相关工作。坚持创新驱动发展，加快大数据部署，深化大数据应用，已成为稳增长、促改革、调结构、惠民生和推动政府治理能力现代化的内在需要和必然选择。

2015 年 9 月，《国务院关于印发促进大数据发展行动纲要的通知》指出，数据已成为国家基础性战略资源，要全面推进我国大数据发展和应

① 摘自习近平《在实施国家大数据战略进行第二次集体学习时的讲话》，《人民日报》2017 年 12 月 10 日，第 1 版。

用，加快建设数据强国。2015 年 10 月，《中共中央关于制定国民经济和社会发展第十三个五年规划的建议》提出“实施国家大数据战略，推进数据资源开放共享”，大数据首次写入党的全会决议，标志着大数据战略正式上升为国家战略。

【案例】

民生银行“三大数据产品”

2015 年以来，民生银行颠覆传统业务模式，基于移动云平台相继研发投产了“蒲公英”“啄木鸟”“猫头鹰”三大数据产品，率先迈出了大数据“移动化”的重要一步。随着三大数据产品部署在移动端，民生银行用户可在任何时间、任何地点接收与业务相关的任何数据结果，这不仅大幅提升了决策效率，还实现与全行各层级员工的零距离接触，优化了银行内部各项业务关系，逐步形成了高效率、具有独特竞争力的商业模式。

【思考】

1. 实施大数据战略对社会的发展具有哪些重要意义？
2. 在我们的学习生活中，大数据有哪些应用？

81　幸福都是奋斗出来的

【摘录】

同志们，朋友们，女士们，先生们：

大家好！时光飞逝，转眼我们将迎来 2018 年。在这里，我向全国各族人民，向香港特别行政区同胞、澳门特别行政区同胞、台湾同胞和海外侨胞致以新年的祝福！我也祝愿世界各国各地区的朋友们万事如意！

天道酬勤，日新月异。2017 年，我们召开了中国共产党第十九次全国代表大会，开启了全面建设社会主义现代化国家新征程。我国国内生产总值迈上 80 万亿元人民币的台阶，城乡新增就业 1300 多万人，社会养老保险已经覆盖 9 亿多人，基本医疗保险已经覆盖 13.5 亿人，又有 1000 多万农村贫困人口实现脱贫。“安得广厦千万间，大庇天下寒士俱欢颜！”340万贫困人口实现易地扶贫搬迁、有了温暖的新家，各类棚户区改造开工数提前完成600万套目标任务。各项民生事业加快发展，生态环境逐步改善，人民群众有了更多获得感、幸福感、安全感。我们朝着实现全面建成小康社会目标又迈进了一大步。

科技创新、重大工程建设捷报频传。“慧眼”卫星遨游太空，C919大型客机飞上蓝天，量子计算机研制成功，海水稻进行测产，首艘国产航母下水，“海翼”号深海滑翔机完成深海观测，首次海域可燃冰试采成功，洋山四期自动化码头正式开港，港珠澳大桥主体工程全线贯通，复兴号奔驰在祖国广袤的大地上……我为中国人民迸发出来的创造伟力喝彩！

我们在朱日和联合训练基地举行沙场点兵，纪念中国人民解放军建军90周年。香港回归祖国20周年时，我去了香港，亲眼所见，有祖国做坚强后盾，香港保持了长期繁荣稳定，明天必将更加美好。我们还举行了纪念全民族抗战爆发80周年仪式和南京大屠杀死难者国家公祭仪式，以铭记历史、祈愿和平。

我们在国内主办了几场多边外交活动，包括首届“一带一路”国际合作高峰论坛、金砖国家领导人厦门会晤、中国共产党与世界政党高层对话会等会议。我还参加了一些世界上的重要多边会议。今年年初，我出席达沃斯世界经济论坛年会，并在联合国日内瓦总部作了讲话，后来又出席了二十国集团领导人峰会、亚太经合组织领导人非正式会议等。在这些不同场合，我同有关各方深入交换意见，大家都赞成共同推动构建人类命运共同体，以造福世界各国人民。

2017年，我又收到很多群众来信，其中有西藏隆子县玉麦乡的乡亲们，有内蒙古苏尼特右旗乌兰牧骑的队员们，有西安交大西迁的老教授，也有南开大学新入伍的大学生，他们的故事让我深受感动。广大人民群众坚持爱国奉献，无怨无悔，让我感到千千万万普通人最伟大，同时让我感到幸福都是奋斗出来的。

2018年是全面贯彻中共十九大精神的开局之年。中共十九大描绘了我国发展今后30多年的美好蓝图。九层之台，起于累土。要把这个蓝图变为现实，必须不驰于空想、不骛于虚声，一步一个脚印，踏踏实实干好工作。

2018年，我们将迎来改革开放40周年。改革开放是当代中国发展进步的必由之路，是实现中国梦的必由之路。我们要以庆祝改革开放40周年为契机，逢山开路，遇水架桥，将改革进行到底。

到2020年我国现行标准下农村贫困人口实现脱贫，是我们的庄严承诺。一诺千金。到2020年只有3年的时间，全社会要行动起来，尽锐出战，精准施策，不断夺取新胜利。3年后如期打赢脱贫攻坚战，这在中华民族几千年历史发展上将是首次整体消除绝对贫困现象，让我们一起来完成这项对中华民族、对整个人类都具有重大意义的伟业。

当前，各方对人类和平与发展的前景既有期待、也有忧虑，期待中国表明立场和态度。天下一家。中国作为一个负责任大国，也有话要说。中国坚定维护联合国权威和地位，积极履行应尽的国际义务和责任，信守应对全球气候变化的承诺，积极推动共建“一带一路”，始终做世界和平的建设者、全球发展的贡献者、国际秩序的维护者。中国人民愿同各国人民一道，共同开辟人类更加繁荣、更加安宁的美好未来。

我们伟大的发展成就由人民创造，应该由人民共享。我了解人民群众最关心的就是教育、就业、收入、社保、医疗、养老、居住、环境等方面的事情，大家有许多收获，也有不少操心事、烦心事。我们的民生工作还有不少不如人意的地方，这就要求我们增强使命感和责任感，把为人民造福的事情真正办好办实。各级党委、政府和干部要把老百姓的安危冷暖时刻放在心上，以造福人民为最大政绩，想群众之所想，急群众之所急，让人民生活更加幸福美满。

谢谢大家。①

——2017年12月31日，国家主席习近平发表2018年新年贺词

【导读】

漫漫人生，唯有激流勇进，不畏艰险，奋力拼搏，方能中流击水，抵达光明的彼岸。艰苦奋斗精神源于中华民族的传统美德，形成于中国共产党人革命斗争实践，是党90多年不懈奋斗历史经验的科学总结和崇高政治品质

① 见习近平《习近平主席新年贺词（2014～2018）》，人民出版社，2018，第1～5页。

的具体体现，是中国革命、建设、改革取得伟大胜利的强大精神力量。

大学生是国家宝贵的人才资源，是民族的希望、祖国的未来，肩负着人民的重托、历史的使命。在新的伟大历史时期，“中国梦”为我们描绘了美好的蓝图，在实现理想的道路上，作为当代大学生，不仅要有良好的科学文化素养，更要深刻认识到没有一分收获不需要付出，没有一份幸福不需要奋斗，唯有发扬艰苦奋斗的精神，脚踏实地、勤奋学习、苦练本领，方能在未来成长为社会主义事业的合格建设者和可靠的接班人。

【案例】

王健林一日行程单曝光：4 点起床

2016 年 12 月 1 日，万达集团官微在微博晒出了王健林一天的行程表，调侃道，“首富的日程单泄露了…”

11 月 30 日，4:00 起床，4:15－5:00 健身，5:00－5:30 早餐，5:45－6:30 前往雅加达机场，7:00－12:15 雅加达飞往海口，12:20－12:45 到达海南迎宾馆，12:45－13:00 参加领导会见，13:00－13:20 参加海南万达城项目签约仪式，13:20－14:10 简单便餐，14:10－15:00 前往机场，15:00－18:10 海口飞往北京，18:30－19:10 到达办公室……

一天，24 小时，两个国家，三个城市，飞了 6000 公里，签约 500 亿合同……这是不平凡的一天，又是他普通的一天。

【思考】

1. 作为当代青年大学生，应该如何肩负起时代赋予的使命？
2. 谈谈你对“幸福都是奋斗出来的”理解。

82　文运同国运相牵　文脉同国脉相连

【摘录】

各位代表，同志们，朋友们：

……

2014 年 10 月，我们召开文艺工作座谈会，我同文艺界的同志们深入交流，进一步明确了新形势下繁荣发展社会主义文艺的方向和任务。党的十八大以来，广大文艺工作者积极投身实现“两个一百年”奋斗目标、实现中华民族伟大复兴中国梦的火热实践，倾情服务人民，倾心创作精品，热情讴歌全国各族人民追梦圆梦的顽强奋斗，弘扬崇高理想和英雄气概，奏响了时代之声、爱国之声、人民之声。特别是在党和国家举办的一系列重大活动中，在面向基层、面向群众的文化服务中，在中外人文交流中，广大文艺工作者勇挑大梁、不计名利、夙夜奔忙，展现了昂扬的精神风貌、高超的艺术水平。在广大文艺工作者辛勤努力下，我国文艺界出现新气象新面貌，文学、戏剧、电影、电视、音乐、舞蹈、美术、摄影、书法、曲艺、杂技、民间文艺、文艺评论、群众文艺、艺术教育等都取得丰硕成果，主旋律更加响亮，正能量更加强劲，为人民提供了丰富精神食粮，向世界展示了中华文化魅力。

实践充分证明，广大文艺工作者心怀祖国人民、响应时代召唤、追求艺术理想，是一支有智慧有才情、敢担当敢创新、可信赖可依靠的队伍。党和人民感谢你们！

各位代表！同志们、朋友们！

实现中华民族伟大复兴，是中华民族近代以来最伟大的梦想，也是我们这一代人的历史使命。当今世界正处在大发展大变革大调整时期，当代中国正沿着中国特色社会主义道路奋力前进。这是一个风云际会的时代，也是一个英雄辈出的时代。在中国共产党领导下，有中国人民团结一心、自强不息的精神，有中国人民创新创造、开拓进取的勇气，有中国人民艰苦奋斗、顽强拼搏的毅力，中华民族在苦难和曲折中一步步走到今天，必将在辉煌和奋斗中大踏步走向明天，中华民族伟大复兴的航船一定能够劈波斩浪驶向光辉的彼岸。

……

中华民族生生不息绵延发展、饱受挫折又不断浴火重生，都离不开中华文化的有力支撑。中华文化独一无二的理念、智慧、气度、神韵，增添了中国人民和中华民族内心深处的自信和自豪。在5000多年文明发展中孕育的中华优秀传统文化，在党和人民伟大斗争中孕育的革命文化和社会主义先进文化，积淀着中华民族最深沉的精神追求，代表着中华民族独特的精神标识。我们要大力弘扬以爱国主义为核心的民族精神和以改革创新为核心的时代精神，大力弘扬中华优秀传统文化，大力发展社会主义先进文化，不断增强全党全国各族人民的精神力量。

各位代表！同志们、朋友们！

文运同国运相牵，文脉同国脉相连。实现中华民族伟大复兴，是一场震古烁今的伟大事业，需要坚忍不拔的伟大精神，也需要振奋人心的伟大作品。鲁迅先生 1925 年就说过："文艺是国民精神所发的火光，同时也是引导国民精神的前途的灯火。"广大文艺工作者要坚持以人民为中心的创作导向，坚持为人民服务、为社会主义服务，坚持百花齐放、百家争鸣，坚持创造性转化、创新性发展，高擎民族精神火炬，吹响时代前进号角，把艺术理想融入党和人民事业之中，做到胸中有大义、心里有人民、肩头有责任、笔下有乾坤，推出更多反映时代呼声、展现人民奋斗、振奋民族精神、陶冶高尚情操的优秀作品，为我们的人民昭示更加美好的前景，为我们的民族描绘更加光明的未来。①

——2016 年 11 月 30 日，习近平在中国文学艺术界联合会第十次全国代表大会、中国作家协会第九次全国代表大会开幕式上的讲话

【导读】

古往今来，任何一个大国的发展进程，既是经济总量、军事力量、科学技术等硬实力提高的过程，也是价值观念、思想文化等软实力提高的过程。一个国家、一个民族的强盛，总是以文化兴盛为支持的。没有文明的继承和发展，没有文化的弘扬和繁荣，就没有中国梦的实现。在革命、建设、改革各个历史时期，广大文艺工作者响应党的号召，坚持为人民服务、为社会主义服务的方向，坚持百花齐放、百家争鸣的方针，创作了一大批脍炙人口、深入人心的优秀作品，弘扬了中国精神，凝聚了中国力

① 见习近平《在中国文学艺术界联合会第十次全国代表大会、中国作家协会第九次全国代表大会开幕式上的讲话》，《人民日报》2016 年 12 月 1 日，第 2 版。

量，为我们党团结带领人民实现民族独立、人民解放、国家富强、人民幸福做出了十分重要的贡献。

中华民族创造了源远流长的中华文化，也一定能够创造出中华文化新的辉煌。我们要坚持走中国特色社会主义文化发展道路，弘扬社会主义先进文化，推动社会主义文化大发展大繁荣，不断丰富人民精神世界，增强人民精神力量，努力建设社会主义文化强国。

【思考】

1. 如何理解鲁迅先生所说的“文艺是国民精神所发的火光，同时也是引导国民精神的前途的灯火”?

2. 在继承和弘扬中华优秀传统文化的过程中，如何做到“取其精华，去其糟粕”?

83　中华民族数千年来积累下的伟大智慧

【摘录】

中国传统文化博大精深，学习和掌握其中的各种思想精华，对树立正确的世界观、人生观、价值观很有益处。古人所说的“先天下之忧而忧，后天下之乐而乐”① 的政治抱负，“位卑未敢忘忧国”②、“苟利国家生死以，岂因祸福避趋之”③ 的报国情怀，“富贵不能淫，贫贱不能移，威武不能屈”④ 的浩然正气，“人生自古谁无死，留取丹心照汗青”⑤、“鞠躬尽瘁，死而后已”⑥ 的献身精神等，都体现了中华民族的优秀传统文化和民

---

① 见范仲淹《岳阳楼记》。范仲淹（989～1052），苏州吴县（今江苏苏州）人。北宋政治家、文学家。

② 见陆游《病起书怀》。

③ 见林则徐《赴戍登程口占示家人》。林则徐（1785～1850），福建侯官（今福建福州）人。清代鸦片战争时期主张严禁鸦片、抵抗西方侵略的爱国政治家。

④ 见《孟子·滕文公下》。

⑤ 见文天祥《过零丁洋》。文天祥（1236～1283），吉州庐陵（今江西吉安）人。南宋大臣、文学家，抗元名将。

⑥ 参见诸葛亮《后出师表》。原文是：“鞠躬尽力，死而后已。”

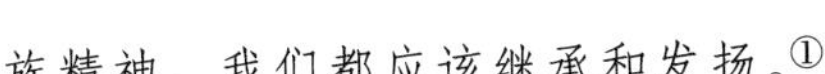

族精神，我们都应该继承和发扬。[①]

——2013年3月1日，习近平在中央党校建校80周年庆祝大会暨2013年春季学期开学典礼上的讲话

中国是有着悠久文明的国家。在世界几大古代文明中，中华文明是没有中断、延续发展至今的文明，已经有5000多年历史了。我们的祖先在几千年前创造的文字至今仍在使用。2000多年前，中国就出现了诸子百家的盛况，老子、孔子、墨子等思想家上究天文、下穷地理，广泛探讨人与人、人与社会、人与自然关系的真谛，提出了博大精深的思想体系。他们提出的很多理念，如孝悌忠信、礼义廉耻、仁者爱人、与人为善、天人合一、道法自然、自强不息等，至今仍然深深影响着中国人的生活。中国人看待世界、看待社会、看待人生，有自己独特的价值体系。中国人独特而悠久的精神世界，让中国人具有很强的民族自信心，也培育了以爱国主义为核心的民族精神。[②]

——2014年4月1日，习近平在比利时布鲁日欧洲学院发表演讲时的讲话

中国优秀传统文化的丰富哲学思想、人文精神、教化思想、道德理念等，可以为人们认识和改造世界提供有益启迪，可以为治国理政提供有益启示，也可以为道德建设提供有益启发。对传统文化中适合于调理社会关系和鼓励人们向上向善的内容，我们要结合时代条件加以继承和发扬，赋予其新的涵义。[③]

——2014年9月24日，习近平在纪念孔子诞辰2565周年国际学术研讨会暨国际儒学联合会第五届会员大会开幕会上的讲话

① 见习近平《在中央党校建校80周年庆祝大会暨2013年春季学期开学典礼上的讲话》，《习近平谈治国理政》第1卷，外文出版社，2014，第405～406页。

② 见习近平《在比利时布鲁日欧洲学院发表演讲时的讲话》，《人民日报》2014年4月2日，第1版。

③ 见习近平《在纪念孔子诞辰2565周年国际学术研讨会暨国际儒学联合会第五届会员大会开幕会上的讲话》，《人民日报》2014年9月25日，第2版。

我们要坚持不忘本来、吸收外来、面向未来，既向内看、深入研究关系国计民生的重大课题，又向外看、积极探索关系人类前途命运的重大问题；既向前看、准确判断中国特色社会主义发展趋势，又向后看、善于继承和弘扬中华优秀传统文化精华。

……

要加强对中华优秀传统文化的挖掘和阐发，使中华民族最基本的文化基因与当代文化相适应、与现代社会相协调，把跨越时空、超越国界、富有永恒魅力、具有当代价值的文化精神弘扬起来。要推动中华文明创造性转化、创新性发展，激活其生命力，让中华文明同各国人民创造的多彩文明一道，为人类提供正确精神指引。要围绕我国和世界发展面临的重大问题，着力提出能够体现中国立场、中国智慧、中国价值的理念、主张、方案。①

——2016 年 5 月 17 日，习近平在哲学社会科学工作座谈会上的讲话

中华文化延续着我们国家和民族的精神血脉，既需要薪火相传、代代守护，也需要与时俱进、推陈出新。要加强对中华优秀传统文化的挖掘和阐发，使中华民族最基本的文化基因同当代中国文化相适应、同现代社会相协调，把跨越时空、超越国界、富有永恒魅力、具有当代价值的文化精神弘扬起来，激活其内在的强大生命力，让中华文化同各国人民创造的多彩文化一道，为人类提供正确精神指引。②

——2016 年 11 月 30 日，习近平在中国文联十大、中国作协九大开幕式上的讲话

① 见习近平《在哲学社会科学工作座谈会上的讲话》，《习近平谈治国理政》第 2 卷，外文出版社，2017，第 339～340 页。

② 见习近平《在中国文学艺术界联合会第十次全国代表大会、中国作家协会第九次全国代表大会开幕式上的讲话》，《人民日报》2016 年 12 月 1 日，第 2 版。

【导读】

中华民族具有五千多年连绵不断的文明历史，创造了博大精深的中华文化，为人类文明进步做出了不可磨灭的贡献。中华文化博大精深、源远流长，积淀着中华民族最深沉的精神追求，包含着中华民族最根本的精神基因，代表着中华民族独特的精神标识，是中华民族生生不息、发展壮大的丰厚滋养。

从世界来看，在当今复杂多变、纵横交错的世界文明冲突中，中国传统文化以独特的包容与智慧，在许多方面有着西方文化所不具备的长处和优势。随着中国不断崛起，中国传统文化的影响力必将加大，为构建和谐世界做出积极贡献。作为当代青年大学生，要积极汲取中华优秀传统文化的思想精华和道德精髓，不断增加对历史文化的认知与理解，增强民族自豪感和凝聚力，大力弘扬以爱国主义为核心的民族精神和以改革创新为核心的时代精神，努力为实现中华民族伟大复兴的中国梦贡献青春力量。

【案例】

《中国语言文字事业发展报告（2017）》发布

2017 年 7 月 18 日，教育部及国家语言文字工作委员会在京发布《中国语言文字事业发展报告（2017）》白皮书。报告指出，普通话普及率从 2000 年的 53% 提高到 2015 年的 73% 左右，识字人口使用规范汉字比例超过 95%，68% 的国民掌握了汉语拼音。

报告显示，在语言文化海外传播方面，2016 年新建 84 所孔子学院和中小学孔子课堂。目前，中国已在 140 个国家和地区建立 511 所孔子学院和 1073 个中小学孔子课堂；现有注册学员 210 万人，中外专兼职教师 4.6 万人。其中，“一带一路”沿线共有 51 个国家和地区开设了 134 所孔子学院和 130 个中小学孔子课堂，欧盟 28 国、中东欧 16 国实现全覆盖。此外，截至目前，共有 67 个国家和地区，通过颁布法令、政令等形式，将汉语教学纳入国民教育体系。

【思考】

1. 当前，大力弘扬中国优秀传统文化有什么现实意义？
2. 我们应该如何弘扬我国优秀的传统文化呢？

84 坚持中国道路、弘扬中国精神、凝聚中国力量

【摘录】

实现中国梦必须走中国道路。这就是中国特色社会主义道路。这条道路来之不易，它是在改革开放30多年的伟大实践中走出来的，是在中华人民共和国成立60多年的持续探索中走出来的，是在对近代以来170多年中华民族发展历程的深刻总结中走出来的，是在对中华民族5000多年悠久文明的传承中走出来的，具有深厚的历史渊源和广泛的现实基础。中华民族是具有非凡创造力的民族，我们创造了伟大的中华文明，我们也能够继续拓展和走好适合中国国情的发展道路。全国各族人民一定要增强对中国特色社会主义的理论自信、道路自信、制度自信，坚定不移沿着正确的中国道路奋勇前进。

实现中国梦必须弘扬中国精神。这就是以爱国主义为核心的民族精神，以改革创新为核心的时代精神。这种精神是凝心聚力的兴国之魂、强国之魄。爱国主义始终是把中华民族坚强团结在一起的精神力量，改革创新始终是鞭策我们在改革开放中与时俱进的精神力量。全国各族人民一定要弘扬伟大的民族精神和时代精神，不断增强团结一心的精神纽带、自强不息的精神动力，永远朝气蓬勃迈向未来。

实现中国梦必须凝聚中国力量。这就是中国各族人民大团结的力量。中国梦是民族的梦，也是每个中国人的梦。只要我们紧密团结，万众一心，为实现共同梦想而奋斗，实现梦想的力量就无比强大，我们每个人为实现自己梦想的努力就拥有广阔的空间。生活在我们伟大祖国和伟大时代的中国人民，共同享有人生出彩的机会，共同享有梦想成真的机会，共同享有同祖国和时代一起成长与进步的机会。有梦想，有机会，有奋斗，一切美好的东西都能够创造出来。全国各族人民一定要牢记使命，心往一处

想，劲往一处使，用13亿人的智慧和力量汇集起不可战胜的磅礴力量。[①]

——2013年3月17日，习近平在十二届全国人民代表大会第一次会议上的讲话

中国人民的特质、禀赋不仅铸就了绵延几千年发展至今的中华文明，而且深刻影响着当代中国发展进步，深刻影响着当代中国人的精神世界。中国人民在长期奋斗中培育、继承、发展起来的伟大民族精神，为中国发展和人类文明进步提供了强大精神动力。

……

在几千年历史长河中，中国人民始终团结一心、同舟共济，建立了统一的多民族国家，发展了56个民族多元一体、交织交融的融洽民族关系，形成了守望相助的中华民族大家庭。今天，中国取得的令世人瞩目的发展成就，更是全国各族人民同心同德、同心同向努力的结果。中国人民从亲身经历中深刻认识到，团结就是力量，团结才能前进，一个四分五裂的国家不可能发展进步。我相信，只要13亿多中国人民始终发扬这种伟大团结精神，我们就一定能够形成勇往直前、无坚不摧的强大力量！

……

同志们！有这样伟大的人民，有这样伟大的民族，有这样的伟大民族精神，是我们的骄傲，是我们坚定中国特色社会主义道路自信、理论自信、制度自信、文化自信的底气，也是我们风雨无阻、高歌行进的根本力量！

……

历史已经并将继续证明，只有社会主义才能救中国，只有坚持和发展中国特色社会主义才能实现中华民族伟大复兴。国内外形势正在发生深刻复杂变化，我国发展仍处于重要战略机遇期。我们具备过去难以想象的良好发展条件，但也面临着许多前所未有的困难和挑战。中国共产党第十九

---

① 见习近平《在第十二届全国人民代表大会第一次会议上的讲话》，《习近平谈治国理政》第1卷，外文出版社，2014，第39～40页。

次全国代表大会描绘了决胜全面建成小康社会、开启全面建设社会主义现代化国家新征程、实现中华民族伟大复兴的宏伟蓝图。把蓝图变为现实，是一场新的长征。路虽然还很长，但时间不等人，容不得有半点懈怠。我们决不能安于现状、贪图安逸、乐而忘忧，必须不忘初心、牢记使命、奋发有为，努力创造属于新时代的光辉业绩！①

——2018 年 3 月 20 日，习近平在第十三届全国人民代表大会第一次会议上的讲话

【导读】

2012 年 11 月 29 日，习总书记首次阐述了中国梦，并强调，中国梦是民族的梦，也是每一个中国人的梦。中国梦的核心目标可概括为“两个一百年”目标，而最终的目标则是实现中华民族的伟大复兴。几年时间下来，中国梦就像一粒火种，点燃了整个中华大地，并传播到世界各地。

道路决定命运，没有正确的道路，再美好的愿景、再伟大的梦想，都不能实现。历史和现实充分证明，无论封闭僵化的老路还是改旗易帜的邪路，都是绝路、死路。只有中国特色社会主义道路才能发展中国、富强中国，这也是中国人民的历史选择，是实现中国梦的必由之路。伟大的梦想，需要伟大的精神作支撑。没有振奋的精神、没有高尚的品格、没有坚定的志向，一个民族不可能屹立于世界民族之林。实现中国梦，不仅在物质上要强大起来，也要在精神上强大起来；同时，必须凝聚中国力量，也就是全国各族人民大团结的力量。

【案例】

党的十八大以来的历史性成就

“蛟龙”潜水器、C919 大飞机、“悟空”探测卫星、“辽宁号”航空母舰……这些在北京展览馆“砥砺奋进的五年”大型成就展上亮相的“大国重器”，吸引人们争相驻足关注。这次展览共分 10 个展区，通过图片文

---

① 见习近平《在第十三届全国人民代表大会第一次会议上的讲话》，《人民日报》2018 年 3 月 21 日，第 2 版。

字、视频演示、实物模型等多种形式，全景式立体化展示了党的十八大以来我国各方面取得的历史性成就。3个多月的展期，现场参观人数超过260万，网上展馆浏览量超过2200万。许多人观展后纷纷留言："厉害了，我的国！"

【思考】

1. 作为当代青年大学生，我们应该如何助力中国梦？
2. 谈谈你对中国道路的认识。

85　依靠学习走向未来

【摘录】

去年（2012年），我在全国党校校长会议上作了内容全面的讲话，今天想专门谈谈学习问题。这个问题以前也讲过，今天之所以还想再讲讲，是因为历史和现实都告诉我们，事业发展没有止境，学习就没有止境。①

我们党历来重视抓全党特别是领导干部的学习，这是推动党和人民事业发展的一条成功经验。在每一个重大转折时期，面对新形势新任务，我们党总是号召全党同志加强学习；而每次这样的学习热潮，都能推动党和人民事业实现大发展大进步。改革开放伊始，党中央就强调，实现四个现代化是一场深刻的伟大的革命。在这场伟大的革命中，我们是在不断地解决新的矛盾中前进的。因此，全党同志一定要善于学习，善于重新学习。同过去相比，我们今天学习的任务不是轻了，而是更重了。这是由我们面临的形势和任务决定的。

……

不论是新问题还是老问题，不论是长期存在的老问题还是改变了表现形式的老问题，要认识好、解决好，唯一的途径就是增强我们自己的本

① 见习近平《在中央党校建校80周年庆祝大会暨2013年春季学期开学典礼上的讲话》，《人民日报》2013年3月3日，第2版。

领。增强本领就要加强学习，既把学到的知识运用于实践，又在实践中增长解决问题的新本领。

……

本领不是天生的，是要通过学习和实践来获得的。当今时代，知识更新周期大大缩短，各种新知识、新情况、新事物层出不穷。有人研究过，18世纪以前，知识更新速度为90年左右翻一番；20世纪90年代以来，知识更新加速到3至5年翻一番。近50年来，人类社会创造的知识比过去3000年的总和还要多。还有人说，在农耕时代，一个人读几年书，就可以用一辈子；在工业经济时代，一个人读十几年书，才够用一辈子；到了知识经济时代，一个人必须学习一辈子，才能跟上时代前进的脚步。如果我们不努力提高各方面的知识素养，不自觉学习各种科学文化知识，不主动加快知识更新、优化知识结构、拓宽眼界和视野，那就难以增强本领，也就没有办法赢得主动、赢得优势、赢得未来。因此，全党同志特别是各级领导干部都要有加强学习的紧迫感。

……

学习和思考、学习和实践是相辅相成的，正所谓"学而不思则罔，思而不学则殆。"你脑子里装着问题了，想解决问题了，想把问题解决好了，就会去学习，就会自觉去学习。要"博学之，审问之，慎思之，明辨之，笃行之"。学习要善于挤时间。经常听有的同志说自己想学习，但"工作太忙，没有时间学习"。听上去好像有些道理，但这绝不是放松学习的理由。

……

不注意学习，忙于事务，思想就容易僵化、庸俗化。学习需要沉下心来，贵在持之以恒，重在学懂弄通，不能心浮气躁、浅尝辄止、不求甚解。领导干部一定要把学习放在很重要的位置上，如饥似渴地学习，哪怕一天挤出半小时，即使读几页书，只要坚持下去，必定会积少成多、积沙成塔，积跬步以至千里。

总之，好学才能上进。中国共产党人依靠学习走到今天，也必然要依靠学习走向未来。我们的干部要上进，我们的党要上进，我们的国家要上进，我们的民族要上进，就必须大兴学习之风，坚持学习、学习、再学习，坚持实践、实践、再实践。①

——2013年3月1日，习近平在中央党校建校80周年庆祝大会暨2013年春季学期开学典礼上的讲话

学习是成长进步的阶梯，实践是提高本领的途径。青年的素质和本领直接影响着实现中国梦的进程。古人说："学如弓弩，才如箭镞。"说的是学问的根基好比弓弩，才能好比箭头，只要依靠厚实的见识来引导，就可以让才能很好发挥作用。青年人正处于学习的黄金时期，应该把学习作为首要任务，作为一种责任、一种精神追求、一种生活方式，树立梦想从学习开始、事业靠本领成就的观念，让勤奋学习成为青春远航的动力，让增长本领成为青春搏击的能量。②

——2013年5月4日，习近平在同各界优秀青年代表座谈时的讲话

我国古人说："非学无以广才，非志无以成学。"大学的青春时光，人生只有一次，应该好好珍惜。为学之要贵在勤奋、贵在钻研、贵在有恒。鲁迅先生说过："哪里有天才，我是把别人喝咖啡的工夫都用在工作上的。"大学阶段，"恰同学少年，风华正茂"，有老师指点，有同学切磋，有浩瀚的书籍引路，可以心无旁骛求知问学。此时不努力，更待何时？要勤于学习、敏于求知，注重把所学知识内化于心，形成自己的见解，既要专攻博览，又要关心国家、关心人民、关心世界，学会担当社会责任。③

——2014年5月4日，习近平在北京大学师生座谈会上的讲话

① 见习近平《在中央党校建校80周年庆祝大会暨2013年春季学期开学典礼上的讲话》，《习近平谈治国理政》第1卷，外文出版社，2014，第401～403、407页。

② 见习近平《在同各界优秀青年代表座谈时的讲话》，《习近平谈治国理政》第1卷，外文出版社，2014，第51页。

③ 见习近平《青年要自觉践行社会主义核心价值观》，《习近平谈治国理政》第1卷，外文出版社，2014，第172页。

【导读】

学习是文明传承之途、人生成长之梯、政党巩固之基、国家兴盛之要，是人们增加知识、改善知识结构的必要途径，也是人们不断创新、推动社会进步的有力杠杆。当今时代，知识更新周期大大缩短，各种新知识、新情况、新事物层出不穷。大学生要成为未来国家建设的人才和各个行业的骨干，不仅要认真学习，善于思考、掌握、加工、消化已有知识，还要敢于突破陈旧的思维定式，不断激发自己的创新意识，培养创新精神和创造性思维，不断提高和拓展自己的创新能力，力求有所发现、有所发明、有所创造。

学习最可贵的是坚持，不断学习新知识、获得新本领，是社会发展的要求。“少而好学，如日出之阳；壮而好学，如日中之光；老而好学，如秉烛之明。”① 我们已经进入了终身学习的时代，要树立终身求知、终身学习的理念。在大学阶段，同学们要学习和掌握专业基础知识，同时要为今后继续学习、终身学习奠定良好基础。

【案例】

李嘉诚的学习故事

李嘉诚勤于自学，在任何情况下都不忘记读书。青年时打工期间，他坚持“抢学”，创业期间坚持“抢学”，经营自己的商业王国期间，仍孜孜不倦地学习。他一天工作十多个小时，仍然坚持学英语。他早年专门聘请一位私人教师每天早晨 7 点 30 分上课，上完课再去上班，天天如此。早在办塑料厂时就订阅了英文塑料杂志，既能学英文，又能了解世界最新的塑料行业动态。苦读英文使李嘉诚与其他早期从内地来香港发展的企业家有所区别。当年，懂英文的华人在香港社会是少之又少的。懂得英文，使得李嘉诚可以直接飞往英美，参加各种展销会，谈生意可直接与外籍投资顾问、银行的高层打交道。如今，李嘉诚已年逾古稀，仍爱书如命，坚持不断地读书学习。

---

① 见刘向《说苑·建本》。

【思考】

1. 在当今社会，我们应该树立怎样的学习观？

2. 进入大学，你认为学习的内容、形式和要求发生了哪些变化？大学生又该如何学习？

86　在书中寻找初心和远方

【摘录】

青年处于人生积累阶段，需要像海绵汲水一样汲取知识。广大青年抓学习，既要惜时如金、孜孜不倦，下一番心无旁骛、静谧自怡的功夫，又要突出主干、择其精要，努力做到又博又专、愈博愈专。特别是要克服浮躁之气，静下来多读经典，多知其所以然。[①]

——2017 年 5 月 3 日，习近平在中国政法大学考察时的讲话

"人才有高下，知物由学。"梦想从学习开始，事业靠本领成就。广大青年要自觉加强学习，不断增强本领。人生的黄金时期在青年。青年时期学识基础厚实不厚实，影响甚至决定自己的一生。广大青年要如饥似渴、孜孜不倦学习，既多读有字之书，也多读无字之书，注重学习人生经验和社会知识。"纸上得来终觉浅，绝知此事要躬行。"所有知识要转化为能力，都必须躬身实践。要坚持知行合一，注重在实践中学真知、悟真谛，加强磨练、增长本领。[②]

——2016 年 4 月 26 日，习近平在知识分子、劳动模范、青年代表座谈会上的讲话

① 《习近平在中国政法大学考察》，新华网，http://www.xinhuanet.com/politics/2017-05/03/c_1120913310.htm。

② 《在知识分子、劳动模范、青年代表座谈会上的讲话》，《人民日报》2016 年 4 月 30 日，第 2 版。

我不到16岁就从北京来到了中国陕北的一个小村子当农民，在那里度过了7年青春时光。那个年代，我想方设法寻找莎士比亚的作品，读了《仲夏夜之梦》、《威尼斯商人》、《第十二夜》、《罗密欧与朱丽叶》、《哈姆雷特》、《奥赛罗》、《李尔王》、《麦克白》等剧本。莎士比亚笔下跌宕起伏的情节、栩栩如生的人物、如泣如诉的情感，都深深吸引着我。年轻的我，在当年陕北贫瘠的黄土地上，不断思考着“生存还是毁灭”的问题，最后我立下为祖国、为人民奉献自己的信念。[①]

——2015年10月21日，习近平在伦敦金融城市长晚宴上的演讲

学史可以看成败、鉴得失、知兴替；学诗可以情飞扬、志高昂、人灵秀；学伦理可以知廉耻、懂荣辱、辨是非。我们不仅要了解中国的历史文化，还要睁眼看世界，了解世界上不同民族的历史文化，去其糟粕，取其精华，从中获得启发，为我所用。[②]

——2013年3月1日，习近平在中央党校建校80周年庆祝大会暨2013年春季学期开学典礼上的讲话

我年轻时读了不少文学作品，涉猎了当时能找到的各种书籍，不仅其中许多精彩章节、隽永文字至今记忆犹新，而且从中悟出了不少生活真谛。文艺也是不同国家和民族相互了解和沟通的最好方式。去年3月，我访问俄罗斯，在同俄罗斯汉学家座谈时就说到，我读过很多俄罗斯作家的作品，如年轻时读了车尔尼雪夫斯基的《怎么办?》后，在我心中引起了很大的震动。今年3月访问法国期间，我谈了法国文艺对我的影响，因为我们党老一代领导人中很多到法国求过学，所以我年轻时对法国文艺抱有

① 《共倡开放包容共促和平发展：在伦敦金融城市长晚宴上的演讲》，人民出版社，2015，第11页。

② 《依靠学习走向未来》，《习近平谈治国理政》第1卷，外文出版社，2014，第405~406页。

浓厚兴趣。在德国，我讲了自己读《浮士德》的故事。那时候，我在陕北农村插队，听说一个知青有《浮士德》这本书，就走了30里路去借这本书，后来他又走了30里路来取回这本书。[①]

——2014年10月15日，习近平在文艺工作座谈会上的讲话

【导读】

阅读是一种信仰，每一天都应是读书日。让学习点亮生活，让全民阅读蔚然成风，在文明的星空下诗意地栖居，这是读书人的幸福所在，也是中华民族的希望所在。书是获取知识的渠道、提高人素质的有效途径，也是涵养静气的摇篮。读书妙处无穷，书香熏染人生。习近平总书记说过，"读书不仅要有明确的目标、有不移的恒心，还要提高读书效率和质量，讲求读书方法和技巧，在爱读书、勤读书、读好书、善读书中提高思想水平、解决实际问题、实现自我超越。"[②] 他本人就十分热爱读书，一直重视学习。他反复强调，"事业发展没有止境，学习就没有止境"。[③] 十八大以来，习近平不断"劝学""促学"，抓"关键少数"，在全党大兴学习之风。"学者非必为仕，而仕者必为学。"[④] 习近平总书记强调，党员、干部学习不仅仅是自己的事情，更关乎党和国家事业发展，要"坚持学习、学习、再学习"。[⑤]

【案例】

总书记的长书单

从经史子集到马列经典，从唐诗宋词到中外文学名著，从汤显祖到莎

---

① 见《在文艺工作座谈会上的讲话》，《人民日报》，2015年10月15日，第2版。

② 见《领导干部要爱读书读好书善读书》，人民网，http://theory.people.com.cn/n/2013/0428/c40531-21322026-3.html。

③ 见《在中央党校建校80周年庆祝大会暨2013年春季学期开学典礼上的讲话》，《人民日报》2013年3月3日，第2版。

④ 见荀子《荀子·大略》。

⑤ 见《依靠学习走向未来》，《习近平谈治国理政》，外文出版社，2014，第407页。

士比亚……近年来，在国内外的多个场合，习近平提到了100多本经典著作，开列出一张张丰富多彩、博大精深的书单。这既是他个人读书生活的一种折射，同时也为人们读好书提供了一份“阅读指南”。

书单1 中华文化传统典籍，浩瀚之繁，不胜枚举，可参考《习近平用典》一书。

书单2 一些外国作家的作品，扫描下方二维码领取习近平总书记的长书单。

扫码领书单

【思考】

你读过哪些经典书籍？从中收获了什么？

87　星火永传　精神长存

【摘录】

战斗精神

人民军队从胜利走向胜利，彰显了战斗精神的伟大力量。敢于斗争、敢于胜利，一不怕苦、二不怕死，是人民军队血性胆魄的生动写照……在枪林弹雨的战场上，面对气焰嚣张的强大敌人，人民军队曾经发出了“三个不相信”的英雄宣言：在革命战士面前，不相信有完不成的任务，不相信有克服不了的困难，不相信有战胜不了的敌人！英勇顽强，视死如归，血战到底，人民军队用大无畏的气概赢得了党的信任、人民赞誉，也赢得了世界尊敬。

……

人民军队的历史辉煌，是鲜血生命铸就的，永远值得我们铭记。人民军队的历史经验，是艰辛探索得来的，永远需要我们弘扬。人民军队的历史发展，是忠诚担当推动的，永远激励我们向前。①

——2017 年 8 月 1 日，习近平在庆祝中国人民解放军建军 90 周年大会上的讲话

井冈山精神

井冈山是中国革命的摇篮。井冈山时期留给我们最为宝贵的财富，就是跨越时空的井冈山精神。今天，我们要结合新的时代条件，坚持坚定执着追理想、实事求是闯新路、艰苦奋斗攻难关、依靠群众求胜利，让井冈山精神放射出新的时代光芒。②

——2016 年 2 月 1 日至 3 日，习近平赴江西看望慰问广大干部群众和驻赣部队。

抗战精神

在波澜壮阔的中国人民抗日战争中，千千万万的抗战英雄抛头颅、洒热血，为战争胜利作出了重大贡献，为铸就伟大的抗战精神作出了重大贡献。伟大的抗战精神，永远是激励中国人民克服一切艰难险阻、为实现中华民族伟大复兴而奋斗的强大精神动力。③

——2015 年 9 月 2 日，习近平在北京人民大会堂向 30 名抗战老战士老同志、抗战将领、帮助和支持中国抗战的国际友人或其遗属代表颁发中国人民抗日战争胜利 70 周年纪念章并发表重要讲话。

---

① 见《在庆祝中国人民解放军建军 90 周年大会上的讲话》，《人民日报》2017 年 8 月 2 日，第 2 版。

② 见《祝全国各族人民健康快乐吉祥　祝改革发展人民生活蒸蒸日上》，《人民日报》2016 年 2 月 4 日，第 1 版。

③ 见《在颁发“中国人民抗日战争胜利 70 周年”纪念章仪式上的讲话》，《人民日报》2015 年 9 月 3 日，第 2 版。

苏区精神

在革命根据地的创建和发展中，在建立红色政权、探索革命道路的实践中，无数革命先辈用鲜血和生命铸就了以坚定信念、求真务实、一心为民、清正廉洁、艰苦奋斗、争创一流、无私奉献等为主要内涵的苏区精神。这一精神既蕴涵了中国共产党人革命精神的共性，又显示了苏区时期的特色和个性，是中国共产党人政治本色和精神特质的集中体现，是中华民族精神新的升华，也是我们今天正在建设的社会主义核心价值体系的重要来源。①

——2011 年 11 月 4 日，习近平在纪念中央革命根据地创建暨中华苏维埃共和国成立 80 周年座谈会上的讲话。

延安精神

伟大的延安精神是党的性质和宗旨的集中体现，是党的优良传统和作风的集中体现……伟大的延安精神教育滋养了几代中国共产党人，始终是凝聚人心、战胜困难、开拓前进的强大精神力量。弘扬延安精神，要把坚定正确的政治方向放在第一位，牢记全心全意为人民服务宗旨，坚持解放思想、实事求是、与时俱进，始终牢记“两个务必”，保持延安时期那么一种忘我精神、那么一股昂扬斗志、那么一种科学精神，为建设和发展中国特色社会主义不懈奋斗。②

——2009 年 11 月，习近平在陕西调研时强调结合新的实际弘扬延安精神。

长征精神

长征，是中国共产党和中国革命事业从挫折走向胜利的伟大转折点，

---

① 见《在纪念中央革命根据地创建暨中华苏维埃共和国成立 80 周年座谈会上的讲话》，《人民日报》2011 年 11 月 5 日，第 3 版。

② 见《结合新的实际弘扬延安精神　坚持求真务实推进党的建设》，《人民日报》2009 年 11 月 17 日，第 3 版。

是二十世纪中国共产党人创造的壮丽史诗。70年前的长征迸发出一种绵延不绝的精神力量。长征是一部中国革命的百科全书，长征精神集中体现了党和红军的优良传统和作风，是中国共产党人世界观、人生观和价值观的全面展示，更是我们构建社会主义和谐社会的强大精神动力。

长征不仅是一次人类精神和意志的伟大远征，也是一段中国共产党领导中华优秀儿女寻求中华民族复兴的伟大征程。①

——2006年，习近平参观“伟大的长征——浙江省纪念中国工农红军长征胜利70周年图片展”。

红船精神

“红船精神”同井冈山精神、长征精神、延安精神、西柏坡精神等一道，伴随中国革命的光辉历程，共同构成我们党在前进道路上战胜各种困难和风险、不断夺取新胜利的强大精神力量和宝贵精神财富。

……

开天辟地、敢为人先的首创精神，坚定理想、百折不挠的奋斗精神，立党为公、忠诚为民的奉献精神，是中国革命精神之源，也是“红船精神”的深刻内涵。②

——2005年，习近平发表题为《弘扬“红船精神”走在时代前列》的文章。

【导读】

在中国共产党九十年的历史中，是什么使党能克服艰难波折奋斗不息？是什么使其在内忧外患的多重压力下突破险境绝处逢生，直至今日成为东方强国？答案是红色精神！红色精神是指中国共产党的革命精神，最

① 见《“平语”近人——习近平谈革命战争年代的红色精神》，新华网，http://www.xinhuanet.com/politics/2016-06/30/c_129103280.htm。

② 见《弘扬“红船精神”走在时代前列》，《人民日报》2017年12月1日，第2版。

早表现为1919年“爱国、进步、民主、科学”的“五四精神”，其核心是爱国主义。在中国共产党近90年的历史中，形成了很多可歌可泣的“红色精神”。如“坚定信念，艰苦奋斗；实事求是，敢闯新路；依靠群众，勇于胜利”的井冈山精神，“一不怕苦，二不怕死”的长征精神，“艰苦奋斗、勇于开拓、顾全大局、无私奉献”的北大荒精神，“热爱祖国、无私奉献，自力更生、艰苦奋斗，大力协同、勇于登攀”的两弹一星精神，等等。习近平总书记曾先后到延安、井冈山等革命圣地考察，反复强调让红色精神放射出新的时代光芒。

【案例】

习主席给大学生的回信（节选）

第三届中国“互联网+”大学生创新创业大赛“青年红色筑梦之旅”的同学们：

……

得知全国150万大学生参加本届大赛，其中上百支大学生创新创业团队参加了走进延安、服务革命老区的“青年红色筑梦之旅”活动，帮助老区人民脱贫致富奔小康，既取得了积极成效，又受到了思想洗礼，我感到十分高兴。

延安是革命圣地，你们奔赴延安，追寻革命前辈伟大而艰辛的历史足迹，学习延安精神，坚定理想信念，锤炼意志品质，把激昂的青春梦融入伟大的中国梦，体现了当代中国青年奋发有为的精神风貌。

……

习近平

2017年8月15日

【思考】

你还知道哪些红色精神？它们的内涵是什么？

88　修身　齐家　平天下

【摘录】

“德者，本也。”蔡元培先生说过：“若无德，则虽体魄智力发达，适足助其为恶。”道德之于个人、之于社会，都具有基础性意义，做人做事第一位的是崇德修身。这就是我们的用人标准为什么是德才兼备、以德为先，因为德是首要、是方向，一个人只有明大德、守公德、严私德，其才方能用得其所。修德，既要立意高远，又要立足平实。要立志报效祖国、服务人民，这是大德，养大德者方可成大业。同时，还得从做好小事、管好小节开始起步，“见善则迁，有过则改”，踏踏实实修好公德、私德，学会劳动、学会勤俭，学会感恩、学会助人，学会谦让、学会宽容，学会自省、学会自律。①

——2014 年 5 月 4 日，习近平在北京大学师生座谈会上的讲话。

中华民族历来重视家庭。正所谓“天下之本在家”。尊老爱幼、妻贤夫安，母慈子孝、兄友弟恭，耕读传家、勤俭持家，知书达礼、遵纪守法，家和万事兴等中华民族传统家庭美德，铭记在中国人的心灵中，融入中国人的血脉中，是支撑中华民族生生不息、薪火相传的重要精神力量，是家庭文明建设的宝贵精神财富。

……

我们要重视家庭文明建设，努力使千千万万个家庭成为国家发展、民族进步、社会和谐的重要基点，成为人们梦想启航的地方。

……

家庭是社会的细胞。家庭和睦则社会安定，家庭幸福则社会祥和，家

---

① 见《青年要自觉践行社会主义核心价值观》，《习近平谈治国理政》，外文出版社，2014，第 172 ~ 173 页。

庭文明则社会文明。历史和现实告诉我们，家庭的前途命运同国家和民族的前途命运紧密相连。我们要认识到，千家万户都好，国家才能好，民族才能好。同时，我们还要认识到，国家好，民族好，家庭才能好。中国人历来讲求精忠报国，革命战争年代母亲教儿打东洋、妻子送郎上战场，社会主义建设时期先大家后小家、为大家舍小家，都体现着向上的家庭追求，体现着高尚的家国情怀。

……

家庭是人生的第一个课堂，父母是孩子的第一任老师。孩子们从牙牙学语起就开始接受家教，有什么样的家教，就有什么样的人。家庭教育涉及很多方面，但最重要的是品德教育，是如何做人的教育。也就是古人说的“爱子，教之以义方”，“爱之不以道，适所以害之也”。青少年是家庭的未来和希望，更是国家的未来和希望……作为父母和家长，应该把美好的道德观念从小就传递给孩子，引导他们有做人的气节和骨气，帮助他们形成美好心灵，促使他们健康成长，长大后成为对国家和人民有用的人。

广大家庭都要重言传、重身教，教知识、育品德，身体力行、耳濡目染，帮助孩子扣好人生的第一粒扣子，迈好人生的第一个台阶……

家风是社会风气的重要组成部分。家庭不只是人们身体的住处，更是人们心灵的归宿。家风好，就能家道兴盛、和顺美满；家风差，难免殃及子孙、贻害社会，正所谓“积善之家，必有余庆；积不善之家，必有余殃”。诸葛亮诫子格言、颜氏家训、朱子家训等，都是在倡导一种家风。毛泽东、周恩来、朱德同志等老一辈革命家都高度重视家风。我看了很多革命烈士留给子女的遗言，谆谆嘱托，殷殷希望，十分感人。

广大家庭都要弘扬优良家风，以千千万万家庭的好家风支撑起全社会的好风气。《礼记·大学》中说：“所谓治国必先齐其家者，其家不可教而能教人者，无之。”①

——2016 年 12 月 12 日，习近平在会见第一届全国文明家庭代表时的讲话

① 见《注重家庭，注重家教，注重家风》，《习近平谈治国理政》第 2 卷，外文出版社，2017，第 353 ~ 356 页。

敬老爱老是中华民族的传统美德。要把弘扬孝亲敬老纳入社会主义核心价值观宣传教育，建设具有民族特色、时代特征的孝亲敬老文化……要加强家庭建设，教育引导人们自觉承担家庭责任、树立良好家风，巩固家庭养老基础地位。

要着力发挥老年人积极作用。要发挥老年人优良品行在家庭教育中的潜移默化作用和对社会成员的言传身教作用。[①]

——2016年5月28日，习近平在中共中央政治局第三十二次集体学习时的讲话

发挥妇女在弘扬中华民族家庭美德、树立良好家风方面的独特作用，这关系到家庭和睦，关系到社会和谐，关系到下一代健康成长。千千万万个家庭的家风好，子女教育得好，社会风气好才有基础。[②]

——2013年10月31日，习近平同全国妇联新一届领导班子成员集体谈话

【导读】

“家风”是一个家庭长期培育形成的一种文化和道德氛围，有一种强大的感染力量，是家庭伦理和家庭美德的集中体现。每到春节，有副传统对联是很多人家的选择：“忠厚传家久，诗书济世长”[③]，好的家风也是家庭成员道德水平的集中体现。它作为一种精神力量，既能在思想道德上约束家庭成员，又能促使每个人在一种文明、和谐、健康、向上的氛围中不断发展。家是最小国，国是千万家，“小家”紧系着“大家”。风吹日晒，字迹或会模糊，但好家风却会如化雨春风，护着家、护着国。十八大以来，习近平多次强调家风，说的是“小家”，着眼的是“大家”。2014年3

① 见《党委领导政府主导社会参与全民行动　推动老龄事业全面协调可持续发展》，《人民日报》2016年5月29日，第1版。

② 见《坚持男女平等基本国策　发挥我国妇女伟大作用》，《人民日报》2013年11月1日，第1版。

③ 见苏轼《三槐堂铭》。

月，习近平重访兰考时会见了焦裕禄的5个子女。二女儿焦守云对总书记说，“我们一定继承好父亲的精神，把家教家风一代代地保持传承下去。”总书记听后，一边点头一边说：“好家风，好家风。”①

【案例】

第一届全国文明家庭故事

薛辉家庭，北京市东城区西花市南里新景家园，家庭成员6人。多年来，薛辉家庭一直秉承着用心相待、以诚至真的生活理念。薛辉的丈夫是阜外心血管病医院的医生，“非典”期间第一批进驻医院，平时经常到贫困地区支农义诊。薛辉的母亲乐善助人，经常为邻里解决实际困难。薛辉十年来坚持参与公益活动，用言传身教让孩子感受爱心的力量。在家庭的熏陶和感染下，薛辉夫妻时刻记得守规矩、守纪律、肯担当，逐步成长为单位的业务骨干。

【思考】

你的家庭有着怎样的家风故事？家庭对你最大的影响是什么？

89　是民族的，也是世界的

【摘录】

提高国家文化软实力，要努力展示中华文化独特魅力。在5000多年文明发展进程中，中华民族创造了博大精深的灿烂文化，要使中华民族最基本的文化基因与当代文化相适应、与现代社会相协调，以人们喜闻乐见、具有广泛参与性的方式推广开来，把跨越时空、超越国度、富有永恒魅力、具有当代价值的文化精神弘扬起来，把继承传统优秀文化又弘扬时代精神、立足本国又面向世界的当代中国文化创新成果传播出去。要系统梳理传统文化资源，让收藏在禁宫里的文物、陈列在广阔大地上的遗产、书

① 见《十八大以来，习近平这样谈“家风”》，新华网，http://www.xinhuanet.com/politics/2017-03/29/c_1120713863.htm。

写在古籍里的文字都活起来。要以理服人，以文服人，以德服人，提高对外文化交流水平，完善人文交流机制，创新人文交流方式，综合运用大众传播、群体传播、人际传播等多种方式展示中华文化魅力。

要注重塑造我国的国家形象，重点展示中国历史底蕴深厚、各民族多元一体、文化多样和谐的文明大国形象，政治清明、经济发展、文化繁荣、社会稳定、人民团结、山河秀美的东方大国形象，坚持和平发展、促进共同发展、维护国际公平正义、为人类作出贡献的负责任大国形象，对外更加开放、更加具有亲和力、充满希望、充满活力的社会主义大国形象。

提高国家文化软实力，要努力提高国际话语权。要加强国际传播能力建设，精心构建对外话语体系，发挥好新兴媒体作用，增强对外话语的创造力、感召力、公信力，讲好中国故事，传播好中国声音，阐释好中国特色。对中国人民和中华民族的优秀文化和光荣历史，要加大正面宣传力度，通过学校教育、理论研究、历史研究、影视作品、文学作品等多种方式，加强爱国主义、集体主义、社会主义教育，引导我国人民树立和坚持正确的历史观、民族观、国家观、文化观，增强做中国人的骨气和底气。[①]

——2013 年 12 月 30 日，习近平在主持十八届中央政治局第十二次集体学习时的讲话

中华民族拥有悠久历史和灿烂文明，但近代以后历经血与火的磨难。中国人民没有向命运屈服，而是奋起抗争、自强不息，经过长期奋斗，而今走上了实现中华民族伟大复兴的康庄大道。回顾历史，支撑我们这个古老民族走到今天的，支撑5000 多年中华文明延绵至今的，是植根于中华民族血脉深处的文化基因。中华民族历来讲求“天下一家”，主张民胞物与、协和万邦、天下大同，憧憬“大道之行，天下为公”的美好世界。我们认为，世界各国尽管有这样那样的分歧矛盾，也免不了产生这样那样的磕磕碰碰，但世界各国人民都生活在同一片蓝天下、拥有同一个家园，应该是一家人。世界各国人民应该秉持“天下一家”理念，张开怀抱，彼此理

① 见《提高国家文化软实力》，《习近平谈治国理政》，外文出版社，2014，第 161 ~ 162 页。

解，求同存异，共同为构建人类命运共同体而努力。

……

——我们要努力建设一个远离封闭、开放包容的世界。中国有句古话："万物并育而不相害，道并行而不相悖。"文明的繁盛、人类的进步，离不开求同存异、开放包容，离不开文明交流、互学互鉴。历史呼唤着人类文明同放异彩，不同文明应该和谐共生、相得益彰，共同为人类发展提供精神力量。我们应该坚持世界是丰富多彩的、文明是多样的理念，让人类创造的各种文明交相辉映，编织出斑斓绚丽的图画，共同消除现实生活中的文化壁垒，共同抵制妨碍人类心灵互动的观念纰缪，共同打破阻碍人类交往的精神隔阂，让各种文明和谐共存，让人人享有文化滋养。①

——2017 年 12 月 1 日，习近平在中国共产党与世界政党高层对话会上的主旨讲话

中法两国都是拥有悠久文明历史和深厚文化底蕴的国家。中法虽然远隔万里，但两国独具特色和丰富多彩的文化使两国人民相互吸引，对彼此文化精华由衷欣赏。中法文化相互交流、相互促进，不仅为推动两国人民友好往来注入强劲动力，也为促进东西方文化交流互鉴和世界文明多样性发挥了重要作用。②

——2016 年 5 月 26 日，首届中法文化论坛在人民大会堂开幕，国家主席习近平和法国总统奥朗德分别致贺信。

【导读】

文化交流指的是发生于两个或者多个文化源差异显著的关系之间的交流。文化交流促进人们互通有无，增进文化发展与丰富。在历史长河中，中华古老又灿烂的文化曾通过一条著名的道路，源源不断传播到世界各地，这条道路就是丝绸之路。丝绸之路的开辟，促进了中西方的经济文化交流，成

---

① 见《携手建设更加美好的世界》，《人民日报》2017 年 12 月 2 日，第 2 版。

② 见《习近平和奥朗德向首届中法文化论坛致贺信》，《人民日报》2016 年 5 月 27 日，第 1 版。

为亚洲和欧洲、非洲等国经济文化交流的友谊之路。它是中国与西方世界相互了解的走廊，是中国古代西域少数民族接受先进文化、了解外部世界的通道，是现代中国西部开发的早期蓝本，是中外文化交流的典型代表，在中国当今的对外经济文化交流中仍然发挥着重大的作用。习近平总书记十分重视中国优秀传统文化的传承和传播。传统文化是我国祖先勤劳勇敢精神的体现，是我们宝贵的财富。在我们保护文化的过程中，还要让中华文化得到更广泛的传播，这将是新时代下一个大国应具备的实力，也是我国展现“大国范儿”的重大机遇。当今时代，文化在综合国力竞争中的地位和作用更加凸显，维护国家文化软实力、中华文化国际影响力的要求也更加紧迫。

【案例】

沟通世界的文化桥梁——孔子学院

孔子学院并非一般意义上的大学，它是一个非营利性的社会公益机构，一般都是下设在国外的大学和研究院之类的教育机构里。孔子是中国传统文化的代表人物，选择孔子作为汉语教学品牌是中国传统文化复兴的标志。它秉承孔子“和为贵”、“和而不同”的理念，推动中国文化与世界各国文化的交流与融合，以建设一个持久和平、共同繁荣的和谐世界为宗旨。

【思考】

你知道中国有哪些“走出国门”的文化产品吗？你想向世界推荐哪些中国的优秀文化？

90　独一无二的上下五千年

【摘录】

文化自信是一个国家、一个民族发展中更基本、更深沉、更持久的力量。必须坚持马克思主义，牢固树立共产主义远大理想和中国特色社会主义共同理想，培育和践行社会主义核心价值观，不断增强意识形态领域主导权和话语权，推动中华优秀传统文化创造性转化、创新性发展，继承革命文化，发展社会主义先进文化，不忘本来、吸收外来、面向未来，更好构筑中国精神、中国价值、中国力量，为人民提供精神指引。

……

文化是一个国家、一个民族的灵魂。文化兴国运兴，文化强民族强。没有高度的文化自信，没有文化的繁荣兴盛，就没有中华民族伟大复兴。要坚持中国特色社会主义文化发展道路，激发全民族文化创新创造活力，建设社会主义文化强国。

中国特色社会主义文化，源自于中华民族五千多年文明历史所孕育的中华优秀传统文化，熔铸于党领导人民在革命、建设、改革中创造的革命文化和社会主义先进文化，植根于中国特色社会主义伟大实践。发展中国特色社会主义文化，就是以马克思主义为指导，坚守中华文化立场，立足当代中国现实，结合当今时代条件，发展面向现代化、面向世界、面向未来的，民族的科学的大众的社会主义文化，推动社会主义精神文明和物质文明协调发展。①

——2017 年 10 月 18 日，习近平在中国共产党第十九次全国代表大会上的报告

文化自信，是更基础、更广泛、更深厚的自信。在5000多年文明发展中孕育的中华优秀传统文化，在党和人民伟大斗争中孕育的革命文化和社会主义先进文化，积淀着中华民族最深层的精神追求，代表着中华民族独特的精神标识。我们要弘扬社会主义核心价值观，弘扬以爱国主义为核心的民族精神和以改革创新为核心的时代精神，不断增强全党全国各族人民的精神力量。②

——2016 年 7 月 1 日，习近平在庆祝中国共产党成立 95 周年大会上的讲话。

---

① 见《决胜全面建成小康社会　夺取新时代中国特色社会主义伟大胜利》，《人民日报》2017 年 10 月 19 日，第 2、3 版。

② 见《不忘初心，继续前进》，《习近平谈治国理政》第 2 卷，外文出版社，2017，第 36～37 页。

中华民族有着深厚文化传统，形成了富有特色的思想体系，体现了中国人几千年来积累的知识智慧和理性思辨。这是我国的独特优势。中华文明延续着我们国家和民族的精神血脉，既需要薪火相传、代代守护，也需要与时俱进、推陈出新。要加强对中华优秀传统文化的挖掘和阐发，使中华民族最基本的文化基因与当代文化相适应、与现代社会相协调，把跨越时空、超越国界、富有永恒魅力、具有当代价值的文化精神弘扬起来。要推动中华文明创造性转化、创新性发展，激活其生命力，让中华文明同各国人民创造的多彩文明一道，为人类提供正确精神指引。①

——2016 年 5 月 17 日，习近平在哲学社会科学工作座谈会上的讲话。

中华文明绵延数千年，有其独特的价值体系。中华优秀传统文化已经成为中华民族的基因，植根在中国人内心，潜移默化影响着中国人的思想方式和行为方式……像这样的思想和理念，不论过去还是现在，都有其鲜明的民族特色，都有其永不褪色的时代价值。这些思想和理念，既随着时间推移和时代变迁而不断与时俱进，又有其自身的连续性和稳定性。我们生而为中国人，最根本的是我们有中国人的独特精神世界，有百姓日用而不觉的价值观。我们提倡的社会主义核心价值观，就充分体现了对中华优秀传统文化的传承和升华。

……

站立在 960 万平方公里的广袤土地上，吸吮着中华民族漫长奋斗积累的文化养分，拥有 13 亿中国人民聚合的磅礴之力，我们走自己的路，具有无比广阔的舞台，具有无比深厚的历史底蕴，具有无比强大的前进定力。中国人民应该有这个信心，每一个中国人都应该有这个信心。我们要虚心学习借鉴人类社会创造的一切文明成果，但我们不能数典忘祖，不能照抄

① 见《加快构建中国特色哲学社会科学》，《习近平谈治国理政》第 2 卷，外文出版社，2017，第 340 页。

照搬别国的发展模式，也绝不会接受任何外国颐指气使的说教。①

——2014 年 5 月 4 日，习近平在北京大学师生座谈会上的讲话。

【导读】

文化自信是一个民族、一个国家对自身文化价值的充分肯定和积极践行，并对其文化的生命力持有的坚定信心。把文化自信与道路自信、理论自信和制度自信并提，显示了习近平总书记对文化自信的高度重视。十八大以来，习近平总书记高度重视文化自信，提出了新的时代课题。新时代与传统文化，居于时间轴的两端，然而古今之理相通，古老与新潮，穿越时空的碰撞，淬炼出智慧的火花。无论是国内活动还是外交场合，习近平总书记都大量引用中国古代的名言警句，用中国古人的智慧给人以启迪，展现出中华优秀文化的独特魅力和深厚底蕴。他指出，坚定文化自信，是事关国运兴衰、事关文化安全、事关民族精神独立性的大问题。② 中国传统思想文化体现着中华民族世世代代在生产生活中形成和传承的世界观、人生观、价值观、审美观等，其中最核心的内容已经成为中华民族最基本的文化基因。习近平总书记大力弘扬中华优秀传统文化，目的就是坚定自信，在新的时代条件下实现中华文化的创造性转化和创新性发展，从而“以古人之规矩，开自己之生面”③。

【案例】

开学第一课：文化自信的中国故事

自 2008 年以来，每年的 9 月 1 日，中央电视台都会播出一档节目叫“开学第一课”。2017 年的开学第一课以“中华骄傲”为主题，用生动鲜活的讲故事的形式追根溯源中华传统文化，为同学们呈现了一堂饱含民族

---

① 见《青年要自觉践行社会主义核心价值观》，《习近平谈治国理政》第 1 卷，外文出版社，2014，第 170 ~ 171 页。

② 见《在中国文联十大、中国作协九大开幕式上的讲话》，《人民日报》2016 年 12 月 1 日，第 2 版。

③ 见清代沈宗骞《芥舟学画编》。

精神、民族气节、民族骄傲的文化课，也向世界讲述了一个我们在发展新时期对自有文化表现出的高度自信的中国故事。它带领我们穿越五千年时光，走进中华文明的古老源头，领略民族自强之魂的风采，品味字里行间的家国理想，开启黑白二子间蕴含的智慧，追根溯源，鉴古知今。

【思考】

你知道“百家争鸣”的主要流派有哪些吗？他们的代表思想分别是什么？

91　无规矩不成方圆

【摘录】

宪法是国家的根本法，是治国安邦的总章程，具有最高的法律地位、法律权威、法律效力，具有根本性、全局性、稳定性、长期性。全国各族人民、一切国家机关和武装力量、各政党和各社会团体、各企业事业组织，都必须以宪法为根本的活动准则，并且负有维护宪法尊严、保证宪法实施的职责。任何组织或者个人，都不得有超越宪法和法律的特权。一切违反宪法和法律的行为，都必须予以追究。

……

公民的基本权利和义务是宪法的核心内容，宪法是每个公民享有权利、履行义务的根本保证。宪法的根基在于人民发自内心的拥护，宪法的伟力在于人民出自真诚的信仰。只有保证公民在法律面前一律平等，尊重和保障人权，保证人民依法享有广泛的权利和自由，宪法才能深入人心，走入人民群众，宪法实施才能真正成为全体人民的自觉行动。①

——2012 年 12 月 4 日，习近平在首都各界纪念现行宪法公布施行 30 周年大会上的讲话。

① 见《在首都各界纪念现行宪法公布施行 30 周年大会上的讲话》，《习近平谈治国理政》第 1 卷，外文出版社，2014，第 138、140、141 页。

我们坚定中国特色社会主义道路自信、理论自信、制度自信、文化自信，要对我国宪法确立的国家指导思想、发展道路、奋斗目标充满自信，对我国宪法确认的中国共产党领导和我国社会主义制度充满自信，对我国宪法确认的我们党领导人民创造的社会主义先进文化和中华优秀传统文化充满自信。

要坚持从青少年抓起，把宪法法律教育纳入国民教育体系，引导青少年从小掌握宪法法律知识、树立宪法法律意识、养成遵法守法习惯。①

——2018 年 2 月 24 日，习近平在中共中央政治局第四次集体学习时的讲话。

没有正确的法治理论引领，就不可能有正确的法治实践。高校作为法治人才培养的第一阵地，要充分利用学科齐全、人才密集的优势，加强法治及其相关领域基础性问题的研究，对复杂现实进行深入分析、作出科学总结，提炼规律性认识，为完善中国特色社会主义法治体系、建设社会主义法治国家提供理论支撑。

……

对世界上的优秀法治文明成果，要积极吸收借鉴，也要加以甄别，有选择地吸收和转化，不能囫囵吞枣、照搬照抄。

……

法学专业教师要坚定理想信念，带头践行社会主义核心价值观，在做好理论研究和教学的同时，深入了解法律实际工作，促进理论和实践相结合，多用正能量鼓舞激励学生。

中国特色社会主义法治道路的一个鲜明特点，就是坚持依法治国和以德治国相结合，强调法治和德治两手抓、两手都要硬。法学教育要坚持立德树人，不仅要提高学生的法学知识水平，而且要培养学生的思想道德素养。

……

青年时期是培养和训练科学思维方法和思维能力的关键时期，无论在

① 见《更加注重发挥宪法重要作用　把实施宪法提高到新的水平》，《人民日报》2018 年 2 月 26 日，第 1 版。

学校还是在社会，都要把学习同思考、观察同思考、实践同思考紧密结合起来，保持对新事物的敏锐，学会用正确的立场观点方法分析问题，善于把握历史和时代的发展方向，善于把握社会生活的主流和支流、现象和本质。要充分发挥青年的创造精神，勇于开拓实践，勇于探索真理。养成了历史思维、辩证思维、系统思维、创新思维的习惯，终身受用。

青年在成长和奋斗中，会收获成功和喜悦，也会面临困难和压力。要正确对待一时的成败得失，处优而不养尊，受挫而不短志，使顺境逆境都成为人生的财富而不是人生的包袱。广大青年人人都是一块玉，要时常用真善美来雕琢自己，不断培养高洁的操行和纯朴的情感，努力使自己成为高尚的人。①

——2017 年 5 月 3 日，习近平在中国政法大学考察时的讲话。

法律是成文的道德，道德是内心的法律。法律和道德都具有规范社会行为、调节社会关系、维护社会秩序的作用，在国家治理中都有其地位和功能。法安天下，德润人心。法律有效实施有赖于道德支持，道德践行也离不开法律约束。法治和德治不可分离、不可偏废，国家治理需要法律和道德协同发力。②

——2016 年 12 月 9 日，习近平在中共中央政治局第三十七次集体学习时的讲话。

【导读】

法者，天下之程式，万事之仪表。法治，是给公民以最充分的自由，是给政府以尽可能小的权力。法治社会的真谛在于：公民的权利必须保护，政府的权力必须限制，与此背离的就不是法治社会。党的十八大以

① 见《习近平在中国政法大学考察》，新华网，http://www.xinhuanet.com/politics/2017-05/03/c_1120913310.htm。

② 见《坚持依法治国和以德治国相结合》，《习近平谈治国理政》第 2 卷，外文出版社，2017，第 133 页。

来，以习近平同志为核心的党中央坚持和拓展中国特色社会主义法治道路，坚定不移全面推进依法治国，谱写下社会主义法治中国建设的崭新篇章，法治中国建设驶入“快车道”。以道德滋养法治，强化道德对法治的支撑；以法律守护道德底线，用法治手段解决道德领域突出问题。社会主义核心价值观写入民法总则，通过法律和政策向社会传导正确价值取向，在全社会凝聚起建设中国特色社会主义事业的“精气神”。“法律必须被信仰，否则它将形同虚设。”① 党的十八大以来，法治信仰浸润人心，全民守法的氛围日益浓厚，人民群众投身依法治国实践的积极性和主动性被充分调动起来。在治国理政的实践中，习近平总书记围绕宪法发表了一系列重要讲话。其中，有许多经典话语言简意赅、切中肯綮，令人振聋发聩。

【案例】

法治教育要从青少年抓起

还记得2010年10月16日，李启铭在撞了两位大学女生，致一死一伤时所说的话吗？他说：“我爸是李刚！”一句话，引来网友无数热议。老爸再牛又如何？如今的他，靠着冰冷的铁窗，六年的牢狱之灾，足够让他反思一下，“我爸是李刚”的代价，“法”的代价！在生活中，道德、法律是规范人们行为的两大社会准则，二者密切相关。我们在现在社会中成长，既要践行基本的道德，做一个有道德的人，又要遵守国家法律，做一个守法的公民，还要懂得用法律来维护自己应当享有的合法权益。

【思考】

如何理解私权利的“法无禁止即可为”和公权力的“法无授权即禁止”？

92　百年大计，教育为本

【摘录】

教育决定着人类的今天，也决定着人类的未来。人类社会需要通过教

① 见〔美〕哈罗德·J·伯尔曼《法律与宗教》。

育不断培养社会需要的人才，需要通过教育来传授已知、更新旧知、开掘新知、探索未知，从而使人们能够更好认识世界和改造世界、更好创造人类的美好未来。[①]

——2013 年 4 月 21 日，习近平致清华大学苏世民学者项目启动仪式的贺信

中国将坚定实施科教兴国战略，始终把教育摆在优先发展的战略位置，不断扩大投入，努力发展全民教育、终身教育，建设学习型社会，努力让每个孩子享有受教育的机会，努力让 13 亿人民享有更好更公平的教育，获得发展自身、奉献社会、造福人民的能力。[②]

——2013 年 9 月 25 日，习近平在联合国“教育第一”全球倡议行动一周年纪念活动上发表视频贺词

我们培养的人才，应该是与党和人民同心同行的人，是理想远大、信仰坚定、乐于奉献的人，是遵纪守法、品行高尚的人，而不仅仅是高智商的“成功人士”。

时代越是向前，知识和人才的重要性就愈发突出，教育的地位和作用就愈发凸显。我国正处于历史上发展最好的时期，但要实现“两个一百年”奋斗目标、实现中华民族伟大复兴的中国梦，必须更加重视教育，努力培养出更多更好能够满足党、国家、人民、时代需要的人才。[③]

——2016 年 9 月 9 日，习近平在北京市八一学校考察时的讲话

---

① 见《清华大学苏世民学者项目启动仪式在京举行　习近平奥巴马致贺信》，《人民日报》2013 年 4 月 22 日，第 1 版。

② 见《习近平主席在联合国“教育第一”全球倡议行动一周年纪念活动上发表的视频贺词》，《人民日报》2013 年 9 月 27 日，第 3 版。

③ 见《习近平在北京市八一学校考察时强调：全面贯彻落实党的教育方针　努力把我国基础教育越办越好》，《人民日报》2016 年 9 月 10 日，第 1 版。

我们强调学校教育、育人为本，德智体美、德育为先，就是说高校要成为锻造优秀青年的大熔炉。要把社会主义核心价值观贯穿于高校办学育人全过程，用社会主义核心价值观引领知识教育、引领师德建设，加强中华优秀传统文化和革命文化、社会主义先进文化教育，加强党史、国史、改革开放史、社会主义发展史教育，引导广大师生做社会主义核心价值观的坚定信仰者、积极传播者、模范践行者。

一所高校的校风和学风，犹如阳光和空气决定万物生长一样，直接影响着学生学习成长。好的校风和学风，能够为学生学习成长营造好气候，创造好生态，思想政治工作就能润物无声给学生以人生启迪、智慧光芒、精神力量。教师要精心从教、学生要精心学习，通过学问提升境界，通过读书学习升华气质，以学养人、治心养性。学习是学生的主要任务，学习过程也是学生锤炼心志的过程，学生的不少品行要在学习中形成。好校风、好学风来自师生共同努力，而其基础在于学校办学方向和治理水平。

青年一代有理想、有担当，国家就有前途，民族就有希望。今天高校学生的人生黄金期，同“两个一百年”奋斗目标的实现完全吻合。亲自参与这个伟大历史进程，实现几代中国人的夙愿，实乃人生之大幸。当代学生建功立业的舞台空前广阔，梦想成真的前景无限光明。正确认识时代责任和历史使命，用中国梦激扬青春梦，为学生点亮理想的灯、照亮前行的路，激励学生自觉把个人的理想追求融入国家和民族的事业中，勇做走在时代前列的奋进者、开拓者；正确认识远大抱负和脚踏实地，珍惜韶华、脚踏实地，把远大抱负落实到实际行动中，让勤奋学习成为青春飞扬的动力，让增长本领成为青春搏击的能量。[1]

——2016 年 12 月 7 日至 8 日，习近平在全国高校思想政治工作会议上讲话

【导读】

青年作为一个国家的新生力量，对青年的教育是每个国家都必将重视

---

① 见《习近平在全国高校思想政治工作会议上强调把思想政治工作贯穿教育教学全过程 开创我国高等教育事业发展新局面》，《人民日报》2016 年 12 月 9 日，第 1 版。

的。十年树木，百年树人。对于教育，习近平总书记一向看得很重。

青年节，他去往北京大学，听学生朗诵《沁园春·长沙》，与哲学家汤一介促膝长谈，座谈时指出要让青年学子“扣好人生的第一粒扣子”；教师节，他去往北京师范大学，称赞教师是人类历史上最古老、最伟大、最神圣的职业之一，称“国将兴，必贵师而重傅”；儿童节，在海淀民族小学，习近平则系着红领巾，与小朋友互致少先队礼，给他们讲自己小时候的故事，告诉他们“精忠报国是一生目标”；更早时，他视察中南大学、国防科学技术大学，念念不忘的也是建设“世界一流大学”。

习近平关于教育的一系列论述体现了党和国家领导人在国家发展新的历史时期，面对国家和民族发展目标以及实践问题，做出的教育理论应答和教育实践应对；体现了党和国家领导人对中华民族优秀传统教育思想的继承与发展；体现了党和国家领导人对人类教育发展大势的把握和世界先进教育经验的借鉴；体现了习近平总书记基于个人学习和工作经历的教育经验思考和教育智慧凝练；体现了系统严谨的教育学理论逻辑和问题导向的教育实践战略。

【案例】

从厅长到辅导员

2017 年 12 月 29 日，中央宣传部向全社会公开发布曲建武的先进事迹，授予他“时代楷模”荣誉称号。大连海事大学 2013 级辅导员、马克思主义学院教师曲建武，从辅导员到副厅长，再到辅导员，兜兜转转了大半辈子，中心只有一个，就是学生。那份对学生的关爱、对教学一线的执着、对教育事业的情怀，让年近六旬的他工作起来像个年轻人，充满激情，不知疲倦。

【思考】

习近平关于教育的论述，对当代青年大学生的学习生活有何启发？

93 不忘初心 继续前进

【摘录】

一切向前走，都不能忘记走过的路；走得再远、走到再光辉的未来，也不能忘记走过的过去，不能忘记为什么出发。面向未来，面对挑战，全党同志一定要不忘初心、继续前进。

……

坚持不忘初心、继续前进，就要牢记我们党从成立起就把为共产主义、社会主义而奋斗确定为自己的纲领，坚定共产主义远大理想和中国特色社会主义共同理想，不断把为崇高理想奋斗的伟大实践推向前进。

……

坚持不忘初心、继续前进，就要坚持中国特色社会主义道路自信、理论自信、制度自信、文化自信，坚持党的基本路线不动摇，不断把中国特色社会主义伟大事业推向前进。

……

坚持不忘初心、继续前进，就要统筹推进“五位一体”总体布局，协调推进“四个全面”战略布局，全力推进全面建成小康社会进程，不断把实现“两个一百年”奋斗目标推向前进。

……

坚持不忘初心、继续前进，就要坚定不移高举改革开放旗帜，勇于全面深化改革，进一步解放思想、解放和发展社会生产力、解放和增强社会活力，不断把改革开放推向前进。

……

坚持不忘初心、继续前进，就要始终不渝走和平发展道路，始终不渝奉行互利共赢的开放战略，加强同各国的友好往来，同各国人民一道，不断把人类和平与发展的崇高事业推向前进。①

——2016年7月1日，习近平在庆祝中国共产党成立95周年大会上的讲话

中国共产党人的初心和使命，就是为中国人民谋幸福，为中华民族谋复兴。这个初心和使命是激励中国共产党人不断前进的根本动力。

---

① 见《不忘初心，继续前进》，《习近平谈治国理政》第2卷，外文出版社，2017，第32～41页。

……

九十六年来，为了实现中华民族伟大复兴的历史使命，无论是弱小还是强大，无论是顺境还是逆境，我们党都初心不改、矢志不渝，团结带领人民历经千难万险，付出巨大牺牲，敢于面对曲折，勇于修正错误，攻克了一个又一个看似不可攻克的难关，创造了一个又一个彪炳史册的人间奇迹。①

——2017 年 10 月 18 日，习近平在中国共产党第十九次全国代表大会上的报告

只有不忘初心、牢记使命、永远奋斗，才能让中国共产党永远年轻。只要全党全国各族人民团结一心、苦干实干，中华民族伟大复兴的巨轮就一定能够乘风破浪、胜利驶向光辉的彼岸。

我们党的全部历史都是从中共一大开启的，我们走得再远都不能忘记来时的路。

事业发展永无止境，共产党人的初心永远不能改变。唯有不忘初心，方可告慰历史、告慰先辈，方可赢得民心、赢得时代，方可善作善成、一往无前。②

——2017 年 10 月 31 日，习近平瞻仰上海中共一大会址和浙江嘉兴南湖红船时的讲话

【导读】

党的十八大以来，习近平总书记反复强调"不忘初心"的重要性。2016 年 7 月 1 日上午，庆祝中国共产党成立 95 周年大会上，习近平总书记十提"不忘初心"。"不忘初心，牢记使命"，十九大报告主题 68 个字，打头便是这 8 个字。

人无精神则不立，国无精神则不强。"不忘初心，牢记使命"，就是要牢记我们党从成立起就把为社会主义、共产主义而奋斗确定为自己的纲

---

① 见《决胜全面建成小康社会　夺取新时代中国特色社会主义伟大胜利——习近平同志代表第十八届中央委员会向大会作的报告摘登》，《人民日报》2017 年 10 月 19 日，第 2 版。

② 见《梦想，从这里启航——记习近平总书记带领中共中央政治局常委赴上海瞻仰中共一大会址、赴浙江嘉兴瞻仰南湖红船》，《人民日报》2017 年 11 月 1 日，第 2 版。

领，牢记共产主义远大理想，坚定中国特色社会主义共同理想，一步一个脚印向着美好未来和最高理想前进。初心和使命就是理想、信念、宗旨，就是最高纲领和奋斗目标，就是奋斗精神和优良作风。在中国特色社会主义进入新时代这一特殊的重要历史节点，强调“不忘初心”，具有特别重要的意义。“初心”命题，是习近平新时代中国特色社会主义思想的重要内容，学习、理解和贯彻落实“不忘初心”。

不忘初心，就是要牢记我们党实现中华民族伟大复兴的初心。当前，中国特色社会主义进入新时代。在这一特殊而又重大的历史节点，我们更要牢记自己的初心，坚定不移走中国特色社会主义道路，矢志不移推进中华民族伟大复兴，给世界上那些既希望加快发展又希望保持自身独立性的国家和民族提供“中国方案”，为人类文明和发展贡献“中国智慧”。

【案例】

黄旭华：我的一生属于核潜艇属于祖国

1970 年 12 月 26 日，我国第一艘核潜艇下水——在没有任何外援的情况下，我国仅用 10 年时间就研制出了国外几十年才研制出的核潜艇。

这一幕，让我国第一代核潜艇总设计师黄旭华难掩激动，泪流满面。再往后，不少人称他为“中国核潜艇之父”，但黄旭华婉拒美意。这个为了核潜艇隐姓埋名 30 年、奉献了毕生精力的九旬老翁只是觉得：“这辈子没有虚度，我的一生属于核潜艇、属于祖国，无怨无悔！”

有人会问，到底是什么让黄旭华能做到以国为家、心甘情愿地奉献一生。答案是共产党员的忠诚信念，让他坚定了为人民服务的崇高理想。

【思考】

青年学子应该如何坚定理想信念，为实现在中国梦而努力奋斗？

94　青年兴则国家兴，青年强则国家强

【摘录】

只有进行了激情奋斗的青春，只有进行了顽强拼搏的青春，只有为人

民作出了奉献的青春，才会留下充实、温暖、持久、无悔的青春回忆。

……

创新是民族进步的灵魂，是一个国家兴旺发达的不竭源泉，也是中华民族最深沉的民族禀赋，正所谓“苟日新，日日新，又日新”……青年人是社会上最富活力、最具创造性的群体，理所当然应该走在创新创造的前列。

当代青年必须牢固树立中国特色社会主义共同理想，为实现中华民族伟大复兴的中国梦不懈奋斗。“志当存高远。”一个人的理想志愿只有同国家的前途、民族的命运相结合才有价值，一个人的信念追求只有同社会的需要和人民的利益相一致才有意义。

历史和现实都告诉我们，青年一代有理想、有担当，国家就有前途，民族就有希望，实现我们的发展目标就有源源不断的强大力量。①

——2013 年 5 月 4 日，习近平同各界优秀青年代表座谈时的讲话

只有把人生理想融入国家和民族的事业中，才能最终成就一番事业。希望你们珍惜韶华、奋发有为，勇做走在时代前面的奋进者、开拓者、奉献者，努力使自己成为祖国建设的有用之才、栋梁之材，为实现中国梦奉献智慧和力量。②

——2013 年 5 月 2 日，习近平给北京大学考古文博学院 2009 级本科团支部全体同学回信

青年是国家和民族的希望，创新是社会进步的灵魂，创业是推动经济社会发展、改善民生的重要途径。青年学生富有想象力和创造力，是创新

① 见《在同各界优秀青年代表座谈时的讲话》，《人民日报》2013 年 5 月 5 日，第 2 版。

② 见《习近平给北京大学学生回信勉励当代青年，勇做走在时代前面的奋进者、开拓者、奉献者》，《人民日报》2013 年 5 月 5 日，第 1 版。

创业的有生力量。①

——2013年11月8日，习近平致2013年全球创业周中国站活动组委会的贺信

有信念、有梦想、有奋斗、有奉献的人生，才是有意义的人生。当代青年建功立业的舞台空前广阔、梦想成真的前景空前光明，希望大家努力在实现中国梦的伟大实践中创造自己的精彩人生。②

——2014年5月4日，习近平在北京大学师生座谈会上的讲话

青年最富有朝气，最富有梦想，是未来的领导者和建设者。中国重视、关怀、信任青年，支持青年发展自身、贡献社会、造福人民，在实现中国梦的历史进程中放飞青春梦想。

世界的未来属于年轻一代。全球青年有理想、有担当，人类就有希望，推进人类和平与发展的崇高事业就有源源不断的强大力量。希望各国青年用欣赏、互鉴、共享的观点看待世界，推动不同文明交流互鉴、和谐共生，积极为构建人类命运共同体添砖献瓦。③

——2015年10月26日，习近平在联合国教科文组织第九届青年论坛开幕式上的贺词

要以国家富强、人民幸福为己任，胸怀理想、志存高远，投身中国特色社会主义伟大实践，并为之终生奋斗……心中有阳光，脚下有力量，为

① 见《习近平致2013年全球创业周中国站活动组委会的贺信》，《人民日报》2013年11月9日，第1版。

② 见《青年要自觉践行社会主义核心价值观——在北京大学师生座谈会上的讲话》，《人民日报》2014年5月5日，第2版。

③ 见《习近平主席在联合国教科文组织第九届青年论坛开幕式上的贺词》，《人民日报》2015年10月27日，第1版。

了理想能坚持、不懈怠，才能创造无愧于时代的人生。

……

要敢于做先锋，而不做过客、当看客，让创新成为青春远航的动力，让创业成为青春搏击的能量，让青春年华在为国家、为人民的奉献中焕发出绚丽光彩。[①]

——2016年4月26日，习近平在知识分子、劳动模范、青年代表座谈会上的讲话

全国广大青年要深刻了解近代以来中国人民和中华民族不懈奋斗的光荣历史和伟大历程，坚定不移跟着中国共产党走，勇做走在时代前列的奋进者、开拓者、奉献者，让青春在为祖国、为人民、为民族的奉献中焕发出绚丽光彩！[②]

——2016年7月1日，习近平在庆祝中国共产党成立95周年大会上的讲话

青年兴则国家兴，青年强则国家强。青年一代有理想、有本领、有担当，国家就有前途，民族就有希望。中国梦是历史的、现实的，也是未来的；是我们这一代的，更是青年一代的。中华民族伟大复兴的中国梦终将在一代代青年的接力奋斗中变为现实。[③]

——2017年10月18日，习近平在中国共产党第十九次全国代表大会上的报告

---

① 见《在知识分子、劳动模范、青年代表座谈会上的讲话》，《人民日报》2016年4月30日，第2版。

② 见《习近平在庆祝中国共产党成立95周年大会上的讲话》，《人民日报》2016年7月2日，第2版。

③ 见《决胜全面建成小康社会　夺取新时代中国特色社会主义伟大胜利——习近平同志代表第十八届中央委员会向大会作的报告摘登》，《人民日报》2017年10月19日，第2版。

【导读】

十八大以来，习近平先后到过中南大学、国防科学技术大学、北京大学等高校，多次同青年代表座谈、向青年致信，充分显示出对青年和青年工作的重视。习近平在不同场合针对青年、青年工作提出了许多富有创见性、时代性的新思想、新论断，对青年特点、青年地位与作用、青年教育、青年成长成才、青年工作等作了精辟、深刻的论述，内容丰富、寓意深刻，为新时期进一步做好青年工作、促进青年全面发展提供了重要理论指导。

总体上，习近平的青年观大致包括世界青年观和中国青年观。一方面，习近平的青年观是世界的、全球的。他通过世界眼光、全球视野，对中外青年提出殷切希望，并指出青年是国家的未来、民族的未来。他多次发表了“青年是未来”的重要论述，勉励全球青年共同担当。另一方面，习近平的青年观是中国的，尤其对中国青年的成长与发展提出期盼，并指出青年兴则国家兴，青年强则国家强。

习近平对中国青年观的论述是系统的、综合的。这些思想为中国青年成长成才指明了正确方向，把青年的发展与国家的发展紧密结合在一起，提出青年兴则国家兴，青年强则国家强。同时，还提出诸多方法论，指导青年如何坚定理想信念，练就过硬本领，积极投身实践。

【案例】

在志愿服务中升华青春

“本禹志愿服务队”是以曾经就读于华中农业大学的中国十大杰出青年、中国十大杰出志愿者徐本禹名字命名的一支志愿服务团队，是在该校志愿文化土壤上成长，以徐本禹为榜样、因徐本禹而聚集起来的校园志愿服务群体。十余年来，“本禹志愿服务队”以接力方式向贵州、湖北的希望小学派遣研究生支教团志愿者百余名，带去图书、助学金等，极大地改善了支教地的办学条件。同时，学校划拨 20 万元专款，设立“本禹志愿服务基金”，立项支持志愿者（团队）开展的志愿服务活动。

【思考】

结合你的生活，分享对“青年强则国强”的理解。

95　体育强国梦

【摘录】

发展体育运动，增强人民体质，是我国体育工作的根本方针和任务。

……

我们要广泛开展全民健身运动，促进群众体育和竞技体育全面发展。

……

体育是社会发展和人类进步的重要标志，是综合国力和社会文明程度的重要体现。体育在提高人民身体素质和健康水平、促进人的全面发展，丰富人民精神文化生活、推动经济社会发展，激励全国各族人民弘扬追求卓越、突破自我的精神方面，都有着不可替代的重要作用。①

——2013 年 8 月 31 日，习近平会见参加全国群众体育先进单位和先进个人表彰会、全国体育系统先进集体和先进工作者表彰会的代表时的讲话

体育不仅可以提高人民健康水平，还可以促进各国人民相互了解和友谊。团结、友谊、和平的奥林匹克精神在中国深入人心。

……

要分类指导，从娃娃抓起，扎扎实实提高竞技体育水平，持之以恒开展群众体育，不断由体育大国向体育强国迈进。②

——2013 年 11 月 19 日，习近平在北京人民大会堂会见国际奥委会主席巴赫时的讲话

① 见《习近平会见全国体育先进单位和先进个人代表时强调：发展体育运动，增强人民体质，促进群众体育和竞技体育全面发展》，《人民日报》2013 年 9 月 1 日，第 1 版。

② 见《习近平会见国际奥委会主席巴赫并接受奥林匹克金质勋章》，《人民日报》2013 年 11 月 20 日，第 1 版。

一个健全的人既要有丰富的知识和文化内涵，还要有健康的精神和强健的身体，要通过发展体育运动以不断提高全民族身体素质与健康。①

——2014年8月15日，习近平在看望南京青奥会中国体育代表团时的讲话

成绩不仅仅在于能否拿到或拿到多少块奖牌，更在于体现奥林匹克精神，自强不息，战胜自我、超越自我。

我们成功举办了北京奥运会，实现了全国人民的百年奥运梦。现在，我们比以往任何时候都接近实现中华民族伟大复兴的目标。我们每个人的梦想、体育强国梦都与中国梦紧密相连。②

——2014年2月7日，习近平在看望索契冬奥会中国体育代表团时的讲话

我国体育健儿在里约奥运会上的出色表现，生动诠释了奥林匹克精神和中华体育精神，为祖国争了光，为民族争了气，为奥运增了辉，为人生添了彩，激发了全国人民的爱国热情和全世界中华儿女的民族自豪感，增强了中华民族的凝聚力、向心力、自信心，是中国精神的一个重要体现。

……

体育是社会发展和人类进步的重要标志，是综合国力和国家软实力的重要体现。“发展体育运动，增强人民体质”是我国体育工作的根本任务。

继续弘扬奥林匹克精神和中华体育精神，进一步提升我国竞技体育综合实力，把竞技体育搞得更好、更快、更高、更强，提高在重大国际赛事

---

① 见《习近平看望南京青奥会中国体育代表团　代表党中央国务院全国各族人民慰问运动健儿勉励他们赛出成绩赛出风格赛出当代中国青少年的风采》，《人民日报》2014年8月16日，第1版。

② 见《习近平亲切看望索契冬奥会中国体育代表团　代表祖国人民慰问中国奥运健儿，勉励他们顽强拼搏、为国争光，把个人梦与体育强国梦汇入到实现中国梦的伟大奋斗中》，《人民日报》2014年2月8日，第1版。

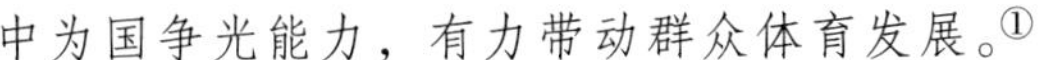
中为国争光能力，有力带动群众体育发展。[①]

——2016 年 8 月 25 日，习近平在会见凯旋的第三十一届奥林匹克运动会中国体育代表团全体成员时的讲话

加快建设体育强国，就要把握体育强国梦与中国梦息息相关的定位，把体育事业融入实现“两个一百年”奋斗目标大格局中去谋划，深化体育改革，更新体育理念，推动群众体育、竞技体育、体育产业协调发展。

加快建设体育强国，就要坚持以人民为中心的思想，把人民作为发展体育事业的主体，把满足人民健身需求、促进人的全面发展作为体育工作的出发点和落脚点，落实全民健身国家战略，不断提高人民健康水平。

加快建设体育强国，就要弘扬中华体育精神，弘扬体育道德风尚，坚定自信，奋力拼搏，提高竞技体育综合实力，更好发挥举国体制作用，把竞技体育搞得更好、更快、更高、更强，提高为国争光能力，让体育为社会提供强大正能量。[②]

——2017 年 8 月 27 日上午，习近平在天津会见全国群众体育先进单位、先进个人代表和全国体育系统先进集体、先进工作者代表以及在本届全运会群众比赛项目中获奖的运动员代表时的讲话

少年强中国强，体育强中国强……推动我国体育事业不断发展是中华民族伟大复兴事业的重要组成部分。[③]

——2017 年 2 月 24 日，习近平考察首都体育馆时的讲话

---

① 见《习近平在会见第 31 届奥运会中国体育代表团时表示：中国队加油！中国加油！》，《人民日报》2016 年 8 月 26 日，第 1 版。

② 见《习近平在会见全国体育先进单位和先进个人代表等时强调：开创我国体育事业发展新局面　加快把我国建设成为体育强国》，《人民日报》2017 年 8 月 28 日，第 1 版。

③ 见《习近平在北京考察工作时强调：立足提高治理能力抓好城市规划建设　着眼精彩非凡卓越筹办好北京冬奥会》，《人民日报》2017 年 2 月 25 日，第 1 版。

【导读】

体育是综合国力的体现，全民健身正是由体育大国向体育强国迈进的重要组成部分。习近平对我国体育事业寄予厚望，党的十八大以来多次发表重要讲话，强调从全面建成小康社会、实现中华民族伟大复兴的战略高度重视发展体育事业。这为我国体育事业发展提出了明确要求、指明了前进方向，全国体育工作者深受鼓舞。

“体育是社会发展和人类进步的重要标志，是综合国力和社会文明程度的重要体现。体育在提高人民身体素质和健康水平、促进人的全面发展，丰富人民精神文化生活、推动经济社会发展，激励全国各族人民弘扬追求卓越、突破自我的精神方面，都有着不可替代的重要作用。”这一重要论述，是对新的历史时期我国体育进一步改革发展的准确定位。

中国梦的实现离不开体育，而体育也是中国梦的重要组成部分。习近平的讲话将体育强国建设纳入中国梦的体系当中，从而将体育提到了一个更高的地位。体育不仅事关人民的体质和为国争光，更是为了中国国民身心素质的全面提高。因此，体育强国梦是中国梦不可分割和不可缺少的有机部分。

【案例】

女排精神

2016 年里约奥运会女排决赛拉开战幕。经过激烈角逐，中国女排以 3 - 1 战胜塞尔维亚女排，最终时隔 12 年重夺奥运冠军。中国女排姑娘们用汗水和拼搏向全世界诠释了什么是“女排精神”。

女排精神激励了一代代国人为国争光、团结奋进、顽强拼搏。今天，年轻的中国女排姑娘们以惊心动魄的顽强突破重围，重登世界之巅。中国女排姑娘们的身上彰显的“绝不抛弃，绝不放弃”的精神就是体育精神在当代的丰富和传承。

【思考】

体育强国梦与中国梦有何关系？

96　心中有信仰　脚下有力量

【摘录】

形象地说，理想信念就是共产党人精神上的“钙”，没有理想信念，理想信念不坚定，精神上就会“缺钙”，就会得“软骨病”。①

——2012 年 11 月 17 日，习近平在十八届中共中央政治局第一次集体学习时的讲话

广大青年一定要坚定理想信念。“功崇惟志，业广惟勤。”理想指引人生方向，信念决定事业成败。没有理想信念，就会导致精神上“缺钙”。②

——2013 年 5 月 4 日，习近平同各界优秀青年代表座谈时的讲话

共青团要做好青年思想引导工作、增强吸引力和凝聚力，必须站在理想信念这个制高点上。只有思想上、精神上的吸引力和凝聚力，才是内在的强大的持久的。共青团要努力帮助广大青年树立远大理想，坚定走中国特色社会主义道路的人生信念，用科学的理论武装青年，用历史的眼光启示青年，用伟大的目标感召青年，用光明的未来激励青年，使他们不断增强道路自信、理论自信、制度自信，不断增进对党的信赖、信念、信心。

……

团的干部必须坚定理想信念，应该最富有理想、富有理想主义，团干

① 见《习近平在中共中央政治局第一次集体学习时强调：紧紧围绕坚持和发展中国特色社会主义　深入学习宣传贯彻党的十八大精神》，《人民日报》2012 年 11 月 19 日，第 1 版。

② 见《在同各界优秀青年代表座谈时的讲话》，《人民日报》2013 年 5 月 5 日，第 2 版。

部要在广大青年中树立威信、形成号召力，首先要高扬理想旗帜。①

——2013 年 6 月 20 日，习近平在中南海同团中央新一届领导班子成员集体谈话时的讲话

老师肩负着培养下一代的重要责任。正确理想信念是教书育人、播种未来的指路明灯。不能想象一个没有正确理想信念的人能够成为好老师。②

——2014 年 9 月 9 日，习近平与北京师范大学师生代表座谈时的讲话

要把理想信念在全军牢固立起来，适应强军目标要求，把坚定官兵理想信念作为固本培元、凝魂聚气的战略工程，把握新形势下铸魂育人的特点和规律，着力培养有灵魂、有本事、有血性、有品德的新一代革命军人。③

——2014 年 10 月 30 日，习近平在古田全军政治工作会议上的讲话

人民有信仰，民族有希望，国家有力量。实现中华民族伟大复兴的中国梦，物质财富要极大丰富，精神财富也要极大丰富。我们要继续锲而不舍、一以贯之抓好社会主义精神文明建设，为全国各族人民不断前进提供坚强的思想保证、强大的精神力量、丰润的道德滋养。

……

---

① 见《习近平在同团中央新一届领导班子成员集体谈话时强调：紧跟党走在时代前列走在青年前列，在实现中华民族伟大复兴的征途中续写新光荣》，《人民日报》2013 年 6 月 21 日，第 1 版

② 见《习近平在北京师范大学考察时号召全国广大教师做党和人民满意的好老师》，《人民日报》2014 年 9 月 10 日，第 1 版。

③ 见《全军政治工作会议在古田召开　习近平出席会议并发表重要讲话强调：发挥政治工作对强军兴军的生命线作用　为实现党在新形势下的强军目标而奋斗》，《人民日报》2014 年 11 月 2 日，第 1 版。

一个国家，一个民族，要同心同德迈向前进，必须有共同的理想信念作支撑。我们要在全党全社会持续深入开展建设中国特色社会主义宣传教育，高扬主旋律，唱响正气歌，不断增强道路自信、理论自信、制度自信，让理想信念的明灯永远在全国各族人民心中闪亮。①

——2015 年 2 月 28 日，习近平在北京亲切会见第四届全国文明城市、文明村镇、文明单位和未成年人思想道德建设工作先进代表时的讲话

长征胜利启示我们：心中有信仰，脚下有力量；没有牢不可破的理想信念，没有崇高理想信念的有力支撑，要取得长征胜利是不可想象的。

……

要坚持学而信、学而思、学而行，把学习成果转化为不可撼动的理想信念，转化为正确的世界观、人生观、价值观，用理想之光照亮奋斗之路，用信仰之力开创美好未来。②

——2016 年 10 月 21 日，习近平在纪念红军长征胜利 80 周年大会上的讲话

只有理想信念坚定的人，才能始终不渝、百折不挠，不论风吹雨打，不怕千难万险，坚定不移为实现既定目标而奋斗。③

——2016 年 11 月 29 日，习近平在纪念朱德同志诞辰 130 周年座谈会上的讲话

---

① 见习近平《人民有信仰，民族有希望，国家有力量》，《习近平谈治国理政》第 2 卷，外文出版社，2017，第 323～324 页。

② 见《弘扬伟大长征精神，走好今天的长征路》，《习近平谈治国理政》第 2 卷，外文出版社，2017，第 49、50 页。

③ 见《在纪念朱德同志诞辰 130 周年座谈会上的讲话》，《人民日报》2016 年 11 月 30 日，第 2 版。

【导读】

理想信念让人充满力量。在事关党和国家前途命运的重大问题上，习近平为何有那么强的政治定力？这首先源于他有坚定的、钢铁般的信仰。这种信仰，拥有凝聚全党和全国人民的强大力量，也是实现中华民族伟大复兴中国梦所需要的精神动力。

理想信念就是共产党人精神上的“钙”。习近平在十八届中央政治局第一次集体学习时就指出：没有理想信念，理想信念不坚定，精神上就会“缺钙”，就会得“软骨病”。此后，几乎在所有讲到党的建设、思想政治工作和党员干部队伍建设时，总书记都要讲到共产党的信仰、共产党人的理想、社会主义核心价值观，反复强调理想信念的极端重要性，强调世界观、人生观、价值观的极端重要性，旗帜非常之鲜明，阐述非常之透彻，给人以深刻的教育和启发。

形象、生动、透彻，是习近平谈理想信念的一个特点。在他看来，世界观、人生观、价值观是“总开关”；马克思主义、共产主义理想是共产党人的“命脉和灵魂”，是经受住任何考验的“精神支柱”。他还多次讲陈望道翻译《共产党宣言》的故事，讲信仰的味道、信仰的感召、信仰的力量。

【案例】

习近平的七年知青岁月

《习近平的七年知青岁月》一书讲的是习近平总书记青少年时代上山下乡，在黄土高原的小山村梁家河的历练故事。故事的一条红线，就是他在融入群众中确立了理想信念，在艰苦环境中实现了精神升华。

坚定的理想信念，支撑了一代代中国共产党人为人民、为国家、为民族前赴后继的奋斗，成为中国人民从站起来到富起来再到强起来的巨大动力，也由此成为我们党百年历程中最可宝贵的红色基因。习近平同志和无数像他一样不懈奋斗的中国共产党人所展现的那种坚定的理想信念，历久弥新、久而弥坚，始终闪耀着火热的光芒。

【思考】

你认为坚定理想信念，对你的学习生活有何积极作用？

97　大道之行也，天下为公[①]

【摘录】

人类生活在同一个地球村里，生活在历史和现实交汇的同一个时空里，越来越成为你中有我、我中有你的命运共同体。[②]

——2013 年 3 月 23 日，习近平在莫斯科国际学院发表的演讲

在联合国迎来又一个 10 年之际，让我们更加紧密地团结起来，携手构建合作共赢新伙伴，同心打造人类命运共同体。让铸剑为犁、永不再战的理念深植人心，让发展繁荣、公平正义的理念践行人间![③]

——2015 年 9 月 28 日，习近平出席第七十届联合国大会一般性辩论时的讲话

我们应该求同存异、聚同化异，共同构建合作共赢的新型国际关系。国家不论大小、强弱、贫富，都应该平等相待，既把自己发展好，也帮助其他国家发展好。大家都好，世界才能更美好。

……

中国对外开放，不是要一家唱独角戏，而是要欢迎各方共同参与；不是要谋求势力范围，而是要支持各国共同发展；不是要营造自己的后花

---

① 见西汉戴圣《礼记·礼运篇》。

② 《顺应时代前进潮流　促进世界和平发展——在莫斯科国际关系学院的演讲》，《人民日报》2013 年 3 月 24 日，第 2 版。

③ 见《携手构建合作共赢新伙伴　同心打造人类命运共同体——在第七十届联合国大会一般性辩论时的讲话》，《人民日报》2015 年 9 月 29 日，第 2 版。

园，而是要建设各国共享的百花园。[1]

——2016年9月3日，习近平在二十国集团工商峰会开幕式上的主旨演讲

“大道之行也，天下为公。”当今世界，各国相互依存、休戚与共，我们要顺势而为，推动构建以合作共赢为核心的新型国际关系，打造人类命运共同体。[2]

——2016年11月21日，习近平在秘鲁国会的演讲

世界经济的大海，你要还是不要，都在那儿，是回避不了的。想人为切断各国经济的资金流、技术流、产品流、产业流、人员流，让世界经济的大海退回到一个一个孤立的小湖泊、小河流，是不可能的，也是不符合历史潮流的。[3]

——2017年1月17日，习近平在世界经济论坛2017年年会开幕式上的主旨演讲

让和平的薪火代代相传，让发展的动力源源不断，让文明的光芒熠熠生辉，是各国人民的期待，也是我们这一代政治家应有的担当。中国方案是：构建人类命运共同体，实现共赢共享。

……

我们要推进国际关系民主化，不能搞“一国独霸”或“几方共治”。世界命运应该由各国共同掌握，国际规则应该由各国共同书写，全球事务

---

① 见《习近平出席2016年二十国集团工商峰会开幕式并发表主旨演讲 中国站在新的历史起点 二十国集团要推动建设创新、开放、联动、包容的世界经济》，《人民日报》2016年9月4日，第1版。

② 见《同舟共济、扬帆远航，共创中拉关系美好未来——在秘鲁国会的演讲》，《人民日报》2016年11月23日，第2版。

③ 见《共担时代责任 共促全球发展》，《习近平谈治国理政》第2卷，外文出版社，2017，第478页。

应该由各国共同治理，发展成果应该由各国共同分享。[①]

——2017年1月18日，习近平在联合国日内瓦总部的主旨演讲

在“一带一路”建设国际合作框架内，各方秉持共商、共建、共享原则，携手应对世界经济面临的挑战，开创发展新机遇，谋求发展新动力，拓展发展新空间，实现优势互补、互利共赢，不断朝着人类命运共同体方向迈进。这是我提出这一倡议的初衷，也是希望通过这一倡议实现的最高目标。[②]

——2017年5月15日，习近平在“一带一路”国际合作高峰论坛圆桌峰会上的开幕辞

我们呼吁，各国人民同心协力，构建人类命运共同体，建设持久和平、普遍安全、共同繁荣、开放包容、清洁美丽的世界。[③]

——2017年10月18日，习近平在中国共产党第十九次全国代表大会上的报告

我们认为，世界各国尽管有这样那样的分歧矛盾，也免不了产生这样那样的磕磕碰碰，但世界各国人民都生活在同一片蓝天下、拥有同一个家园，应该是一家人。世界各国人民应该秉持“天下一家”理念，张开怀抱，彼此理解，求同存异，共同为构建人类命运共同体而努力。

……

① 见《共同构建人类命运共同体——在联合国日内瓦总部的演讲》，《人民日报》2017年1月20日，第2版。

② 见《携手推进“一带一路”建设——在“一带一路”国际合作高峰论坛开幕式上的演讲》，《人民日报》2017年5月15日，第3版。

③ 见《决胜全面建成小康社会 夺取新时代中国特色社会主义伟大胜利——习近平同志代表第十八届中央委员会向大会作的报告摘登》，《人民日报》2017年10月19日，第2版。

事要去做才能成就事业，路要去走才能开辟通途。构建人类命运共同体是一个历史过程，不可能一蹴而就，也不可能一帆风顺，需要付出长期艰苦的努力。为了构建人类命运共同体，我们应该锲而不舍、驰而不息进行努力，不能因现实复杂而放弃梦想，也不能因理想遥远而放弃追求。①

——2017 年 12 月 1 日，习近平在中国共产党与世界政党高层对话会上的主旨讲话

当今世界正处于大发展大变革大调整时期，各国相互联系和依存日益加深，人类面临许多共同挑战。中国同拉美和加勒比国家地理相距虽然遥远，但同属发展中国家，世界和平、发展繁荣和人民幸福是我们共同追求的梦想。中国人民愿同拉美和加勒比各国人民携手并进，为推动构建人类命运共同体作出更大贡献。②

——2018 年 1 月 22 日，习近平致中国－拉美和加勒比国家共同体论坛第二届部长级会议的贺信

【导读】

党的十八大报告已经提出“倡导人类命运共同体意识”，人类命运共同体思想在十八大以后不断被深化，习近平同志说过，这一段时间以来，我非常愿意使用“命运共同体”这个词。人类命运共同体思想是习近平总书记系列重要讲话的基本内容。2017 年 1 月，习近平在日内瓦万国宫发表演讲，全面系统阐述了人类命运共同体构建问题，包括主权平等的基本原则，在伙伴关系、安全格局、经济发展、文明交流、生态建设等方面的具体任务，深刻阐述了共同构建人类命运共同体的中国方案，得到与会者的高度赞赏。

---

① 见《携手建设更加美好的世界——在中国共产党与世界政党高层对话会上的主旨讲话》，《人民日报》2017 年 12 月 2 日，第 2 版。

② 见《习近平致信祝贺中国—拉美和加勒比国家共同体论坛第二届部长级会议开幕》，《人民日报》2018 年 1 月 23 日，第 1 版。

“协和万邦”“天下大同”是习近平一贯的主张。习近平的人类命运共同体思想既立足本国实际又放眼全球视野，既是对现实问题的关照又是对未来社会的追求。人类命运共同体思想作为习近平改善人类生存境遇的重要一环，本身具有丰富的思想内涵，以崭新的视角寻求人类共同利益和共同价值的新内涵，体现人的生存权利、利益需求和责任担当，意欲为促进人类的和谐发展指明方向。他多次向世界传递“和”的理念，得到国际社会越来越多的认同，人类命运共同体的理念日益深入人心。

【案例】

“一带一路”：人类命运共同体的伟大实践

当今世界面临各方面的复杂挑战，但这些挑战并没有改变人类整体化的发展趋势，也阻挡不了一荣俱荣、一损俱损的人类整体利益。党的十八大以来，习近平总书记在多个外交场合反复强调人类命运共同体思想。与此同时，“一带一路”建设作为一项世纪工程，也在构建命运共同体的理念下深入推进。四年来，“一带一路”建设不仅为沿线各国带来了实实在在的利益，它所积累的开放、联通、共治、普惠等成功经验与模式，更为构建人类命运共同体提供了具有示范意义的实践案例，为这一理念注入强大动力和理论自信。

【思考】

你认为“人类命运共同体”这一思想，对中国的发展有何帮助？

98　己不正，焉能正人

【摘录】

中央反复研究，决定把这次教育实践活动的主要任务聚焦到作风建设上，集中解决形式主义、官僚主义、享乐主义和奢靡之风这“四风”问题。

为什么要聚焦到“四风”上呢？因为这“四风”是违背我们党的性质

和宗旨的，是当前群众深恶痛绝、反映最强烈的问题，也是损害党群干群关系的重要根源。党内存在的其他问题都与这“四风”有关，或者说是这“四风”衍生出来的。“四风”问题解决好了，党内其他一些问题解决起来也就有了更好的条件……

解决“四风”问题，要对准焦距、找准穴位、抓住要害，不能“走神”，不能“散光”。反对形式主义，要着重解决工作不实的问题，教育引导党员、干部改进学风文风会风，改进工作作风，在大是大非面前敢于担当、敢于坚持原则，真正把心思用在干事业上，把功夫下到察实情、出实招、办实事、求实效上。反对官僚主义，要着重解决在人民群众利益上不维护、不作为的问题，教育引导党员、干部深入实际、深入基层、深入群众，坚持民主集中制，虚心向群众学习，真心对群众负责，热心为群众服务，诚心接受群众监督，坚决整治消极应付、推诿扯皮、侵害群众利益的问题。反对享乐主义，要着重克服及时行乐思想和特权现象，教育引导党员、干部牢记“两个务必”，克己奉公，勤政廉政，保持昂扬向上、奋发有为的精神状态。反对奢靡之风，要着重狠刹挥霍享乐和骄奢淫逸的不良风气，教育引导党员、干部坚守节约光荣、浪费可耻的思想观念，做到艰苦朴素、精打细算，勤俭办一切事情。解决“四风”问题，要从实际出发，抓住主要矛盾，什么问题突出就着重解决什么问题，什么问题紧迫就抓紧解决什么问题，找准靶子，有的放矢，务求实效。①

——2013年6月18日，习近平在党的群众路线教育实践活动工作会议上的讲话

作风建设永远在路上。如果前热后冷、前紧后松，就会功亏一篑。各级领导干部都要树立和发扬好的作风，既严以修身、严以用权、严以律己，又谋事要实、创业要实、做人要实。严以修身，就是要加强党性修养，坚定理想信念，提升道德境界，追求高尚情操，自觉远离低级趣味，自觉抵制歪风邪气。严以用权，就是要坚持用权为民，按规则、按制度行

① 见《准确把握党的群众路线教育实践活动的指导思想和目标要求》，《习近平谈治国理政》第1卷，外文出版社，2017，第374～375页。

使权力，把权力关进制度的笼子里，任何时候都不搞特权、不以权谋私。严以律己，就是要心存敬畏、手握戒尺，慎独慎微、勤于自省，遵守党纪国法，做到为政清廉。谋事要实，就是要从实际出发谋划事业和工作，使点子、政策、方案符合实际情况、符合客观规律、符合科学精神，不好高骛远，不脱离实际。创业要实，就是要脚踏实地、真抓实干，敢于担当责任，勇于直面矛盾，善于解决问题，努力创造经得起实践、人民、历史检验的实绩。做人要实，就是要对党、对组织、对人民、对同志忠诚老实，做老实人、说老实话、干老实事，襟怀坦白，公道正派。要发扬钉钉子精神，保持力度、保持韧劲，善始善终、善作善成，不断取得作风建设新成效。①

——2014 年 3 月 9 日，习近平在参加第十二届全国人民代表大会第二次会议安徽代表团审议时的讲话要点

党的作风是党的形象，是观察党群干群关系、人心向背的晴雨表。党的作风正，人民的心气顺，党和人民就能同甘共苦。实践证明，只要真管真严，敢管敢严，党风建设就没有什么解决不了的问题。作风建设永远在路上。“己不正，焉能正人。”我们要从中央政治局常委会、中央政治局、中央委员会抓起，从高级干部抓起，持之以恒加强作风建设，坚持和发扬党的优良传统和作风，坚持抓常、抓细、抓长，使党的作风全面好起来，确保党始终同人民同呼吸、共命运、心连心。②

——2016 年 7 月 1 日，习近平在庆祝中国共产党成立 95 周年大会上的讲话

群团组织要着眼党和国家工作大局，在大局下思考，在大局下行动，同时立足职责定位、立足所联系的群众，寻找工作结合点和着力点，推动群团

① 见《树立和发扬“三严三实”的作风》，《习近平谈治国理政》第 1 卷，外文出版社，2017，第 381 ~ 382 页。

② 见《不忘初心，继续前进》，《习近平谈治国理政》第 2 卷，外文出版社，2017，第 44 页。

组织职能与时俱进。群团组织要强化服务意识，提升服务能力，挖掘服务资源，坚持从群众需要出发开展工作，更多把注意力放在困难群众身上，努力为群众排忧解难，成为群众信得过、靠得住、离不开的知心人、贴心人。

各级党委要坚持德才兼备、五湖四海，加强群团干部培养管理，选好配强群团领导班子，提高群团干部队伍整体素质。广大群团干部要加强思想道德修养，坚定理想信念，严格要求自己，自觉践行“三严三实”，自觉抵制和纠正“四风”问题。①

——2015 年 7 月 6 日，习近平在中央党的群团工作会议上的讲话

【导读】

党的十八大以来，以习近平同志为核心的党中央把全面从严治党纳入战略布局，坚持以上率下，坚持思想建党和制度治党紧密结合，抓住作风建设这条主线，一以贯之，步步深入。从制定和落实八项规定入手，严抓中央八项规定精神落实、着力从作风建设这个环节突破，随后相继开展党的群众路线教育实践活动、“三严三实”专题教育、“两学一做”学习教育，集中整饬党风，严厉惩治腐败，着力净化党内政治生态，管党治党取得新的明显成效、党的作风建设取得新成就。在此过程中，习近平总书记围绕加强党的作风建设发表了一系列重要讲话，对于持续推进全面从严治党，进而对于统筹推进“五位一体”总体布局、协调推进“四个全面”战略布局，具有极为重要的指导意义。大学生是党和国家未来发展的重要力量，引导大学生正确认识党的作风建设问题，开展党的作风建设活动，有利于大学生自身良好作风的培养和形成。党的作风建设必须筑牢大学生的思想根基，大学生在校期间，要努力提高自我约束力，坚持秉承学校优良的校风、学风、教风、班风。己不正，焉能正人，无论处于什么时候，激扬正气才能定乾坤。大学生要善养浩然正气，这样以后将以一身正派作风走向社会。

① 见《保持和增强党的群团工作和群团组织的政治先进性群众性》，《习近平谈治国理政》第 2 卷，外文出版社，2017，第 309 ~ 310 页。

【案例】

龚全珍：永葆本色的“老阿姨”

龚全珍是开国将军甘祖昌的夫人，却从不以将军夫人自居，不躺在将军的功劳簿上享受优越的物质生活。她没有存款，没有属于自己的房产，但有一套自己的“作风”。一条穿了十几年的棉裤，破得实在穿不了，她仍舍不得丢弃，洗干净后剪剪拼拼，变成了椅子上的坐垫。一块三四十元的电子表，外壳早已锈迹斑斑，坏了多次，修好了她又戴上。几十年间，她到全县各地、各个学校作过无数场报告，除了路途特别远，从不要公车接送；每次都自带干粮，不在宣讲单位用餐；从不领一分钱讲课费和补助。为了不给子女添麻烦，老人住进县光荣幸福院，她没有把自己看作被照顾对象，而是当成院里的工作人员，拿出生活费帮大伙买营养品，自己动手擦地板、补衣服……

几十年来，龚全珍用行动赢得了江西乃至全国人民的尊敬，先后获得全国道德模范、全国三八红旗手标兵、“感动中国”年度人物、全国优秀共产党员、全国关心下一代工作先进工作者、全国关心下一代“最美五老”等诸多荣誉，两次受到习近平总书记接见，被习近平总书记亲切地称为“老阿姨”。时至今日，已年逾九旬的龚全珍永葆本色，情怀不变，用自己的品格和信仰书写了爱与奉献的生命长歌。

【思考】

你认为良好的作风对当代大学生有什么积极影响?

99　扣好人生第一粒扣子

【摘录】

人类社会发展的历史表明，对一个民族、一个国家来说，最持久、最深层的力量是全社会共同认可的核心价值观。核心价值观，承载着一个民族、一个国家的精神追求，体现着一个社会评判是非曲直的价值标准。

古人说："大学之道，在明明德，在亲民，在止于至善。"核心价值观，其实就是一种德，既是个人的德，也是一种大德，就是国家的德、社会的德。国无德不兴，人无德不立。如果一个民族、一个国家没有共同的核心价值观，莫衷一是，行无依归，那这个民族、这个国家就无法前进。这样的情形，在我国历史上，在当今世界上，都屡见不鲜。

我国是一个有着13亿多人口、56个民族的大国，确立反映全国各族人民共同认同的价值观"最大公约数"，使全体人民同心同德、团结奋进，关乎国家前途命运，关乎人民幸福安康。

……

富强、民主、文明、和谐，自由、平等、公正、法治，爱国、敬业、诚信、友善，传承着中国优秀传统文化的基因，寄托着近代以来中国人民上下求索、历经千辛万苦确立的理想和信念，也承载着我们每个人的美好愿景。我们要在全社会牢固树立社会主义核心价值观，全体人民一起努力，通过持之以恒的奋斗，把我们的国家建设得更加富强、更加民主、更加文明、更加和谐、更加美丽，让中华民族以更加自信、更加自强的姿态屹立于世界民族之林。

……

我为什么要对青年讲讲社会主义核心价值观这个问题？是因为青年的价值取向决定了未来整个社会的价值取向，而青年又处在价值观形成和确立的时期，抓好这一时期的价值观养成十分重要。这就像穿衣服扣扣子一样，如果第一粒扣子扣错了，剩余的扣子都会扣错。人生的扣子从一开始就要扣好。"凿井者，起于三寸之坎，以就万仞之深。"青年要从现在做起、从自己做起，使社会主义核心价值观成为自己的基本遵循，并身体力行大力将其推广到全社会去。①

——2014年5月4日，习近平在北京大学师生座谈会上的讲话

① 见《青年要自觉践行社会主义核心价值观》，《习近平谈治国理政》第1卷，外文出版社，2017年6月第1版第16次印刷，第168～172页。

伟大长征精神，是中国共产党人及其领导的人民军队革命风范的生动反映，是中华民族自强不息的民族品格的集中展示，是以爱国主义为核心的民族精神的最高体现。

人无精神则不立，国无精神则不强。精神是一个民族赖以长久生存的灵魂，唯有精神上达到一定的高度，这个民族才能在历史的洪流中屹立不倒、奋勇向前。伟大长征精神，作为中国共产党人红色基因和精神族谱的重要组成部分，已经深深融入中华民族的血脉和灵魂，成为社会主义核心价值观的丰富滋养，成为鼓舞和激励中国人民不断攻坚克难、从胜利走向胜利的强大精神动力。①

——2016年10月21日，习近平在纪念红军长征胜利80周年大会上的讲话

第二，希望大家注重家教。家庭是人生的第一个课堂，父母是孩子的第一任老师。孩子们从牙牙学语起就开始接受家教，有什么样的家教，就有什么样的人。家庭教育涉及很多方面，但最重要的是品德教育，是如何做人的教育。也就是古人说的“爱子，教之以义方”，“爱之不以道，适所以害之也”。青少年是家庭的未来和希望，更是国家的未来和希望。古人都知道，养不教，父之过。家长应该担负起教育后代的责任。家长特别是父母对子女的影响很大，往往可以影响一个人的一生。中国古代流传下来的孟母三迁、岳母刺字、画荻教子讲的就是这样的故事。我从小就看我妈妈给我买的小人书《岳飞传》，有十几本，其中一本就是讲“岳母刺字”，精忠报国在我脑海中留下的印象很深。作为父母和家长，应该把美好的道德观念从小就传递给孩子，引导他们有做人的气节和骨气，帮助他们形成美好心灵，促使他们健康成长，长大后成为对国家和人民有用的人。

广大家庭都要重言传、重身教，教知识、育品德，身体力行、耳濡目染，帮助孩子扣好人生的第一粒扣子，迈好人生的第一个台阶。要在家庭中培育和践行社会主义核心价值观，引导家庭成员特别是下一代热爱党、

① 见《弘扬伟大长征精神，走好今天的长征路》，《习近平谈治国理政》第2卷，外文出版社，2017，第47～48页。

热爱祖国、热爱人民、热爱中华民族。要积极传播中华民族传统美德，传递尊老爱幼、男女平等、夫妻和睦、勤俭持家、邻里团结的观念，倡导忠诚、责任、亲情、学习、公益的理念，推动人们在为家庭谋幸福、为他人送温暖、为社会作贡献的过程中提高精神境界、培育文明风尚。[①]

——2016 年 12 月 12 日，习近平在会见第一届全国文明家庭代表时的讲话

【导读】

2017 年 10 月 18 日，习近平总书记在十九大报告中指出，要培育和践行社会主义核心价值观，要以培养担当民族复兴大任的时代新人为着眼点，强化教育引导、实践养成、制度保障，发挥社会主义核心价值观对国民教育、精神文明创建、精神文化产品创作生产传播的引领作用，把社会主义核心价值观融入社会发展各方面，转化为人们的情感认同和行为习惯。我们现今社会、现代人们思想观念上存在什么问题和不足，为什么要学习践行社会主义核心价值体系，有什么必要性？只有抱着格物致知的态度去搞清楚这些问题，才能使自己学习践行社会主义核心价值观变成自觉行动，才能达到提高道德风尚水平的目的。社会主义核心价值观是立足于国家、民族未来发展的指导原则，对国家和社会主义的发展都有非常重要的作用。年轻人特别是大学生是国家的精英，应有强烈的国家兴亡的理念意识和忧患意识。青年是国家的未来，核心价值观是人生的第一粒扣子，是生活和社会的镜子。广大青年树立和培育社会主义核心价值观，扣好人生第一粒扣子，就要在勤学、修德、明辨、笃实上下功夫。下得苦功夫、求得真学问，加强道德修养、注重道德实践，善于明辨是非、善于决断选择，扎扎实实干事、踏踏实实做人，才能在时代大潮中建功立业，成就自己的宝贵人生。

---

① 见《注重家庭，注重家教，注重家风》，《习近平谈治国理政》第 2 卷，外文出版社，2017，第 354 ~ 355 页。

【案例】

当代大学生官东：天下英雄气

2015 年 6 月 1 日，“东方之星”号客轮在长江中游湖北监利水域翻沉。官东主动请缨加入海军工程大学抢险救援分队。6 月 2 日抵达救援现场后，他第一个跳入水中，面对水流湍急、能见度极低的双重考验，官东首先在船舱内发现朱红美老人，他一边耐心安抚老人的情绪，一边帮她穿戴好装具，最终成功将其救出，这是第一位被成功救出的生还者。之后，官东再次下水，在机舱部位找到了船员陈书涵。面对体力严重透支，陷入绝望的陈书涵，官东毫不犹豫地将自己的装备给了陈书涵，自己冒着生命危险仅靠轻潜装具支撑。撤退时，他身上的信号绳被缠住，危急之下，官东割断信号绳，与水面彻底失联。官东在黑漆漆的舱内摸索近 20 分钟，终于找到出舱口，怎料，一个暗流瞬间将他卷入深水区，而此时，装具里的氧气即将耗尽，官东果断丢掉所有装具，憋着一口气猛地往上游。由于上升速度过快，刚出水的官东双眼通红、鼻孔流血。面对大家的赞许，这个帅气的“90 后”小伙儿，没有多言。因为在他看来，这是军人应有的担当。

【思考】

作为一名当代大学生，应当如何有效地在自己的学习、生活中践行社会主义核心价值观？

100　富贵本无根，尽从劳动来

【摘录】

人民创造历史，劳动开创未来。劳动是推动人类社会进步的根本力量。幸福不会从天而降，梦想不会自动成真。实现我们的奋斗目标，开创我们的美好未来，必须紧紧依靠人民、始终为了人民，必须依靠辛勤劳动、诚实劳动、创造性劳动。我们说“空谈误国，实干兴邦”，实干首先就要脚踏实地劳动。

在迈向未来的征程上，我们必须充分发挥我国工人阶级的重要作用，焕发他们的历史主动精神，调动劳动和创造的积极性。

第一，必须充分发挥工人阶级的主力军作用。工人阶级是我国的领导阶级，是我国先进生产力和生产关系的代表，是我们党最坚实最可靠的阶级基础，是全面建成小康社会、坚持和发展中国特色社会主义的主力军。

改革开放以来，我国工人阶级队伍不断壮大，素质全面提高，结构更加优化，面貌焕然一新，先进性不断增强。展望未来，坚持和发展中国特色社会主义，必须全心全意依靠工人阶级、巩固工人阶级的领导阶级地位，充分发挥工人阶级的主力军作用。全心全意依靠工人阶级不能只当口号喊、标签贴，而要贯彻到党和国家政策制定、工作推进全过程，落实到企业生产经营各方面。

第二，必须紧紧依靠工人阶级发展中国特色社会主义。中国特色社会主义是当代中国发展进步的根本方向，是实现中国梦的必由之路，也是引领我国工人阶级走向更加光明未来的必由之路。我国工人阶级要增强历史使命感和责任感，立足本职、胸怀全局，自觉把人生理想、家庭幸福融入国家富强、民族复兴的伟业之中，把个人梦与中国梦紧密联系在一起，始终以国家主人翁姿态为坚持和发展中国特色社会主义作出贡献。

我国工人阶级要牢固树立中国特色社会主义理想信念，坚定永远跟党走的信念，坚决拥护社会主义制度，坚决拥护改革开放，始终做坚持中国道路的柱石；要自觉践行社会主义核心价值观，发扬我国工人阶级的伟大品格，用先进思想、模范行动影响和带动全社会，不断为中国精神注入新能量，始终做弘扬中国精神的楷模；要坚持以振兴中华为己任，充分发挥伟大创造力量，发扬工人阶级识大体、顾大局的光荣传统，自觉维护安定团结的政治局面，始终做凝聚中国力量的中坚。

第三，必须坚持崇尚劳动、造福劳动者。劳动是财富的源泉，也是幸福的源泉。人世间的美好梦想，只有通过诚实劳动才能实现；发展中的各种难题，只有通过诚实劳动才能破解；生命里的一切辉煌，只有通过诚实劳动才能铸就。劳动创造了中华民族，造就了中华民族的辉煌历史，也必将创造出中华民族的光明未来。“一勤天下无难事。”必须牢固树立劳动最光荣、劳动最崇高、劳动最伟大、劳动最美丽的观念，让全体人民进一步焕发劳动热情、释放创造潜能，通过劳动创造更加美好的生活。

全社会都要贯彻尊重劳动、尊重知识、尊重人才、尊重创造的重大方针，维护和发展劳动者的利益，保障劳动者的权利。要坚持社会公平正义，排除阻碍劳动者参与发展、分享发展成果的障碍，努力让劳动者实现体面劳动、全面发展。全社会都要热爱劳动，以辛勤劳动为荣，以好逸恶劳为耻。

第四，必须大力弘扬劳模精神、发挥劳模作用。榜样的力量是无穷的。劳动模范是民族的精英、人民的楷模。长期以来，广大劳模以平凡的劳动创造了不平凡的业绩，铸就了“爱岗敬业、争创一流，艰苦奋斗、勇于创新，淡泊名利、甘于奉献”的劳模精神，丰富了民族精神和时代精神的内涵，是我们极为宝贵的精神财富。

实现我们的发展目标，不仅要在物质上强大起来，而且要在精神上强大起来。全国各族人民都要向劳模学习，以劳模为榜样，发挥只争朝夕的奋斗精神，共同投身实现中华民族伟大复兴的宏伟事业。广大劳动模范和先进人物要珍惜荣誉、再接再厉，爱岗敬业、无私奉献，做坚定理想信念的模范、勤奋劳动的模范、增进团结的模范。当代工人不仅要有力量，还要有智慧、有技术，能发明、会创新，以实际行动奏响时代主旋律。各级党委、政府和工会组织要高度重视劳模、关心爱护劳模，支持劳模发挥骨干带头作用，帮助劳模解决生产生活中的问题，广泛宣传劳模先进事迹，使劳模精神不断发扬光大。[①] ——2013 年 4 月 28 日，习近平在同全国劳动模范代表座谈时的讲话

【导读】

勤劳是中华民族几千年来的传统美德。“劳动最光荣”也一直是大家公认的信条和真理。但是，在大学校园内，经常可以看到雪白的墙壁上到处都是脚印，课桌上到处都是乱涂乱画的图案，满地的痰迹，随处可见的纸屑果皮等垃圾。食堂里，有很多的同学剩菜剩饭，不珍惜父母挣的血汗钱，铺张浪费、攀比浪费，热衷于五花八门的聚会和玩乐。有些同学不尊重学校的清洁工人，有的同学读了两年大学就瞧不起工人、农民出身的父母，对父母不尊重、不孝敬。更有甚者嫌弃自己的父母，对社会上从事体

① 见《实干才能梦想成真》，《习近平谈治国理政》第 1 卷，外文出版社，2017，第 44～47 页。

力劳动的人也抱着鄙夷的态度。还有的同学在集体劳动中偷奸耍滑，连个人清洁卫生等必要的劳动也不愿意做，比如不打扫自己生活的寝室卫生，不洗自己的衣服。寒暑假在家，不替父母分担家务，俨然一个“公子”“公主”，仅仅热衷于同学聚会、游玩，全然不顾自己父母的辛劳。而这种淡薄的劳动意识在学习上则表现为好逸恶劳，弄虚作假，平时不努力，考试来作弊。21 世纪的青年大学生应当认识到现代化的生产劳动、先进科学技术的运用等都需要体力与脑力的结合，需要有高层次文化素质和劳动技能二者皆能的劳动者，树立体力劳动与脑力劳动同等光荣，形成正确的劳动观。

【案例】

克洛克创立麦当劳

克洛克的家境并不富裕，下课的时候在一家快餐店打工。起初老板安排他专门擦桌子，他毫无干劲儿，当天就溜回了家。克洛克向父亲诉苦，父亲对克洛克一番教诲后，克洛克羞愧难当。回到快餐店，他谨记父亲的教诲，每次擦桌子都要准备 5 条毛巾，依次擦 5 遍，而且每次都顺着同一个方向擦，为的是不让毛巾重复污染桌面。最终，克洛克得到老板赏识留了下来，并接管了那家快餐店，做了老板。10 年后，他创立了自己的——麦当劳。

【思考】

作为一名当代大学生，你认为劳动观在自己的日常学习和生活中是如何体现的？

101 明者防患于未萌，智者图患于将来

【摘录】

要准确把握国家安全形势，牢固树立和认真贯彻总体国家安全观，以人民安全为宗旨，走中国特色国家安全道路，努力开创国家安全工作新局面，为中华民族伟大复兴中国梦提供坚实安全保障。

……

党的十八大以来，党中央高度重视国家安全工作，成立中央国家安全委员会，提出总体国家安全观，明确国家安全战略方针和总体部署，推动国家安全工作取得显著成效。

国家安全涵盖领域十分广泛，在党和国家工作全局中的重要性日益凸显。我们正在推进具有许多新的历史特点的伟大斗争、党的建设新的伟大工程、中国特色社会主义伟大事业，时刻面对各种风险考验和重大挑战。这既对国家安全工作提出了新课题，也为做好国家安全工作提供了新机遇。国家安全工作归根结底是保障人民利益，要坚持国家安全一切为了人民、一切依靠人民，为群众安居乐业提供坚强保障。

认清国家安全形势，维护国家安全，要立足国际秩序大变局来把握规律，立足防范风险的大前提来统筹，立足我国发展重要战略机遇期大背景来谋划。世界多极化、经济全球化、国际关系民主化的大方向没有改变，要引导国际社会共同塑造更加公正合理的国际新秩序。要切实加强国家安全工作，为维护重要战略机遇期提供保障。不论国际形势如何变幻，我们要保持战略定力、战略自信、战略耐心，坚持以全球思维谋篇布局，坚持统筹发展和安全，坚持底线思维，坚持原则性和策略性相统一，把维护国家安全的战略主动权牢牢掌握在自己手中。

要突出抓好政治安全、经济安全、国土安全、社会安全、网络安全等各方面安全工作。要完善立体化社会治安防控体系，提高社会治理整体水平，注意从源头上排查化解矛盾纠纷。要加强交通运输、消防、危险化学品等重点领域安全生产治理，遏制重特大事故的发生。要筑牢网络安全防线，提高网络安全保障水平，强化关键信息基础设施防护，加大核心技术研发力度和市场化引导，加强网络安全预警监测，确保大数据安全，实现全天候全方位感知和有效防护。要积极塑造外部安全环境，加强安全领域合作，引导国际社会共同维护国际安全。要加大对维护国家安全所需的物质、技术、装备、人才、法律、机制等保障方面的能力建设，更好适应国家安全工作需要。

坚持党对国家安全工作的领导，是做好国家安全工作的根本原则。各地区要建立健全党委统一领导的国家安全工作责任制，强化维护国家安全责任，守土有责、守土尽责。要关心和爱护国家安全干部队伍，为他们提供便利条件和政策保障。①

——2017年2月17日，习近平在国家安全工作座谈会上的讲话

网络安全和信息化是事关国家安全和国家发展、事关广大人民群众工作生活的重大战略问题，要从国际国内大势出发，总体布局，统筹各方，创新发展，努力把我国建设成为网络强国。

当今世界，信息技术革命日新月异，对国际政治、经济、文化、社会、军事等领域发展产生了深刻影响。信息化和经济全球化相互促进，互联网已经融入社会生活方方面面，深刻改变了人们的生产和生活方式。我国正处在这个大潮之中，受到的影响越来越深。我国互联网和信息化工作取得了显著发展成就，网络走入千家万户，网民数量世界第一，我国已成为网络大国。同时也要看到，我们在自主创新方面还相对落后，区域和城乡差异比较明显，特别是人均带宽与国际先进水平差距较大，国内互联网发展瓶颈仍然较为突出。

网络安全和信息化对一个国家很多领域都是牵一发而动全身的，要认清我们面临的形势和任务，充分认识做好工作的重要性和紧迫性，因势而谋，应势而动，顺势而为。网络安全和信息化是一体之两翼、驱动之双轮，必须统一谋划、统一部署、统一推进、统一实施。做好网络安全和信息化工作，要处理好安全和发展的关系，做到协调一致、齐头并进，以安全保发展、以发展促安全，努力建久安之势、成长治之业。

……

没有网络安全就没有国家安全，没有信息化就没有现代化。建设网络强国，要有自己的技术，有过硬的技术；要有丰富全面的信息服务，繁荣发展的网络文化；要有良好的信息基础设施，形成实力雄厚的信息经济；要有高素质的网络安全和信息化人才队伍；要积极开展双边、多边的互联网国际交流合作。建设网络强国的战略部署要与“两个一百年”奋斗目标

① 见《把维护国家安全的战略主动权牢牢掌握在自己手中》，《习近平谈治国理政》第2卷，外文出版社，2017，第381～383页。

同步推进，向着网络基础设施基本普及、自主创新能力显著增强、信息经济全面发展、网络安全保障有力的目标不断前进。

……

建设网络强国，要把人才资源汇聚起来，建设一支政治强、业务精、作风好的强大队伍。“千军易得，一将难求”，要培养造就世界水平的科学家、网络科技领军人才、卓越工程师、高水平创新团队。

中央网络安全和信息化领导小组要发挥集中统一领导作用，统筹协调各个领域的网络安全和信息化重大问题，制定实施国家网络安全和信息化发展战略、宏观规划和重大政策，不断增强安全保障能力。①

——2014 年 2 月 27 日，习近平主持召开中央网络安全和信息化领导小组第一次会议上的讲话

【导读】

“明者防祸于未萌，智者图患于将来”的大意是：明智的人要在灾祸还没有出现苗头的时候就进行防范，聪明的人要为将来考虑，提早防备可能发生的祸患。据《三国志·吴书·周瑜鲁肃吕蒙传》记载，吕蒙为夺取公安，曾派谋士虞翻前去劝降驻守的蜀军将军士仁。虞翻在给士仁的劝降信中写道：“明者防祸于未萌，智者图患于将来，知得知失，可与为人，知存知亡，足别吉凶。”劝告士仁要懂得权衡得失、避祸就福，希望他能早日投降，以防后患。当前，中国正处于实现“两个一百年”奋斗目标、实现中华民族伟大复兴的关键时期。虽然发展形势一片大好，但是也存在着各种风险和挑战。尤其是国家安全问题，绝不能掉以轻心，要做好准备应对发展路上可能出现的各种困难艰险。高等学校历来是意识形态领域斗争的前沿，作为高等学校主要群体的青年大学生是我国现代化建设的生力军和国家安全的捍卫者。作为祖国未来接班人，对其进行国家安全意识教育显得尤为重要。青年大学生是维护国家安全的同道中人！身为有知识、

① 见《努力把我国建设成为网络强国》，《习近平谈治国理政》第 1 卷，外文出版社，2017，第 197 ~ 199 页。

有文化的当代青年大学生，不仅有能力参与宣传普及安全知识、灾难救援，更可以以解决防范“非传统安全”领域类问题为目标，加强自身学习研究，为解决此类与学术、技术相关的安全问题立志长远、贡献力量、建言献策。

【案例】

卢某某是高校大学生，家境贫寒，学习期间曾多次在校园论坛上发布求职信息。某日，卢某某接到一封自称某主编的境外电子邮件。邮件中，该主编自称主办一份学术刊物，需要卢某某协助查找某方面的资料，并许诺给予重酬。随后，卢某某以从事学术研究为名在图书馆借阅大量内部刊物，并将有关内容拍成照片发给某主编。卢某某共获取活动经费 16000 元。后来，卢某某被国家安全机关抓获并如实供述自己的违法行为。

【思考】

面对非传统“国家安全”问题，身为新时代大学生的我们具体可以做些什么事情？

102　想做事　做成事

【摘录】

“一带一路”是互利共赢之路，将带动各国经济更加紧密结合起来，推动各国基础设施建设和体制机制创新，创造新的经济和就业增长点，增强各国经济内生动力和抗风险能力。[①]

——2014 年 6 月 5 日，习近平在中阿合作论坛第六届部长级会议开幕式上的讲话

① 见《弘扬丝路精神，深化中阿合作》，《习近平谈治国理政》第 1 卷，外文出版社，2017，第 316 页。

女士们、先生们、朋友们！

中国人说，“万事开头难”。“一带一路”建设已经迈出坚实步伐。我们要乘势而上、顺势而为，推动“一带一路”建设行稳致远，迈向更加美好的未来。这里，我谈几点意见。

第一，我们要将“一带一路”建成和平之路。古丝绸之路，和时兴，战时衰。“一带一路”建设离不开和平安宁的环境。我们要构建以合作共赢为核心的新型国际关系，打造对话不对抗、结伴不结盟的伙伴关系。各国应该尊重彼此主权、尊严、领土完整，尊重彼此发展道路和社会制度，尊重彼此核心利益和重大关切。

……

第二，我们要将“一带一路”建成繁荣之路。发展是解决一切问题的总钥匙。推进“一带一路”建设，要聚焦发展这个根本性问题，释放各国发展潜力，实现经济大融合、发展大联动、成果大共享。

……

第三，我们要将“一带一路”建成开放之路。开放带来进步，封闭导致落后。对一个国家而言，开放如同破茧成蝶，虽会经历一时阵痛，但将换来新生。“一带一路”建设要以开放为导向，解决经济增长和平衡问题。

……

第四，我们要将“一带一路”建成创新之路。创新是推动发展的重要力量。“一带一路”建设本身就是一个创举，搞好“一带一路”建设也要向创新要动力。

……

第五，我们要将“一带一路”建成文明之路。“一带一路”建设要以文明交流超越文明隔阂、文明互鉴超越文明冲突、文明共存超越文明优越，推动各国相互理解、相互尊重、相互信任。[①]

——2017 年 5 月 4 日，习近平在“一带一路”国际合作高峰论坛开幕式上的演讲

---

① 见《携手推进“一带一路”建设》，《习近平谈治国理政》第 2 卷，外文出版社，2017，第 511～513 页。

"一带一路"倡议，唤起了沿线国家的历史记忆。古代丝绸之路是一条贸易之路，更是一条友谊之路。在中华民族同其他民族的友好交往中，逐步形成了以和平合作、开放包容、互学互鉴、互利共赢为特征的丝绸之路精神。在新的历史条件下，我们提出"一带一路"倡议，就是要继承和发扬丝绸之路精神，把我国发展同沿线国家发展结合起来，把中国梦同沿线各国人民的梦想结合起来，赋予古代丝绸之路以全新的时代内涵。

……

人文交流合作也是"一带一路"建设的重要内容。真正要建成"一带一路"，必须在沿线国家民众中形成一个相互欣赏、相互理解、相互尊重的人文格局。民心相通是"一带一路"建设的重要内容，也是"一带一路"建设的人文基础。要坚持经济合作和人文交流共同推进，注重在人文领域精耕细作，尊重各国人民文化历史、风俗习惯，加强同沿线国家人民的友好往来，为"一带一路"建设打下广泛社会基础……

"一带一路"建设既要确立国家总体目标，也要发挥地方积极性。地方的规划和目标要符合国家总体目标，服从大局和全局。要把主要精力放在提高对外开放水平、增强参与国际竞争能力、倒逼转变经济发展方式和调整经济结构上来。要立足本地实际，找准位置，发挥优势，取得扎扎实实的成果，努力拓展改革发展新空间。①

——2016年4月29日，习近平主持中共中央政治局第三十一次集体学习时的讲话

我们愿意首先与台湾同胞分享大陆发展机遇。两岸可以加强宏观政策沟通，发挥好各自优势，拓展经济合作空间，做大共同利益"蛋糕"，增加两岸同胞的受益面和获得感。对货物贸易、两会互设办事机构等问题，双方可以抓紧商谈，争取早日达成一致。我们欢迎台湾同胞积极参与"一带一路"建设，也欢迎台湾以适当方式加入亚投行。

---

① 见《推进"一带一路"建设，努力拓展改革发展新空间》，《习近平谈治国理政》第2卷，外文出版社，2017，第500～502页。

要加强两岸文化和教育交流合作，传承和弘扬中华文化优秀传统，增强同胞精神纽带，为民族未来培养优秀人才。

两岸关系和平发展的根基在基层、希望在青年。现在还有很多台湾乡亲从未来过大陆，我们热诚欢迎他们来大陆走走看看，参与到两岸交流大潮中来。要为两岸青年学习、就业、创业、交流提供更多机遇、创造更好条件，使两岸基层民众尤其是青年一代成为推动两岸关系发展、实现民族振兴的重要力量。[①]

——2015 年 12 月，习近平在新加坡同台湾方面领导人马英九会面时的谈话

【导读】

“一带一路”作为新中国成立以来第一个引起全球响应与广泛追随的中国倡议，实实在在地反映了中国日趋崛起的软实力，更折射了中国在全球与日俱增的吸引力、号召力。在建设“一带一路”过程中，到处蕴含生机，也给大学生提供了许多发展的机遇。古往今来，中华民族始终以敢于有梦、勇于追梦、勤于圆梦的意志品格著称于世。面对“一带一路”，如何抓住机会去应对挑战，是当代大学生所应该考虑的问题。把握机遇，发展自己，取得成功，要做的就是提高自身实力，认清当前形势，勇于创新。在当今这个竞争激烈的年代，大学生首要的就是全面提高自身综合素质，培养政治思想素质、科学文化素质、心理品格素质和身体素质四大方面。在现代面科学技术突飞猛进、生产的发展越来越多地依靠人的智力和知识的今天，劳动者科学文化素质的高低，对生产的发展、社会的进步有着决定性的影响。因而，大学就要牢牢把握好学习的时间，提高自身的专业知识和技能。同时，大学生拥有良好的心理素质和身体健康素质，才能更好地充分融入社会，面对社会的激烈竞争，才能有精力坦然地应对“一带一路”带来的机遇与挑战。这样，不仅能够想做事，而且一定能够做成

① 见《携手巩固两岸关系和平发展大格局》，《习近平谈治国理政》第 2 卷，外文出版社，2017，第 431 页。

事，助力新时代！

【案例】

“一带一路”大学生公益联盟成立

在庆祝浙江大学建校119周年大会暨120周年校庆倒计时一周年启动仪式上，“一带一路”大学生公益联盟的成立暨浙江大学2016年“青春公益·美丽中国”暑期大学生大型公益实践服务活动出征仪式成为人们关注的焦点。同时，“一带一路”沿线16所高校组成的公益联盟各成员单位也将分别组织多支大学生公益实践团队共同参与，掀起青年学生参与社会公益的热潮。

【思考】

作为生活在新时代的你，“一带一路”倡议对你的生活带来了哪些影响？

103 中国梦属于每一个人

【摘录】

《复兴之路》这个展览，回顾了中华民族的昨天，展示了中华民族的今天，宣示了中华民族的明天，给人以深刻教育和启示。中华民族的昨天，可以说是“雄关漫道真如铁”。近代以后，中华民族遭受的苦难之重、付出的牺牲之大，在世界历史上都是罕见的。但是，中国人民从不屈服，不断奋起抗争，终于掌握了自己的命运，开始了建设自己国家的伟大进程，充分展示了以爱国主义为核心的伟大民族精神。中华民族的今天，正可谓“人间正道是沧桑”。改革开放以来，我们总结历史经验，不断艰辛探索，终于找到了实现中华民族伟大复兴的正确道路，取得了举世瞩目的成果。这条道路就是中国特色社会主义。中华民族的明天，可以说是“长风破浪会有时”。经过鸦片战争以来170多年的持续奋斗，中华民族伟大复兴展现出光明的前景。现在，我们比历史上任何时期都更接近中华民族伟大复兴的目标，比历史上任何时期都更有信心、有能力实现这个目标。

回首过去，全党同志必须牢记，落后就要挨打，发展才能自强。审视现在，全党同志必须牢记，道路决定命运，找到一条正确的道路多么不容易，我们必须坚定不移走下去。展望未来，全党同志必须牢记，要把蓝图变为现实，还有很长的路要走，需要我们付出长期艰苦的努力。

每个人都有理想和追求，都有自己的梦想。现在，大家都在讨论中国梦，我以为，实现中华民族伟大复兴，就是中华民族近代以来最伟大的梦想。这个梦想，凝聚了几代中国人的夙愿，体现了中华民族和中国人民的整体利益，是每一个中华儿女的共同期盼。历史告诉我们，每个人的前途命运都与国家和民族的前途命运紧密相连。国家好，民族好，大家才会好。实现中华民族伟大复兴是一项光荣而艰巨的事业，需要一代又一代中国人共同为之努力。空谈误国，实干兴邦。我们这一代共产党人一定要承前启后、继往开来，把我们的党建设好，团结全体中华儿女把我们国家建设好，把我们民族发展好，继续朝着中华民族伟大复兴的目标奋勇前进。

我坚信，到中国共产党成立100年时全面建成小康社会的目标一定能实现，到新中国成立100年时建成富强民主文明和谐的社会主义现代化国家的目标一定能实现，中华民族伟大复兴的梦想一定能实现。[①]

——2012年11月29日，习近平在参观《复兴之路》展览时的讲话

党的十八大描绘了全面建成小康社会、加快推进社会主义现代化的宏伟蓝图，发出了向实现“两个一百年”奋斗目标进军的时代号召。根据党的十八大精神，我们明确提出要实现中华民族伟大复兴的中国梦。现在，大家都在谈论中国梦，都在思考中国梦与自己的关系、自己为实现中国梦应尽的责任。

——中国梦是历史的、现实的，也是未来的。中国梦凝结着无数仁人志士的不懈努力，承载着全体中华儿女的共同向往，昭示着国家富强、民

① 见《实现中华民族伟大复兴是中华民族近代以来最伟大的梦想》，《习近平谈治国理政》第1卷，外文出版社，2017，第35～36页。

族振兴、人民幸福的美好前景。

——中国梦是国家的、民族的，也是每一个中国人的。国家好、民族好，大家才会好。只有每个人都为美好梦想而奋斗，才能汇聚起实现中国梦的磅礴力量。

——中国梦是我们的，更是你们青年一代的。中华民族伟大复兴终将在广大青年的接力奋斗中变为现实。

在革命、建设、改革各个历史时期，中国共产党始终高度重视青年、关怀青年、信任青年，对青年一代寄予殷切期望。中国共产党从来都把青年看作是祖国的未来、民族的希望，从来都把青年作为党和人民事业发展的生力军，从来都支持青年在人民的伟大奋斗中实现自己的人生理想。

现在，我们比历史上任何时期都更接近实现中华民族伟大复兴的目标，比历史上任何时期都更有信心、更有能力实现这个目标。行百里者半九十。距离实现中华民族伟大复兴的目标越近，我们越不能懈怠，越要加倍努力，越要动员广大青年为之奋斗。

展望未来，我国青年一代必将大有可为，也必将大有作为。这是“长江后浪推前浪”的历史规律，也是“一代更比一代强”的青春责任。广大青年要勇敢肩负起时代赋予的重任，志存高远，脚踏实地，努力在实现中华民族伟大复兴的中国梦的生动实践中放飞青春梦想。①

——2013 年 5 月 4 日，习近平在同各界优秀青年代表座谈时讲话的一部分

【导读】

近代以来，中华民族所遭受的苦难之重、付出的牺牲之大，在世界历史上都是罕见的。然而，中华儿女从不屈服，不断奋起抗争，一直在寻梦、追梦、圆梦。1949 年新中国成立至今，60 多年的社会主义建设取得了巨大成就，为中华民族实现民族的伟大复兴奠定了新的基础。青年是整个社会力量中最积极最有生气的一部分力量，而大学生是青年中具有特殊优

① 见《在实现中国梦的生动实践中放飞青春梦想》，《习近平谈治国理政》第 1 卷，外文出版社，2017，第 49～50 页。

势的群体。青年是祖国的未来、民族的希望，是党和人民事业发展朝气蓬勃的推动力量，更是中国梦的寄托者、助跑者和成就者。青年兴则国兴，青年强则国强。当代青年正处在实现中国梦的年富力强时期，我们可以看到，无数次的科技创新活动镌刻着青年人的身影；成千上万支青年社会实践队伍活跃在田间地头，他们躬身践行，获取真知；数十万青年激扬文字、干事创业，引领社会潮流、成就行业标杆；一张张朝气蓬勃的脸庞上，洋溢着令人欣慰、充满希望的精气神，他们正在用自己的实际行动托起中国梦。在个人梦和中国梦相结合的过程中，青年朋友先天下之忧而忧，担负起自己的使命与责任，刻苦学习、全面发展，把创新精神同科学态度结合起来，把仰望星空与脚踏实地结合起来，在改革开放和现代化建设的伟大实践中经风雨、见世面、长才干，为实现中华民族的伟大复兴贡献自己的青春、智慧和力量！

【案例】

黄大年：一心中国梦 功德冠群英

黄大年留学英国18年，是国际知名的科学家。回国前，他住在剑桥大学旁边的花园别墅里，妻子还经营着两家诊所。2008年，中国开始实施“海外高层次人才引进计划”，他用最短的时间辞职、卖掉房子和诊所、办好了回国手续。他把爱国之情、报国之志融入祖国改革发展的伟大事业之中、融入人民创造历史的伟大奋斗之中，从自己做起，从本职岗位做起，为实现“两个一百年”奋斗目标、实现中华民族伟大复兴的中国梦贡献智慧和力量。首次推动我国快速移动平台探测技术装备研发，突破国外技术封锁，被誉为新时代海归科技报国的楷模。然而，天妒英才，回国后，他在工作中争分夺秒，透支自己，于2017年1月8日不幸因病去世，年仅58岁。

【思考】

作为当代大学生如何把个人梦想与中国梦结合起来？当代大学生在实现中国梦的过程中应如何肩负责任？

后　记

《大学生思想政治教育经典导读》是在校党委书记程样国教授、副校长胡剑锋教授的主导、推动下编写的大学生思政教辅教材，旨在通过对经典摘录、经典导读、实践案例学习与思考，逐步树立大学生的马克思主义理论品质，使大学生牢固掌握马克思主义的立场、观点和方法。本书按照“马克思恩格斯列宁斯大林经典著作选编”、“毛泽东邓小平江泽民胡锦涛经典著作选编”、“习近平新时代中国特色社会主义思想”三大块结构布局，设置“摘录”、“导读”、“案例”、“思考”四大板块，充分展现了马克思主义发展变迁史及经典著作内涵，体现了经典理论与实践案例相互联系、历史资料与现实问题相互关照、问题提出与问题解决相为回应，最终落实到对习近平新时代中国特色社会主义思想的全面深刻理解与掌握，以踏实践行“三进”工作，使大学生思政教育教学工作得到全面贯彻落实。

本书由程样国、胡剑锋担任主编并负责全书统稿，黄辉玲、闵桂林、马红坤、黄语素负责具体指导与审定。参与编写工作的教师还有：付文茂、全秀、杨燕红、谢九英、鄢常勇、潘宗秋、陈嫡、袁罗牙、武江红、刘清林、柯海莲、刘秋云、何龙安、张子川、周乔波、路盼娣、王楚君、李倩、高丽、杜欢、周丽娟、吴寒、何强江、于海明、涂雪仁、马孙亮等。

特别感谢江西科技学院于果董事长对本书编写工作的大力支持，也特别感谢邓弘书记和张海涛校长对本书提出的宝贵意见。本书编写组主体成员来自江西科技学院“习近平新时代中国特色社会主义思想研究中心”，出版经费也来自该研究中心，在此也致以诚挚的谢意。校领导的高度重视、鼎力支持，编写组成员的艰辛努力、协调合作，使得本书撰写工作得以顺利圆满完成。感谢社会科学文献出版社对本书出版的大力支持。

本书编写内容较多，牵涉原著范围较广，部分撰写有些难度，本着文责自负的原则，编写人员对书稿也进行了多次修改，但是鉴于承担撰写工作的教师水平有限、能力不一，书中不足、遗漏、偏颇、甚至错误之处在所难免，敬请同行专家、学界同人和广大读者批评指正。

本书编写组

2020 年 8 月

图书在版编目（CIP）数据

大学生思想政治理论教育经典导读 / 程样国，胡剑锋主编. -- 北京：社会科学文献出版社，2018.8（2020.8 重印）
ISBN 978-7-5201-3118-6

Ⅰ.①大… Ⅱ.①程… ②胡… Ⅲ.①大学生-思想政治教育-中国-教学参考资料 Ⅳ.①G641

中国版本图书馆 CIP 数据核字（2018）第 161702 号

大学生思想政治理论教育经典导读

主　　编 / 程样国　胡剑锋

出 版 人 / 谢寿光
项目统筹 / 任文武
责任编辑 / 王玉霞　李艳芳

出　　版 / 社会科学文献出版社 · 城市和绿色发展分社（010）59367143
地址：北京市北三环中路甲 29 号院华龙大厦　邮编：100029
网址：www.ssap.com.cn
发　　行 / 市场营销中心（010）59367081　59367083
印　　装 / 天津千鹤文化传播有限公司

规　　格 / 开 本：787mm × 1092mm　1/16
印 张：22.25　字 数：353 千字
版　　次 / 2018 年 8 月第 1 版　2020 年 8 月第 3 次印刷
书　　号 / ISBN 978-7-5201-3118-6
定　　价 / 49.80 元